地理语言学视域下梅州客家方言语音研究

DILI YUYANXUE SHIYU XIA
MEIZHOU KEJIA FANGYAN YUYIN YANJIU

李菲◎著

中山大学出版社
·广州·

版权所有　翻印必究

图书在版编目（CIP）数据

地理语言学视域下梅州客家方言语音研究/李菲著.—广州：中山大学出版社，2022.1
　ISBN 978-7-306-07401-0

　Ⅰ.①地…　Ⅱ.①李…　Ⅲ.①客家话—语音—方言研究—梅州　Ⅳ.①H176

中国版本图书馆 CIP 数据核字（2022）第 008261 号

出　版　人：王天琪
策划编辑：高　洵
责任编辑：高　洵
封面设计：曾　斌
责任校对：邱紫妍
责任技编：靳晓虹
出版发行：中山大学出版社
电　　话：编辑部 020 - 84110779，84110283，84111997，84110771
　　　　　发行部 020 - 84111998，84111981，84111160
地　　址：广州市新港西路 135 号
邮　　编：510275　　传　　真：020 - 84036565
网　　址：http://www.zsup.com.cn　E-mail：zdcbs@mail.sysu.edu.cn
印　刷　者：佛山市浩文彩色印刷有限公司
规　　格：787mm×1092mm　1/16　16.75 印张　337 千字
版次印次：2022 年 1 月第 1 版　2022 年 1 月第 1 次印刷
定　　价：58.00 元

如发现本书因印装质量影响阅读，请与出版社发行部联系调换本书得到教育部人文社会科学研究项目"社会地理语言学视野下粤港澳大湾区客家方言研究"（20YJC740020）及广州体育学院"创新强校工程"项目的资助。

内容简介

本书从前人对梅州客家方言的分片入手,从地理语言学视角展开对梅州客家方言语音特征的重新审视,一共分为七章。

第一章"概述",介绍梅州的地理环境历史沿革、客家方言的研究现状及本书研究目的等。

第二章"梅州客家方言及代表点音系",首先厘清梅州的方言概况及客家方言的分布情况,再结合前人对客家方言的分片选出代表点进行音系描写,目的是对有关梅州客家方言的分片进行有效述评。在此基础上,我们试图从梅州客家方言的声韵调入手,全面分析客家方言的语音特征,重新审视梅州客家方言的区片划分,并在地理语言学视角下解释造成语音内部差异的内外因素。

第三章"梅州客家方言声母研究",分为三节,首先厘清梅州客家方言声母的读音情况,在此基础上,比较梅州客家方言声母读音的异同,结合语音特征地图分析解释异同的分布情况,再利用非语言因素解释差异项的分布状况,探索语言的变化机制。这里设有两个专题研究,分别是精、知、庄、章声母的分布及演化与溪、晓、匣母的分布及演化。

第四章"梅州客家方言韵母研究",以中古16摄为单位,首先厘清梅州客家方言韵母的读音情况,并梳理韵母读音在调查点之间的异同,对有意义的差异项进行地图展示并分析解释产生差异的原因及地理分布特征,从而进一步探索韵母的演变机制。这里也设有两个专题研究,分别是元音韵母的分布及演变和辅音韵尾的分布及演变。

第五章"梅州客家方言声调研究",第一节"梅州客家方言声调的读音情况",首先对梅州27个客家方言点的声调格局进行全面描写,这里包括声调的调类和调值,再将调类调值分两节展开讨论。第二节"梅州客家方言调类的分布及演变",首先比较27个客家方言点的调类异同,再根据调类的差异项将调类分为三类,解释三大声调类别的性质特征并予以地图展示。第三节"梅州客家方言入声的分布及演变",基于客家方言入声短促且不同程度保留[-p、-t、-k]韵尾、普遍阴低阳高的声调格局的特征及分布,探讨梅州客家方言入声的演变途径。

  第六章"梅州客家方言与粤港澳大湾区客家方言语音比较",横向比对粤港澳大湾区客家方言语音的主要特征,试图从地理视角初步窥测客家方言在强势粤方言包围下的分布及演变情况。

  第七章"总结",总结声韵调的地理特征,提出梅州客家方言语音研究带来的地理语言学启示,并对梅州客家方言声韵调的地理分布与趋势做进一步的思考。

序

《地理语言学视域下梅州客家方言语音研究》送到我的案前,距离我正式离开教职已为时不远了,准确地说是进入了倒计时状态。弟子要我为其书稿写个序言,可是我对客家方言缺乏深入细致的研究,要准确地点评,有点勉为其难。但这是李菲的第一部专著,作为导师,应该为其学术上的进步感到开心。因此,写了几句随想,算是鼓励,也是共勉。

我的母语是闽语,我自幼生长在泉州,其实是泉州属下的一个县——晋江,现在大名鼎鼎,但以前则是个穷地方。小时候说得最多的是闽南话,家庭语言则是闽东的福州话。我接触广东的方言,是1984年考上暨南大学研究生后的事。我在"绘声绘色看方言"丛书的总序中描述了学习广州话的趣事(糗事)。我有一位潮汕籍的研究生同学,叫陈晓锦,她经常与恩师用潮汕话交谈。另一位师兄丘学强也是潮汕人,也会这种方言。因此,我较早地接触了广东闽语。陈晓锦老师在东莞客家地区下过乡,会说流利的客家话,令我羡慕不已。1985年开始,因粤港两地高校合作开展"珠江三角洲方言调查研究"项目,我承担了珠三角数个粤语点的调查,接触了更多类型的粤语,不过对客家话依然缺乏感性认识。

2010年前后,我的研究生刘春婵确定以"宁兴俗语研究"作为她硕士论文的选题,这样,我算是正式开始认识客家话的面貌。不过,春婵的论文写的是俗语,严格来说是词汇学或文化学的研究,我对客家话的语音还是知之甚少。

李菲是暨南大学方言学方向2012级的硕士生,来自嘉应学院。她当时的导师并不是我,那一届我原来带了两个硕士生,又与珠海校区的一位老师合带了一个。结果,中途李菲说对地理语言学感兴趣(那一年我正在紧锣密鼓地申请国家重点项目"粤闽客诸方言地理信息系统建设与研究"),便转到我门下,刚好我的项目开展也需要有客家话母语背景的学生。这样,那一年我一共收了4位硕士生,对我来说可谓空前绝后了。李菲转过来以后,认真学习地理语言学和地理信息系统的知识,加上她的理科基础扎实(高中时是理科班学生,后来才转考文科),很快就能独当一面了。她的硕士论文定题为《地理语言学视角下梅州客方言声调研究——基于梅州五县一市二区的语音规模调查》,难度不小。她在调查过程中经历了诸多艰难困苦,终于修成正果,此不赘。怀着对学术的高度热爱,2015 年,李菲又选择了跟我读博士学位。2015 年是我主持的国家社科基金重点研究项目启动的第二年,调查任务非常重。没想到身材弱小的李菲竟迸发出强大的能量,除了按时完成学业之外,还利用节假日到各地调查搜集客家话语料,充实平台的数据库。结合调查数据,她还写出许多论文,积极出席学术活动,如《梅州客方言声调调类地理分布的总体格局》("汉语方言中青年国际高端论坛",2015 年 9 月 18—20 日,四川大学)、《大埔闽南话概说》(广东省中国语言学会 2014—2015 年年会,2015 年 11 月 21—22 日,华南理工大学)、《客家方言包围下大埔光德闽方言的语音特点及变异探讨——基于与福建闽南方言的对比研究》(第十四届闽方言学术研讨会,2015 年 12 月 26—27 日,韩山师范学院),等等。她的博士论文选题在硕士论文的基础上做了进一步的挖掘,题目定为《梅州客家话语音的地理语言学研究》。这个选题从范围来讲选点更多,从体量来看内容更丰富,从研究课题来说扩展至语音的全貌,从研究难度来说涉及历时和共时的诸多重要问题,也更具挑战性。可喜的是,经过不懈的努力,李菲终于在 2018 年 6 月 1 日通过答辩,顺利毕业。

毕业后,李菲在广州体育学院任教,在繁忙的教学和学校事务之余,从未放弃对学术的追求。她时常惦记着博士论文的修改,经过数易其稿,提交的书稿获得中山大学出版社审核通过,值得祝贺!

我通读了书稿之后,觉得《地理语言学视域下梅州客家方言语音研究》一书在以下几个方面做得比较好。

(1) 作者将梅州地区客家方言的语音特征置于较为广阔的空间来考察,归纳区内方言点的异同,发现前人未发现的一些特点,为客家话的地理语言学研究做了开拓性的工作。

(2) 作者运用音韵学和演化学的理论知识,对客家方言的一些语音现象进行了历史层次、音变动因等方面的探析,认为"不能拘泥于中古《切韵》音系,还应考虑地理接触、族群互动及音系调整等微观作用对语音演化的影响"。这一论点是有启发性的。

(3) 作者除了细致地处理语音数据之外,还十分注重类型的归纳,比方她在讨论梅州客家方言调类的情况时,就侧重于分析三种地理分布类型,即浊上归去、阴上去+阳去上、浊去归上，并结合空间和移民因素，探讨其中的因果关系。这是有新意的。

（4）作者还运用实验语音学的数据来辅助声调的归类与讨论，较之传统的语音学研究，增加了观察的准确性。这也值得肯定。

当然，客家方言的语音研究还有许多未竟的课题，书稿尚未深入，例如，阳声韵尾和入声韵尾的演变关系和演化路线、入声与舒声的对应关系，以及如何使用语音要素对区内进行分片等。李菲现在正是出成果的时候，希望此书的出版会引发她更多的学术灵感，促成更多的学术精品。

是为序。

甘于恩
2021年5月7日于暨南大学第二文科楼

目 录

第一章 概 述 ·· 1
  第一节 梅州的地理环境及历史沿革 ······················· 1
    一、梅州的地理环境概况 ································ 1
    二、梅州的历史沿革概况 ································ 2
  第二节 客家方言研究简述 ································· 6
    一、客家方言总体研究趋势 ······························ 7
    二、梅州客家方言语音研究概况 ·························· 10
  第三节 研究目的、方法和材料 ····························· 18
    一、研究目的 ··· 18
    二、研究方法 ··· 19
    三、材料来源 ··· 19

第二章 梅州客家方言及代表点音系 ······················· 23
  第一节 梅州市境内的方言及分布 ··························· 23
  第二节 有关梅州客家方言分片的述评 ······················· 24
  第三节 梅州客家方言代表点语音特点 ······················· 27
    一、梅江区三角镇的语音特点 ···························· 27
    二、兴宁市兴田街道语音特点 ···························· 33
    三、五华县水寨镇语音特点 ······························ 40
    四、大埔县湖寮镇语音特点 ······························ 47
    五、丰顺县汤坑镇语音特点 ······························ 54

第三章 梅州客家方言声母研究 ··························· 63
  第一节 梅州客家方言声母概况 ····························· 63
  第二节 精、知、庄、章母的分布及演化 ····················· 74
    一、精、知、庄、章母的地理类型 ························ 74
    二、精、知、庄、章母的演化机制 ························ 78
  第三节 溪、晓、匣母的分布及演化 ························· 85
    一、古晓母字的演化 ··································· 85

二　古匣母字的演化 …………………………………… 89
　　三　古溪母字的分布及演化 ………………………… 92

第四章　梅州客家方言韵母研究 ……………………… 102
第一节　梅州客家方言韵母的读音情况 ……………… 102
　　一　阴声韵的读音情况 ………………………………… 102
　　二　阳声韵和入声韵的读音情况 …………………… 129
第二节　梅州客家方言韵母的分布及演变 …………… 157
　　一　元音韵母的分布及演变 ………………………… 157
　　二　辅音韵尾的分布及演变 ………………………… 182

第五章　梅州客家方言声调研究 ……………………… 195
第一节　梅州客家方言声调的读音情况 ……………… 195
第二节　梅州客家方言调类的分布及演变 …………… 197
　　一　梅州客家方言声调调类的共同特点 …………… 197
　　二　梅州客家方言声调调类的差异性 ……………… 197
　　三　梅州客家方言声调调类的地理分布类型 ……… 197
第三节　梅州客家方言入声的分布及演变 …………… 206

第六章　梅州客家方言与粤港澳大湾区客家方言语音比较 …… 220
第一节　粤港澳大湾区客家方言语音特征 …………… 220
　　一　粤港澳大湾区客家方言声母特征 ……………… 221
　　二　粤港澳大湾区客家方言韵母特征 ……………… 224
　　三　粤港澳大湾区客家方言声调特征 ……………… 227
第二节　粤港澳大湾区客家方言与梅州客家方言的主要差异 …… 228
　　一　精、知、庄、章声母的读音情况 ……………… 229
　　二　泥、来母分混情况 ………………………………… 231
　　三　止摄开口三等的读音情况 ………………………… 233

第七章　总　结 ……………………………………………… 237

参考文献 …………………………………………………… 239

后　记 ……………………………………………………… 249

图示目录

图1-1　梅州市山河分布 …………………………………………… 2
图1-2　客家方言论文数的年代变化情况 ………………………… 8
图1-3　客家方言登载刊物情况 …………………………………… 8
图1-4　梅州客家方言调查点的地理分布 ………………………… 21
图1-5　梅州及粤港澳大湾区调查点的地理分布 ………………… 22
图2-1　梅州各县区语言使用情况 ………………………………… 23
图2-2　1987年版《中国语言地图集》分片 ……………………… 25
图2-3　刘涛硕士学位论文分片 …………………………………… 25
图2-4　谢留文、黄雪贞对《中国语言地图集》分片的修正 …… 26
图3-1　梅州客家方言"饭"字读音的地理分布 ………………… 64
图3-2　梅州客家方言"肺"字读音的地理分布 ………………… 65
图3-3　梅州客家方言"女"字读音的地理分布 ………………… 66
图3-4　梅州客家方言"镇"字读音的地理分布 ………………… 67
图3-5　梅州客家方言精、知、庄、章声母类型的地理分布 …… 68
图3-6　梅州客家方言"语"字读音的地理分布 ………………… 70
图3-7　梅州客家方言"鱼"字读音的地理分布 ………………… 70
图3-8　梅州客家方言"然"字读音的地理分布 ………………… 71
图3-9　梅州客家方言"让"字读音的地理分布 ………………… 72
图3-10　梅州客家方言"盐"字读音的地理分布 ………………… 73
图3-11　梅州精、知、庄、章声母类型的地理分布 ……………… 75
图3-12　梅州客家方言古晓母字的演变 …………………………… 89
图3-13　梅州客家方言古匣母字的演变 …………………………… 92
图3-14　梅州客家方言"裤"字读音的地理分布 ………………… 95
图3-15　梅州客家方言"去"字读音的地理分布 ………………… 96
图3-16　梅州客家方言"溪"字读音的地理分布 ………………… 96
图3-17　梅州客家方言古溪母字的音变路径 ……………………… 97
图3-18　梅州客家方言古溪母字的演变 …………………………… 101
图4-1　梅州客家方言"多"字读音的地理分布 ………………… 104

图4-2	梅州客家方言"果"字读音的地理分布	105
图4-3	梅州客家方言"个"字读音的地理分布	106
图4-4	梅州客家方言"茄"字读音的地理分布	106
图4-5	梅州客家方言"瓜"字读音的地理分布	108
图4-6	梅州客家方言"祖"字读音的地理分布	110
图4-7	梅州客家方言"初"字读音的地理分布	111
图4-8	梅州客家方言"数"字读音的地理分布	111
图4-9	梅州客家方言"贝"字读音的地理分布	113
图4-10	梅州客家方言"鞋"字读音的地理分布	114
图4-11	梅州客家方言"鸡"字读音的地理分布	115
图4-12	梅州客家方言"溪"字读音的地理分布	115
图4-13	梅州客家方言"杯"字读音的地理分布	118
图4-14	梅州客家方言"怪"字读音的地理分布	118
图4-15	梅州客家方言"迟"字读音的地理分布	120
图4-16	梅州客家方言"姨"字读音的地理分布	121
图4-17	梅州客家方言"非"字读音的地理分布	122
图4-18	梅州客家方言"醉"字读音的地理分布	122
图4-19	梅州客家方言"吹"字读音的地理分布	123
图4-20	梅州客家方言"毛"字读音的地理分布	125
图4-21	梅州客家方言"少"字读音的地理分布	126
图4-22	梅州客家方言"走"字读音的地理分布	128
图4-23	梅州客家方言"周"字读音的地理分布	128
图4-24	梅州客家方言"南"字读音的地理分布	130
图4-25	梅州客家方言"甲"字读音的地理分布	131
图4-26	梅州客家方言"心"字读音的地理分布	133
图4-27	梅州客家方言"金"字读音的地理分布	133
图4-28	梅州客家方言"参"字读音的地理分布	134
图4-29	梅州客家方言"深"字读音的地理分布	135
图4-30	梅州客家方言"间"字读音的地理分布	137
图4-31	梅州客家方言"天"字读音的地理分布	138
图4-32	梅州客家方言"官"字读音的地理分布	140
图4-33	梅州客家方言"全"字读音的地理分布	141
图4-34	梅州客家方言"犬"字读音的地理分布	142
图4-35	梅州客家方言"彬"字读音的地理分布	144
图4-36	梅州客家方言"近"字读音的地理分布	145
图4-37	梅州客家方言"珍"字读音的地理分布	145

图 4-38	梅州客家方言"升"字读音的地理分布	146
图 4-39	梅州客家方言"本"字读音的地理分布	148
图 4-40	梅州客家方言"弘"字读音的地理分布	149
图 4-41	梅州客家方言"窗"字读音的地理分布	151
图 4-42	梅州客家方言"政"字读音的地理分布	153
图 4-43	梅州客家方言"矿"字读音的地理分布	155
图 4-44	梅州客家方言"琼"字读音的地理分布	155
图 4-45	梅州客家方言"剖"字读音的地理分布	163
图 4-46	梅州客家方言"贸"字读音的地理分布	163
图 4-47	梅州客家方言"跟"字读音的地理分布	164
图 4-48	梅州客家方言"克"字读音的地理分布	164
图 4-49	梅州客家方言"国"字读音的地理分布	165
图 4-50	梅州客家方言"街"字读音的地理分布	167
图 4-51	梅州客家方言"简"字读音的地理分布	167
图 4-52	梅州客家方言"爷"字读音的地理分布	170
图 4-53	梅州客家方言"永"字读音的地理分布	170
图 4-54	梅州客家方言"香"字读音的地理分布	171
图 4-55	梅州客家方言"展"字读音的地理分布	172
图 4-56	梅州客家方言"冰"字读音的地理分布	172
图 4-57	梅州客家方言"心"字读音的地理分布	173
图 4-58	梅州客家方言"立"字读音的地理分布	174
图 4-59	梅州客家方言"甜"字读音的地理分布	175
图 4-60	梅州客家方言"嫌"字读音的地理分布	175
图 4-61	梅州客家方言"洗"字读音的地理分布	176
图 4-62	梅州客家方言"台"字读音的地理分布	177
图 4-63	梅州客家方言"干"字读音的地理分布	177
图 4-64	梅州客家方言"果"字读音的地理分布	179
图 4-65	梅州客家方言"官"字读音的地理分布	180
图 4-66	梅州客家方言"瓜"字读音的地理分布	180
图 4-67	梅州客家方言"乖"字读音的地理分布	181
图 4-68	梅州客家方言"关"字读音的地理分布	181
图 4-69	梅州客家方言"光"字读音的地理分布	182
图 4-70	梅州阳声韵尾类型的地理分布	183
图 4-71	梅州客家方言咸摄阳声韵尾的地理分布	184
图 4-72	梅州客家方言深摄阳声韵尾的地理分布	186
图 4-73	梅州客家方言入声韵尾的地理分布	190

图 4-74　湖寮镇韵尾演化模式 ································· 193
图 4-75　塞音韵尾的演化 ····································· 193
图 5-1　梅州声调类型的地理分布 ······························ 199
图 5-2　梅州客家方言阴入时长的地理分布 ······················ 209
图 5-3　早期形式和过渡形式 ··································· 210
图 5-4　短入：阴低阳高 ······································· 211
图 5-5　舒化启动——中短调 ··································· 212
图 5-6　阴入中短（阳入在中短门槛处） ························· 213
图 5-7　入声长化 ··· 214
图 5-8　阴阳入的波形及频谱图 ································· 216
图 5-9　入声演变长开路向 ····································· 217
图 5-10　唯闭韵尾历经同时性喉塞尾的演变路向 ················· 217
图 5-11　同时性喉塞历经变声路的演变路向 ····················· 218
图 5-12　入声演变路向 ·· 218
图 6-1　精、知、庄、章读音的地理分布 ························· 229
图 6-2　泥、来母读音的地理分布 ······························· 232
图 6-3　客家方言"此"字读音的地理分布 ························· 234
图 6-4　客家方言"资"字读音的地理分布 ························· 235
图 6-5　客家方言"字"字读音的地理分布 ························· 235

表格目录

表号	标题	页码
表1-1	客家方言论文研究地域	9
表1-2	客家方言论文研究内容情况	10
表1-3	选用方言点情况	20
表3-1	梅州及周边客家方言精、知、庄、章声母读音类型	77
表3-2	两分型精、知、庄、章例字	79
表3-3	精、知、庄、章声母读作舌尖前音声母 ts、tsʰ、s 和舌叶音声母 ʧ、ʧʰ、ʃ 的拼合关系（1）	84
表3-4	精、知、庄、章声母读作舌尖前音声母 ts、tsʰ、s 和舌叶音声母 ʧ、ʧʰ、ʃ 的拼合关系（2）	84
表3-5	古晓母字读音（1）	86
表3-6	古晓母字读音（2）	87
表3-7	古匣母字读音（1）	89
表3-8	古匣母字读音（2）	90
表3-9	溪母字读音情况（1）	93
表3-10	溪母字读音情况（2）	94
表4-1	果摄韵母对照	102
表4-2	假摄韵母对照	107
表4-3	遇摄韵母对照	109
表4-4	蟹摄开口韵母对照	112
表4-5	蟹摄合口韵母对照	116
表4-6	止摄韵母对照	119
表4-7	效摄韵母对照	123
表4-8	流摄开口韵母对照	126
表4-9	咸摄开口韵母对照	129
表4-10	深摄韵母对照	131
表4-11	山摄开口韵母对照	135
表4-12	山摄合口韵母对照	138
表4-13	臻、曾两摄开口韵母对照	142

表 4-14	臻、曾两摄合口韵母对照	147
表 4-15	宕、江两摄韵母对照	149
表 4-16	梗摄开口韵母对照	151
表 4-17	梗摄合口韵母对照	153
表 4-18	通摄韵母对照	156
表 4-19	梅县方言带 i 介音韵母的情况	158
表 4-20	梅县方言带 u 介音韵母的情况	159
表 4-21	中古一等字韵母带 i 介音情况	162
表 4-22	中古二等字韵母带 i 介音情况	165
表 4-23	中古三等字韵母带 i 介音情况	168
表 4-24	中古合口韵韵母带 u 介音情况	178
表 4-25	咸、深摄入声韵尾的演变情况	191
表 4-26	山、臻摄入声韵尾的演变情况	191
表 5-1	中古调类与梅州各县区调类基本对应情况	195
表 5-2	福建闽西地区声调情况	201
表 5-3	广东、江西、福建、广西客家方言声调情况	202
表 5-4	27 个调查点入声时长	207
表 5-5	短入音高演化的 4 个阶段	212
表 6-1	古全浊声母字读音	221
表 6-2	古微母字读音	221
表 6-3	古精、知、庄、章母字读音	222
表 6-4	古泥、来母字读音	222
表 6-5	古邪、书母字读音	223
表 6-6	古溪母字读音	223
表 6-7	古疑、日母字读音	224
表 6-8	古匣母字读音	224
表 6-9	舌尖元音声母分布	225
表 6-10	鼻音韵尾及塞音韵尾读音情况	225
表 6-11	古臻、曾、梗字读音	226
表 6-12	元音œ的分布	226
表 6-13	元音 y 的分布	227
表 6-14	长短元音 a 与 ɐ 的分布	227
表 6-15	中古调类今读情况	228
表 6-16	古清浊入今读情况	228

第一章 概 述

第一节 梅州的地理环境及历史沿革

一、梅州的地理环境概况

梅州市位于广东省东北部,所涵盖的范围跨越东经115°18′至116°56′、北纬23°23′至24°56′。全市面积达15876.06平方千米,2015年年末在籍人口为543.79万人。① 境内主要以山地为主,由西向东依次绵亘有顶山山脉、阴那山脉—莲花山脉、凤凰山脉。发源于河源市紫金县武顿山七星崀的梅江,流经五华县、兴宁县、梅县区,于大埔县三河坝与汀江汇合后称"韩江"。(如图1-1所示)自古以来,梅江、汀江与韩江是梅州通往潮汕地区的重要内河航道,内地商旅物资主要由梅江通往潮汕再入海,连接国际海上运输活动,迟至20世纪90年代初,全市公路实现所有乡镇通车。梅州市东部与今福建省的龙岩市和漳州市接壤,南部与广东省的潮州市、揭阳市、汕尾市毗邻,西部则与广东省河源市接壤,北部与江西省赣州市相连。梅州地区地处闽、粤、赣三省交界地带,人口情况相对复杂。而语言的使用也因地理环境的特殊性表现出很明显的闽、粤、客3种方言相融合的现象,尤以客闽混合为重。随着时代发展,受到人口流动等条件的影响,梅州市的语言表现出更复杂的现象。

---

① 统计数据依梅州市政府网"梅州概况"(https://www.meizhou.gov.cn/zjmz/mzgk/mzgk1/t20160825_130.htm)。

图1-1 梅州市山河分布①

二、梅州的历史沿革概况

《舆地广记》载:"(梅州)春秋为七闽地。战国属越。秦属南海郡。汉属南越,后及东汉属南海郡。晋属东官郡,后又属义安郡。宋以后因之。隋、唐属潮州。五代时,南汉立敬州。皇朝(按,北宋)开宝四年改曰梅州,熙宁六年州废入潮州,元丰五年复立。今县一。"②梅州与潮州之间常存在隶属关系,元、明两朝亦然。至清雍正十一年(1733),程乡升格为直隶嘉应州,统领兴宁、长乐、平远、镇平四县,加上程乡县,合称"嘉应五属",直属广东省辖。嘉庆十二年(1807)升嘉应州为嘉应府。嘉庆十七年(1812)复为嘉应州,仍辖兴宁、长乐、平远、镇平四县。宣统三年(1911),嘉应州复名"梅州"。民国三年(1914)废州府制,梅州改名"梅县"。

中华人民共和国成立后,于1949年10月设置兴梅专区。1950年1月26

---

① 转引自罗迎新《梅州地理》,广东省地图出版社2001年版,第24页。
② 〔宋〕欧阳忞撰:《舆地广记》,四川大学出版社2003年版,第1100页。

日,国务院又发文成立兴梅行政督察专员公署,辖梅县、兴宁、五华、大埔、丰顺、蕉岭、平远七县。1952年年底撤销兴梅专区,兴梅七县改隶粤东行政区。1956年2月,粤东行政区划分为惠阳和汕头两个专区,兴梅七县则隶属于汕头专区。1979年,原梅县所辖梅州镇由区级升为县级,称"梅州市",辖七县一市。1983年,梅州市与梅县合并后改称为"梅县市"。1988年,广东实行市管县体制,梅县地区改为"梅州市",辖原兴梅七县及新划县级区梅江区,共七县一区。至1994年,兴宁县撤县设市(县级)。2013年11月,国务院正式批准同意梅州市撤销梅县,设立梅州市梅县区。截至2013年11月,梅州市形成了今天的辖区范围:梅江区、梅县区、平远县、蕉岭县、大埔县、丰顺县、五华县,代管兴宁市(县级)。

从以上沿革可以看出,今天的梅州市与潮州市、汕头市等之间存在着错综的关系,这便导致了人口里籍的复杂关系,自然也影响到语言的使用情况。而若想对梅州的语言使用情况进行全面研究,也有必要明晰所辖区县的沿革情况。①

1. 梅江区、梅县区

梅州城区原是程乡县(今梅江区)治所在地,向称梅城。南朝齐置程乡县至宋初设梅州500多年间,州、县皆无城。宋皇祐四年(1052)始在今梅城江北筑土城,周围长450.3丈(约1499米)。明洪武十八年(1385)拆西城垣,扩辟县城,周围长985丈(约3250米)。清雍正十一年(1733),程乡升为直隶嘉应州。清末,嘉应州城区扩大。辖东街、西街两堡。民国元年(1912),嘉应州改为梅县后,县城仍辖东街、西街两堡。

1988年1月,广东实行市管县体制,梅县地区改为梅州市;3月,梅县市建置撤销,原梅县市的行政区分设为梅县和县级梅江区。

梅江区由原梅县市城区5个办事处(金山、东山、黄塘、五洲、江南)和城郊5个乡镇(城北、东郊、西郊乡和长沙、三角镇)组建而成,为梅州市直辖县级区。2012年9月23日,经省人民政府同意,省民政厅印发《广东省民政厅关于同意梅县西阳镇划归梅州市梅江区管辖的批复》,同意梅县西阳镇划归梅州市梅江区管辖。调整后,梅州市梅江区辖长沙、三角、城北、西阳4个镇和西郊、金山、江南3个街道办事处。2017年,梅江区辖长沙、三角、城北、西阳4个镇和西郊、金山、江南3个街道,81个村民委员会和45个社区居民委员会。

2013年10月,国务院同意批准梅州市梅县撤县设区,成为梅州市辖区,与梅江区同属梅州市区并称梅城。2017年年底,梅县区设新城办事处、扶大

---

① 本书对各县(市)沿革情况的梳理,所依据的材料及数据,基本参考各县(市)政府门户网站文献。特此声明。

高新区管理委员会两个镇级建制单位和程江、南口、畲江、水车、梅南、梅西、石坑、大坪、城东、石扇、白渡、丙村、雁洋、松口、隆文、桃尧、松源17个镇，下辖355个村委会、32个居委会。

2. 平远县

平远县治始设于明嘉靖四十一年（1562）。县辖区包括当时广东程乡县的豪居镇（今仁居），福建的武平、上杭，江西的安远及广东惠州府的兴宁四县。因地处武平、安远之间，故名"平远"。初隶江西赣州府。明嘉靖四十三年（1564），归还武平、上杭、安远三县，增加程乡的义化、长田、石窟及兴宁之大信，重组成平远县，改隶广东潮州府，县治仍设在豪居都。明崇祯七年（1634），又析平远的石窟一图、二图，及程乡部分地域，增置镇平县（即今蕉岭）。清雍正十一年（1733），程乡县升格为嘉应州，平远则改隶嘉应州。

民国成立后，废除原有建制，省县之间另设道。民国三年（1914），设潮循道，辖平远等县。民国九年（1920），裁撤各道，平远直属于广东省。民国二十五年（1936）8月，两广还政中央，广东取消绥靖区，改设9个行政督察区，平远属第六区。1949年，平远改属第九区。

1949年5月22日，平远即宣告和平解放。中华人民共和国成立后，省县之间仍沿袭民国时期的专员公署制，作为省派出机构以领导县，平远县隶属兴梅专员公署。1952年，撤销兴梅专署，改隶粤东行政公署。1956年，撤销粤东行政公署，分设惠阳和汕头两个专区，平远隶属汕头专区。1965年，兴梅与潮汕分设专区，平远隶属梅县专署。至1988年，梅县行署改为市一级行政机构，称"梅州市"，平远隶属梅州市。

平远与蕉岭、兴宁都有过合并的时期。1952年8月，广东省人民政府行文，要求平远并入蕉岭县，县治设在蕉城镇。1954年3月，平远与蕉岭分县而治，平远县治迁往大柘镇。1958年11月，平远并入兴宁县，县治设在兴城镇。1961年1月，兴宁和平远分县。至今，平远县治一直设在大柘镇。

平远县位于梅州市西北部，与河源市的龙川县、和平县及赣州市的南部毗邻，共辖12个镇。据平原县政府网2015年年末人口统计数据，人口达264256人。全县人皆使用客家话。

3. 蕉岭县

蕉岭县旧称"镇平县"。春秋战国时属"百越之地"，秦时属南海郡龙川县，汉高祖后龙川县析为龙川、揭阳两县，蕉岭属揭阳县。至晋太康年间，虽朝代更迭，但蕉岭一直属揭阳县。东晋咸和六年（331），蕉岭划归义安郡之海阳县。南朝齐高帝建元元年（479），析海阳县为海阳、程乡两县，蕉岭隶属程乡县。南朝陈武帝永定元年（557），设潮州，以程乡、海阳、潮阳属之。宋太祖时期，蕉岭地属梅州。明时隶属潮州府。明崇祯六年（1633）始置镇平县。

中华人民共和国成立后，1952年，蕉岭与平远合县，称"蕉平县"。1954年，蕉平分县，蕉岭县又复名。1958年，蕉岭又与梅县合并，称"梅县"。1961年，蕉梅分县，再次恢复蕉岭县建置。所以老一辈梅州人称狭义的梅州包括梅县、蕉岭县及平远县。

蕉岭县现辖8个镇，县治蕉城镇。据2015年年末人口统计数据，户籍人口达23.62万人。全县人皆使用客家话。

4. 大埔县

大埔县的历史沿革与蕉岭县有很多重合之处。秦汉时大埔所在范围属揭阳县。东晋义熙九年（413）立义招县，隶属义安郡。隋大业三年（607）将义招县改为万川县。唐武德四年（621）废万川，并入海阳县，隶属潮州。宋、元及明前期皆属潮州府海阳县光德乡。明成化十三年（1477）立饶平县，大埔属之。明嘉靖五年（1526）改名"大埔县"，属潮州府。由此，明所置大埔县延续至今。中华人民共和国成立后，大埔县先后属兴梅专区、粤东行政区、汕头专区、梅县地区管辖。1988年始属梅州市。1961年以前，县治设于茶阳镇。1961年春，县治迁湖寮至今。

大埔县位于梅州市东北部，与福建的漳州、龙岩，以及潮州接壤，所以，闽粤接触频繁。大埔县辖14个镇，据2015年人口统计数据，全县总人口达57.19万人，常住人口为38.18万人。全县除光德镇九社、高陂镇埔田村等村间有使用漳州话、潮汕话外，皆使用客家话。

5. 丰顺县

丰顺县自古属揭阳县。隋文帝开皇十一年（591）废义安郡置潮州府，从此，丰顺大部地域属潮州府海阳县。宋宣和三年（1121），割海阳县部分地域建揭阳县，仍隶属潮州。元世祖至元十七年（1280），改潮州府为潮州路，海阳、揭阳仍属潮州。明太祖洪武二年（1369），改潮州路为潮州府，管辖海阳、揭阳等八县。清乾隆三年（1738），始置丰顺县，地域户口大部割自海阳及揭阳县。

中华人民共和国成立后，丰顺县与蕉岭等县一样，先后属兴梅专区、粤东行政公署、汕头专员公署管辖。其间，1958年曾撤销丰顺建置，并入大埔、揭阳两县。1961年又恢复建置，属汕头地区。1987年后属梅州市。

丰顺县位于梅州市东南部，辖16个镇和一个国有农场。据2015年人口统计数据，全县总人口70.69万人，常住人口48.53万人。丰顺毗邻潮州、揭阳，所以，使用语言除客家话外，还有一部分人使用潮州话。境内虽然还有畲族360多人，但畲语几近绝亡，畲族人也使用客家话。

6. 五华县

五华古称"长乐"，秦汉时隶属南海郡龙川县。东晋咸和六年（331），隶属东官郡兴宁县。北宋熙宁四年（1071）置县，因南越王赵佗在华城筑有长乐台而称"长乐县"，归广南东路循州管辖。明洪武二年（1369），隶属惠州。清雍正十三年（1735）改隶嘉应州。民国三年（1914），为不与福建、湖北两省的长乐县重名，因长乐县有一五华山，遂改今名"五华县"，县治长乐镇同时改为"华城镇"。中华人民共和国成立后，先后隶属兴梅专区、粤东行政区、汕头专区。1965年7月隶属梅县地区，1988年8月随地区改设市而隶属梅州市。

五华县位于梅州市西南，县境东南接丰顺、揭西、陆河，西南接东源、紫金，西北邻龙川，东北连兴宁。现辖16个镇，县治早在1954年就从华城迁到了水寨。据五华县统计局公布数据，2016年年末户籍人口1516426人，常住人口1086795人。全县人皆使用客家话。

7. 兴宁市

兴宁建县于东晋咸和六年（331），由古龙川分治而立，县境广跨古兴宁江（今五华河）、右别溪（今五华琴江）、左别溪（今宁江）流域，包括今兴宁、五华两县全境和龙川县东部、紫金县东北部地区，县名由兴宁江而得，县治所在地设在今五华县华城镇雷公墩。

从晋朝开始至南宋，兴宁皆隶属东官郡。隋、唐时，属龙川郡。宋、元两朝，兴宁归属循州府。明朝时，兴宁划归惠州府管辖。清设嘉应直隶州，管辖兴宁、平远等。中华人民共和国成立后，1958年，平远县并入兴宁。1961年，兴、平分县。1994年，兴宁撤县设市，为县级市，仍由梅州市代管。

兴宁市紧挨河源市龙川县，现辖17个镇。据2015年统计数据，兴宁市总人口达118.3万人。全市人皆使用客家话。

以上梳理了梅州市各县（市）的政区沿革，从上文所述可以发现，因为地理环境的缘故，梅州市所辖县（市）与周边市、县之间有着千丝万缕的关系，从而导致了人口衍变的复杂性，使得人口语言使用情况较为复杂。在基本以客家话为主要沟通语言的同时，也受到闽方言、粤方言的影响。3种方言的融合使用，使得今天梅州人的客家话与历史上的客家话相比产生了一定的变异。这为我们以历史语言学、地理语言学的角度来探析梅州客家话提供了可能性和必要性。这也是本书的研究价值所在。

第二节　客家方言研究简述

客家方言历来有分布最广之说，主要聚集在赣南、闽西及梅州北的连片地带，以梅州梅县方言为代表，存在不同程度的地域差异。真正意义上的客家方言研究始于嘉庆初年镇平（今蕉岭）人黄钊撰写的《石窟一征》，至今已有

200多年的历史。20世纪20年代以来，随着国外现代语言理论和方法的传入，汉语方言学成为一门独立学科。20世纪80年代末至今，国内外客家方言研究无论从深度还是广度上看，都取得了长足的发展，形成了一定的规模。目前，客家及客家方言已有不少研究成果，且以语音研究为多。

下面尝试从统计学的角度来回顾近30年来客家方言的总体研究面貌及研究趋势，并着重探讨梅州客家方言语音的研究概况。

一、客家方言总体研究趋势

（一）研究数据统计分析

首届客家方言研讨会于1993年在福建龙岩召开，旨在从语言学的角度开展对客家学的研究，为构建客家学的理论体系做出应有的贡献，并于次年出版了第一部客家方言研讨会论文集《乡音传真情——首届客家方言学术研讨会专集》。研讨会截至2018年已召开了12届，有20余年的历史，收录了近500篇论文。同时，国内不少核心刊物也不断刊登客家方言研究成果，使得客家方言研究不仅在实践上积累了宝贵的经验，并且在理论上也取得了丰硕的成果。

为此，这里选用"中国学术期刊网"为期刊数据来源库，收集自1980年至2018年在语言学来源期刊、综合性社科来源期刊及高校综合学报来源期刊上有关"客家方言/客方言/客家话"的论文，把检索到的相关数据下载、合并后剔除重复及无关数据，共获得论文192篇；同时，收集自1993年至2016年来12届客家方言研讨会论文集（正式出版及资源汇编），共获得476篇客家方言研究论文（除23篇赣方言区及客方言区其他语言研究论文外），总计668篇，进行统计分析。由于检索方式及资源来源的局限性，论文检出难免不周全，但以基本反映客家方言研究总体面貌为目的。

1. 客家方言论文发表的年代变化情况

客家方言研究性论文的年代分布在某种程度上可以反映出客家方言研究的发展情况。从客家方言论文数的年代分布统计可知，20世纪80年代共计论文25篇，20世纪90年代论文增至120篇，进入21世纪，论文数量多达523篇，分别占3.7%、18.0%、78.3%，呈直线增长趋势。（如图1-2所示）

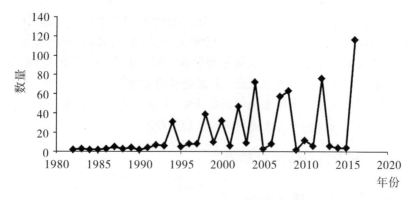

图1-2 客家方言论文数的年代变化情况

从这个统计可以看出客家方言研究论文正逐年增多,表明客家方言研究队伍不断壮大,且来源性刊物也越来越重视客家方言研究论文。另外,客家方言研究性论文之所以呈现跨年代直线增长,主要还是得益于1993年"客家方言研究中心"的成立及历届客家方言研讨会的召开。每逢客家方言研讨会召开时,论文数就会实现一个峰值,客家方言研讨会为客家方言研究者提供了交流的平台,让客家方言研究得以被重视。

2. 客家方言登载刊物情况

这里以语言学来源期刊、综合性社科来源期刊、高校综合学报来源期刊及历届客家方言研讨会论文集为单位,统计30年来客家方言研究论文的分布情况。(如图1-3所示)

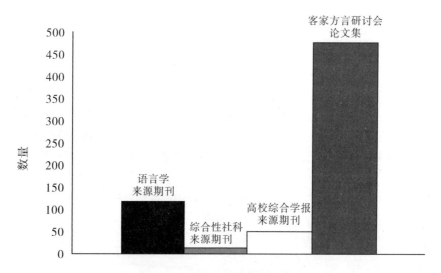

图1-3 客家方言登载刊物情况

由载文比重来看：①历届客家方言研讨会论文集无疑是客家方言研究性论文最为集中的地方。②语言学来源期刊收文比重大于高校综合学报来源期刊，且大于综合性社科来源期刊。其中，就语言学来源期刊收文情况来看，《方言》杂志收录最多，比重高达8.8%。③高校综合学报及综合性社科来源期刊对客家方言论文的收录则表现出一定的地域性特征，主要收录在客家人聚集地广东省的《广东社会科学》《暨南学报》《中山大学学报》等，福建省的《福建论坛》《厦门大学学报》，江西省的《江西社会科学》等。

3. 论文研究地域情况

对668篇客家方言研究论文进行地域分布统计（除去一些综述性及倡议性文章），可以得到表1-1：

表1-1 客家方言论文研究地域

地域		20世纪80年代作者数	20世纪90年代作者数	21世纪作者数	30年来作者数	比例（%）
中国	北京	3	8	21	32	4.8
	广东	14	52	210	276	41.3
	广西	0	1	6	7	1.0
	江西	1	24	58	83	12.4
	四川	0	0	21	21	3.1
	福建	4	25	47	76	11.4
	湖南	0	1	6	7	1.0
	台湾	0	3	136	139	20.8
	香港	0	3	5	8	1.2
日本		0	2	4	6	0.9
其他		3	1	9	13	1.9

从客家方言研究地域的分布来看，除客家人聚集地广东占绝对优势外，台湾地区作为客家人迁出地之一，对客家方言的研究热情也远远高于其他地区，其次是江西省、福建省。可见，30年来客家方言研究材料从以广东为主，福建次之，其他地区缺乏相应资料，发展到几乎有客家人分布的省市均有研究材料，且以广东、台湾地区的材料最为详尽。

4. 论文研究内容情况

从对668篇客家方言研究论文的统计分析来看，目前客家方言研究已经具有一定的水平和深度。30年来，各类来源性期刊及12届客家方言研讨会收录了国内外数百名客家方言研究者的论文，讨论内容涵盖客家方言的来源、客家方言的分区分片、客家方言的归属、客家方言与文化等。就语言本体之语音、词汇、语法来说，均有不少研究成果，且各类研究内容并不能截然分开，既有从语音角度探讨客家方言来源的，也有结合语音词汇特征为客家方言分区分片的，还有从语法角度为客家方言的归属提供佐证的。

显然，客家方言研究内容的主题分类并不是本书讨论的重点。为此，这里首先将涉及语音研究的论文筛选出来，再将其分为纯语音研究和带语音研究两个类别。（见表1-2）

表1-2 客家方言论文研究内容情况

语音研究		非语音研究
纯语音研究	带语音研究	
255篇	289篇	124篇

从表1-2数据统计可以看出，客家方言语音研究在数量上占据绝对优势。笔者认为，客家方言语音研究是贯穿整个客家方言研究的关键性研究，且研究角度和研究重点并不完全相同。为此，我们将对梅州客家方言语音研究进行重点梳理，力求客观地给予评述，指出努力方向，以利于客家方言研究的进一步发展。

二、梅州客家方言语音研究概况

从上文客家方言总体研究趋势可以窥测，客家方言以语音研究成果为多，而梅州是客家人的主要聚集地之一，且梅县方言被认为是客家方言的代表，为此，本节试图对近现代以来梅州客家方言语音研究成果进行整理，以期总结梅州客家方言语音的研究概况，并提出需要进一步深化和拓展的方向。

（一）从宏观角度展开的研究

这里指的是直接以宏观客家方言或某片某区域客家方言为研究对象，以及以某个方言点的客家方言为研究对象，对其语音所涉及的声韵调等从宏观层面展开描写研究的论著。我们将从宏观角度展开的描写研究分成宏观描写研究和宏观比较研究两类。

1. 宏观描写研究

此类研究成果主要包括不单纯以客家方言为描写对象的论著，比方说，罗香林《客家研究导论》（1933）对客家源流、客家分布、客家语言等进行深入、全面的探讨。其中，客家语言章节较早地描写了兴宁客家方言声韵调；王力《中国音韵学》（1936）在系统讲解音韵知识的同时记录了以梅县方言为代表的客家方言音系；袁家骅等《汉语方言概要》（1983）阐述了各种方言的形成，以及各方言语音、词汇和语法的特点，其中也包括以梅县方言为代表的客家方言音系。诸如此类的成果还有《兴宁县志》（1992）、《广东的方言》（李新魁，1994）提及兴宁客家方言的声韵调情况；《客赣方言调查报告》（李如龙、张双庆，1992）、《汉语方言及方言调查》（詹伯慧、李如龙、黄家教等，1991）、《闽客方言史稿》（张光宇，1996）记录梅县方言语音特点。

当然，也有仅以客家方言为描写对象的论著，如《客家话的分布与内部异同》（黄雪贞，1987）、《客家方言的分布和主要特点》（饶秉才，1989）均从宏观角度展示了客家方言的分布情况和语音特点。其中，黄雪贞（1987）还首次提出客家方言区片划分设想。此外，也有以客家方言区片划分为目的描写研究，如《客家方言的分区（稿）》（谢留文、黄雪贞，2007）、《广东省客家方言的界定、划分及相关问题》（庄初升，2008）。谢留文《客家方言语音研究》（2003）、项梦冰博士学位论文《客话音韵论》（北京大学 2005 年博士研究生学位论文）均是仅以客家方言为描写对象，并且涉及梅县客家方言语音研究的文章。专著方面，《客家方言》（温昌衍，2006）对梅州市下属兴宁、五华、大埔、丰顺各县的客家方言语音进行了描写研究。

以上两类文献的共同特点是均涉及梅州客家方言整体或局部方言点语音的全面或简略描写，为我们的后续研究提供了宝贵的一手材料。此外，还有从梅州市内某一方言点出发展开的声韵调描写记录，比方说单点音系整理、同音字汇或单点字词典，如《梅县客家话的语音特点》（黄雪贞，1992）、《大埔客家方言音系》（李菲、甘于恩，2014）、《兴宁客家话语音——兴宁客家话研究之一》（饶秉才，1994）、《五华客家话的音系及其特点》（周日健，2002）、《五华客家话研究》（朱炳玉，2010），分别对梅县、大埔县湖寮镇、兴宁市（没有说明具体方言点）、五华县水寨镇、五华县华城镇客家方言音系进行了描写记录；同音字汇如《梅县话同音字汇》（林立芳，1993）、《梅县客家方言志》（谢永昌，1994）、《五华方言同音字汇》（魏宇文，1997），分别对梅县、五华县横陂镇单个方言点客家方言语音进行了全面描写；单点字词典如《客家话字典》（侯复生，1995）、《梅县方言词典》（黄雪贞，1995）、《客家音字典》（饶秉才，2000）、《客家话通用词典》（罗美珍、林立芳、饶长溶，2004）、《客家方言词典》（何耿镛，2012），分别对梅县、兴宁、大埔单点语音做了完整的记录。

2. 宏观比较研究

宏观比较研究包括横纵两个方面，纵向比较主要以《广韵》音系为参照对象，横向比较包括与少数民族语言、其他方言语音以及本区域不同方言点语音特征的比较，目的是归纳出某个方言点的音系特征、与其他语言/方言的异同或与该片区方言点的异同。当然，这些研究论著也不乏既包括横向语音特征比较也包含纵向音韵特点对比的成果。如下是笔者搜集的宏观客家方言比较研究成果：

《以梅县方言为代表的客家话与北京语音的对应规律》（何炯，1958）
《客家方言与宋代音韵》（邓晓华，1991）
《兴宁县客家话声母与中古音声母比较》（饶秉才，1994）
《兴宁县客家话韵母与中古音韵母比较——兴宁县客家话韵母研究系列之三》（饶秉才，1996）
《大埔客家话语音特点简介》（吉川雅之，1998）
《广东丰顺客家方言的分布及其音韵特征》（高然，1998）
《客家话跟苗瑶壮侗语的关系问题》（邓晓华，1999）
《客赣方言比较研究》（刘纶鑫，1999）
《试论客家方言对粤语语音的影响》（甘于恩、邵慧君，2000）
《大埔客家话与台中客家话的音韵比较研究》（江俊龙，2002）
《梅州客话音韵比较研究》（刘涛，2003）
《两岸大埔客家话比较研究》（江俊龙，2003）
《闽粤赣三地客家方言的语音比较》（刘纶鑫、刘胜利、傅思泉，2004）
《大埔客家话与东势客家话的音韵比较》（江俊龙，2004）
《台湾苗栗与广东兴宁客家话比较研究》（邱仲森，2005）
《大埔、丰顺客家话的比较研究》（苏轩正，2010）
《近代晚期梅州客音研究》（田志军，2011）
《广东兴宁新圩彭姓客家话与源流语言的语音比较》（彭盛星，2012）
《从台湾客家话看梅县话早期的几个语音特征》（温昌衍、侯小英，2018）
《平远县石正客家方言音韵特征》（凌飞霞，2019）

从比对对象来看，梅县客家方言是多数研究者的首选研究对象（何炯，1958；邓晓华，1991；刘纶鑫，1999；温昌衍、侯小英，2018；等等）；饶秉才先生身为兴宁人，着力研究了兴宁客家方言，但从其文章内容无法获知其研究对象是兴宁市的哪个方言点；此外，大埔客家方言的研究可以说始于日本学者吉川雅之，而后得到台湾地区不少学者的关注（江俊龙，2002、2003、2004；苏轩正，2010；等等），大埔本土学者何耿镛和李菲可以说是大埔方言研究的后起者；丰顺客家方言研究始于暨南大学高然教授，同时，也得到台湾地区学者的广泛关注。以上基本上是以某县或某具体方言点的方言为研究对象，另有刘涛硕士学位论文选取梅州市七县县城为研究对象，对其音韵特征展

(二) 从微观角度展开的研究

这里指的是就某一语音问题展开的描写研究，我们将其分为声母研究、韵母研究、声调研究、文白异读及其他应用型研究。

1. 关于声母的研究

从笔者搜集的客家方言声母研究成果来看，精、知、庄、章母的演变应是学者最为关注的问题。

《客家话的舌齿音声母及其演变——兼论客家话与北方话的分离年代》（刘泽民，1999）对客家方言精、知、庄、章分合进行分类，进而比对历史和现实语言材料，认为客家方言是于唐代后期至宋代初期与北方话分离的。《中古精庄知章母在客语的演变》（陈秀琪，2002）根据客家迁徙历史及汉语音韵史解释自闽西至粤东，以及台湾地区各地客家方言精、知、庄、章声母不同的语音现象，认为精、知、庄、章的分合与客家先民的迁徙时间有关，第二次迁徙所到之处均保留了精、知、庄、章对立格局，第三、第四次迁徙所到之处则表现为合流状态。

刘泽民《客赣方言的知章精庄组》（2004）再次从精、庄在客赣方言中的分合问题及知、章组的演变，t、t^h等问题出发，提出精、知、庄、章在客赣方言中没有统一分合格局，精、庄组在客赣方言中的原始状态是分立的，且其t、t^h读音应是后期演变的结果。其姊妹篇《客赣方言舌齿音声母按等分立的格局》（刘泽民，2005）在描写客赣方言精、知、庄、章读音情况的基础上，论证客家方言早期状态是知三、章合流，知二、庄合流后再与精组合流，从而全面勾勒出客赣方言中古后知、章组的演变过程。

此外，硕士学位论文《梅州客家话齿音声母研究》（马洁琼，2010）立足于梅州各县区百余点的客家方言材料，描述精、知、庄、章声母在梅州客家方言中的分合类型，并探讨其演变过程。《客家话声母的前化运动》（陈秀琪，2012）以知、庄、章声母为研究对象，通过对其归并现象的分析，提出是介音-i-的作用致使其发生前化运用，链推至见晓组声母和日、影、云、以母发生前化，认为"前化运动"是客家话声母的演变趋势。新近第四届客家方言研讨会则有《清末民初梅城方言的精知庄章组声母》（余颂辉，2021），可惜没能看到文章全文。

可以说，如上关于精、知、庄、章母演变问题的讨论大部分基于精、知、庄、章在客家方言中的分合类型探讨精、知、庄、章的分合时间及演变过程并推导出其演变机制。与其他研究不同，《粤东某些客家方言中古知三、章组声母今读的音值问题》（万波、庄初升，2014）首次借助语音实验手段，客观地展示了客家方言中古知三、章声母的实际音值并讨论中古音构拟的合理性等问题。

同时，也有不少学者关注客家方言"古见组声母"的读音情况。《结构所引起的辅音音变——论三个客家话软腭音龈腭化演变的不平衡》（严修鸿、黄良喜，2008）基于梅城、蕉岭、平远三地见组字不对称音变的现象，提出该现象源于音节建构时响音对音首复合化的作用，并通过语音实验证明龈腭塞音的发音部位是龈腭而非硬腭或软腭。《客家方言及其他东南方言的唇化软腭音声母》（庄初升，2016）通过近30个客家方言点材料及传教士、汉学家编写的客家文献，提出见组合口字读作唇化软腭音声母 kv、kʰv（ŋv）属于最早的层次，软腭音声母 k、kʰ 带或不带 -u- 介音是由其演变而来，并在粤语、赣语和吴语中得到旁证。《客赣粤平诸方言溪母读擦音的历史层次》（刘泽民，2010）就溪母字在客赣粤平等方言中读作擦音的现象进行分析，发现对应的群母字不读擦音，据此认为溪母读擦音是古南方汉语遗留下的特征。

关于古晓、匣母的研究，有《客家话匣母读同群母的历史层次》（严修鸿，2009）通过音韵与语义的双重论证，列举客家方言中匣母读作群母的本字 11个，确定客家方言匣母读同群母是最古老的语音层次；《从方言比较看客家话匣母字的历史层次》（刘镇发，2009）通过对匣母字在客家方言、粤语、赣语等的读音比较概括出客家方言匣母字的演变过程；《客家话古晓匣母音变现象考察》（邱仲森，2004）对晓匣母存古、脱落、唇齿化、前化等现象进行讨论，认为晓、匣母的演变与后接介音有直接关系，应从介音的发展来观察其演变趋势。

此外，还有关于客家方言声母的其他研究，如《论客家的［V］声母》（钟荣富，1991）从语音分布和音质等角度对客家方言声母 V 和 J 进行考察，认为它们均不是音位性的声母；《客家话里来母白读为泥母的语音层次》（严修鸿，2002）通过粤东客家方言 15 个来母字在土俗词语环境下读作 n - 声母的例子，提出来母白读层为泥母的假设。《客家话古非组字的今读》（项梦冰，2003）对客家方言古非组字进行全面考察，并将其分成两大类（闽语类退化型和粤语类退化型），认为两类非组字今读的不同表现可以归因于赣语和粤语的影响。

就客家方言中全浊声母读作不送气音的问题，万波、庄初升《客、赣方言中古全浊声母今读不送气塞音塞擦音的性质》（2011）做过专题研究，认为有两类：一类源自口语常用字；另一类是非口语常用字，多从"音类折合"或"音值移借"方式从官话借入。

2. 关于韵母的研究

涉及梅州客家方言韵母的研究成果也不少，从整体格局出发的有邱仲森《广东兴宁罗浮客家话韵母演变试析》（2008），该书从辅音韵尾、介音、元音 3 个方面出发，用比较法探讨兴宁客家方言韵母的演变，认为其深摄合口三等的演变透露着深摄在汉语方言音韵史具有开口三等与合口三等的双线发展，介音的产生和消失与元音破裂有关，元音的发展以山、臻摄 a、o、u 的复化为特点。谢留文《从摄和等来看客家方言韵母的总体格局》（2004）以 37 个客家方言点的开口韵为研究对象来探讨不同韵摄的韵母读音及演变机制。

关于介音问题的研究。何纯惠《谈［i］、［u］两个高元音在客方言的运作》（2012）以高元音 i、u 为研究对象，通过观察其前接声母腭化、增生等现象来探究高元音在客家方言中对声母的影响，进而归纳出元音及声母的演变类型与发展趋势。侯小英《客家方言的［u］介音》（2017）认为，u 介音韵母与中古合口韵对应并受主元音影响，古开口韵今读 u 介音的有无则与主元音及韵尾的发音特点有关，与 u 介音相拼的声母多是软腭辅音，并认为梅县等音系中的 u 介音不应取消。

除了介音问题，还有关于其他元音韵母语音特点的研究，张玉敏《梅县客家话双元音语音特点》（2007）通过语音实验测量梅县客家方言 11 个双元音第一、第二共振峰数据，认为梅县客家方言元音具有独特性，其数据同时为客家话研究提供了可靠的语料。李菲《广东大埔湖寮镇客家方言果、效摄一等字的韵母音值》（2014）同样通过实验语音学手段，证明大埔湖寮客家方言的果、效摄一等字韵母区别于梅县客家方言，应为双元音 ou。关于元音韵母历史演变的研究还有刘泽民《客赣方言蟹摄开口一等韵的历史层次》（2009）。

此外，还有关于韵尾的研究，有温昌衍《五华（郭田）方言舌尖元音带韵尾的韵母》（2012）从五华（郭田）客家方言中提取舌尖元音 ɿ、ʅ 带韵尾的例字，认为 ɿ、ʅ 的出现是 i、u 受声母影响高顶出位所引起的。另有刘泽民《客家话梗摄字的音韵格局》（2016）、付新军《论客家方言梗摄韵母文读音的形成及相关问题》（2021），可惜未能获取文章全文。

3. 关于声调的研究

针对袁家骅、北大中文系及黄雪贞在梅县方言语音描写上的差异，吕建国《梅县客家方言单字调和连读变调实验分析》（2006）采用"桌上语音工作室"软件对梅县客家方言单字调及连读变调进行声学分析，以客观数据验证前人主观描写，认为梅县客家方言声调调值为阴平 44、阳平 21、上声 31、去声 52、阴入 31、阳入 55。邵丹丹（2012）硕士论文《基于 EGG 的梅县、福州、长沙方言声调实验研究》则基于 EGG 信号，从音高和时长入手，对梅县方言单字调及双字调进行探测分析，并通过开商、开闭比和抖动等嗓音参数来研究发音类型。《梅州客方言的双向声调大链移——以演化比较法重建常观演化史一例》（朱晓农、李菲，2016）从演化比较法出发，用语音实验手段处理梅州市 31 个客家方言点的舒声长调，进而提出梅州客家方言双向声调大链移的路径。

对于客家方言声调的类型特点，黄雪贞的《客家方言声调的特点》（1988）及《客家方言声调的特点续论》（1989），首次较详细地揭示了客家方言声调"古全浊上声和次浊上声今都有一部分字读阴平"的特点，并使之成为《中国语言地图集》（1987、1990）予以区别客赣方言的最重要特征。谢留文《客家方言古入声次浊声母字的分化》（1995）在黄雪贞18个客家方言点的古入声次浊声母分化的情况外，补充了11处方言点材料，认为古入声次浊声母的分化规律也可以说是客家方言区别其他方言的另一大特点。

周日健《客家方言的声调特点补论》（1998）继黄雪贞提出"古次浊平声、上声和全浊上声部分读阴平，次浊入声部分读阴入"后，又列举更多客家方言点语料进一步支持黄文观点，同时，补论全浊声母去声和全浊声母平入的分化特点。刘纶鑫《客赣方言的声调系统综述》（2000）主要以江西客赣方言为研究对象，探讨影响声调分化的主要因素，分析客赣方言平、上、去、入的分合情况，并认为客赣方言都存在浊上部分归阴平的现象，而次浊部分随清流的情况在客家方言内部较为统一。温昌衍、温美姬《梅县方言的几个语音变例——兼谈几个相关的本字》（2007）也论及此特点。

此外，对于客家与其他方言在声调类型上的关系，李如龙、张双庆《客赣方言的入声韵和入声调》（1995）通过考察古入声字在客赣方言中的读音情况，揭示客赣方言的关系及特点，来说明入声韵及入声调古今演变的类型和过程。辛世彪《客方言声调的演变类型》（2000）通过比较65个客家方言声调的演变情况，将客家方言声调归纳为6种类型，再根据客粤赣浊上字演变的异同展示客粤赣三种方言间的渊源关系。

李惠昌《五华话古次浊声母字的声调演变》（1996）通过统计分析的方法来解释客家方言声调特点的成因，对中古四声次浊声母字在五华话中的声调演变情况进行全面考察，并得出"古次浊声母字演变表现为扩充阴平、削减去声、上声一半归阴平、上声损失去声补的状况"的结论。

客家方言声调以上声、去声为主的调类分化性质问题，前人也曾做过较为深入的探讨。

蓝小玲《客方言声调的性质》（1997）结合韵书及前人研究成果着重分析全浊上声与去声、次浊上声与全浊上声及入声的分合性质，认为客家方言浊上、浊去合流是唐宋体系，次浊上、全浊上读阴平是演变的剩余形式。刘纶鑫《浊上归阴平和客赣方言》（2000）基于江西省客家方言的全面研究，认为客家方言全浊上次浊上归阴平是其本身特征，即古音遗留；浊上归去及次浊上归上声是受北方官话影响的结果。

严修鸿《坪畲客家话古浊上字的调类分化》（1998）通过对客家方言坪畲点古浊上209字分化情况的计量统计分析，认为古浊上字归阴平多出现在常用字，较之上、去读音应是较早期的历史层次。严修鸿《客赣方言浊上字调类演变的历史过程》（2004）通过对客赣方言古浊上字读阴平的计量统计及演变的历史层次分析，推测客家方言古浊上字早期调类的归并情况，认为早期阳上归阴平是声母清浊对立消失后，阳上的喉塞韵尾脱落，与阴平均为升调时，因调值接近而混同成一个调类，早于浊上变去、次浊上归阴调的演变。

张双庆、练春招《客家方言古去声字的演变考察》(2008)研究客家方言古去声字的演变类型及地域分布，将客家方言声调分为6个类型，并结合语言事实和移民历史，探讨客家方言的古去声字走向原因，与阴平、阳平、上声的关系，演变先后等问题。严修鸿《声调演变中的推链与挤压——粤东客家话原阴上、阴去调交替现象析》(2010)通过语言地理与声调格局的分析，认为粤东北上去交替与客家核心区阳去调趋于消失引起的3个降调间的挤压相关。

在入声问题上，黄雪贞《客家方言古入声字的分化条件》(1997)分析39处客家方言古入声次浊声母字的分化情况，认为客家方言古入声字的分化与演变不但有语音特点，还具备语汇方面的特点。

《客家方言的入声》（刘纶鑫，1998）基于69个客家方言点入声的调类、调型和调值对客家方言进行分类，分析影响入声变化的因素，进而对客家方言入声的发展趋势和客家方言的内部分片做出推断。类似的研究还有《古入声在赣、客方言中的演变》（蒋平、谢留文，2004）以17个赣客家方言点入声材料为研究对象，提出古入声调的演变受声母清浊、韵摄影响，合并是入声韵母演变趋势，韵尾的脱落是入声调演变的前提。

此外，还有侯小英《粤中客方言的声调研究》(2008)对粤中客方言进行较为完整的描述，并与梅县客方言及广州粤方言进行对比，认为惠州话与粤中片同属一类，而与粤语关系较疏。陈秀琪《客家话声调的移转现象》(2009)认为，声调演变的内因是语音的音韵特征或语音系统内部的自我调整，外因是语言或方言的接触或融合。客方言浊上归去及部分归阴平后留下的空档应由去声字填补，即声调的转移。

4. 关于文白异读及其他应用型研究

笔者仅找到两篇关于文白异读的文章。其中，《梅县方言的文白异读》（余伯禧，1994）全面描写梅县客家方言文白异读的情况，并概括文白异读的特征。李惠昌《客方言五华话"廉"、"寻"二字的白读音》(1994)则从语义、语音、构造等角度论证五华县（未知方言点）"廉""寻"二字的白读音。此外，还有关于客家方言应用的研究，如早期客家方言研究成果《客家话与中古声母——客家人怎样辨认古声母》（周日健，1987）立足于梅县客家方言母语者，通过古今对应关系，提出辨认中古声母的方法；还有母语者语音迁移对外语习得的研究，如《客家方言语音在英语语音习得中的负迁移现象及对策——以梅县客家方言为例》（李华闽、朱金华、廖珺，2012）。

（三）研究成果的特点及展望

1. 从研究成果来看

梅州客家方言语音研究选点几乎遍及梅州市下属各个县级单位。例如，梅县客家方言作为客家方言的代表，得到众多学者的关注；兴宁客家方言研究得益于本土学者饶秉才；大埔丰顺方言研究源于台湾地区学者的关注。虽然研究范围涵盖梅县、兴宁、大埔、丰顺、五华，但仍表现出地域研究不平衡的特点，平远、蕉岭严重缺乏研究数据，且宏观研究大部分仅以梅县（梅江区）客家方言为代表，极少成果涉及其他县级单位客家方言点的语音材料，县级以下方言点材料更是寥寥无几，偶有论证牵涉，也缺乏全面数据。此外，单点研究成果较多，且大部分单点研究成果仍可以继续深入研究，而基于梅州市全辖范围客家方言语音的全面研究仅有刘涛2003年硕士学位论文一篇，但其选点仅停留在县级单位。

2. 从研究队伍来看

社会学家罗香林先生和语言学家黄雪贞、饶秉才等可以说是客家方言研究的先驱，此后，庄初升教授、严修鸿教授、温昌衍教授、刘泽民教授、刘纶鑫教授、谢留文教授等也为梅州客家方言研究做出了巨大的贡献。此外，日本和中国台湾地区的学者也一直关注梅州客家方言的语音情况，并提出客家方言研究的新观点、新思路，但可能因为地域对方言调查的障碍，研究成果数量及布点数不是特别多。而后，梅州客家方言研究得益于侯小英、刘涛、马洁琼、李菲等人的继承和发展。

3. 从研究方法来看

在研究方法上，前期比较注重材料的收集、记录和描写，直接受国外结构主义语言学影响；中期开始着手对所记录材料的进一步比较分析，注重历史比较法的运用；后期常在前人研究成果基础上发现问题并创造性地运用新的语言学方法论解决或解释实际问题，这个阶段已有不少对前期客家方言记录材料的创新和反思，客家方言语音研究逐渐走向成熟。

总之，如上客家方言研究成果为本书的写作提供了宝贵的资料，并且从不同层面拓宽了我们的研究视野。但目前尚无论著能着眼于梅州各县区客家方言全面语音调查材料进行语音特征比较及地理分布的研究，随着客家方言研究的深入，本书认为本土语言学研究者有必要对其进行深入研究。

第三节 研究目的、方法和材料

一、研究目的

本书以梅州各县区27个客家方言语音为主要研究对象，详细地描述了各方言点的语音特征，在强调梅州客家方言分布的地域特征的同时，结合音韵比较，从区域方言的比较中，深入对音韵史演化的研究，探讨区域内部的共性和差异。因为区域方言的比较更能展示一个地区方言的语音面貌，更易发现区域内部的共性和差异，而地域差异表示出的音韵特征其实在一定程度上可以反映音韵史的演化过程，是比较语言学中的力证。那么，区域之间乃至大方言之间的比较也就不再是几个代表点之间的对照，而是更加全面、细致、深入的比较研究。如果对客家方言地域差异缺乏正确的描述和分析，将不可避免地影响对整个客家方言性质的正确描述和客观认识。为此，笔者试图在区域方言的分布上找到语言内部及语言外部因素，即研究语音区域特征的演化过程，实现客家方言语音特征演化在地图上的动态展示。在此基础上，笔者引入粤港澳大湾区客家方言点的语音材料，横向比对语音特征，探讨客家方言在强势粤方言包围下的分布及演变情况。

二、研究方法

本书以地理语言学研究为主，同时兼及演化语言学、实验语音学等学科。演化语言学认为，语言的演化是有规律可循的，音位系统中某些音变是相互关联、相互依存的，某类关联音的变化可能会引起其他音的变化；而地理语言学在演化例外方面有其独特的解释方式，认为地理接触是音变例外的原因之一。这里试图结合地理语言学及演化语言学来实现客家方言语音研究深度和广度的有机结合。

三、材料来源

本书的写作以梅州市27个客家方言点的字音材料为主，采用甘于恩教授拟定的2013年国家社会科学基金重点项目"粤、闽、客诸方言地理信息系统的建设与研究"A级调查表（3744个常用字）及B级调查表（1356个常用字）①。这27个客家方言点材料以第一手材料为主，其中，梅江区三角镇、蕉岭县南礤镇、平远县大柘镇、兴宁市兴田街道、五华县棉洋镇、丰顺县汤坑镇6个方言点为嘉应学院同人提供，在此表示衷心的感谢，其余21个方言点均为笔者亲自调查所得。本书研究选用的方言点详见表1-3。

---

① 梅县区南口镇、蕉岭县南礤镇、平远县八尺镇、丰顺县留隍镇采用B级调查表，其余方言点均采用A级调查表。

表1-3 选用方言点情况

序号	调查点	调查体量	行政归属	方言小片①
1	三角镇	3734条	梅江区	嘉应小片
2	梅西镇	3749条	梅县区	
3	畲江镇	3743条		
4	松口镇	3744条		
5	蕉城镇	3742条	蕉岭县	
6	南礤镇	3746条		
7	仁居镇	3961条	平远县	
8	大柘镇	3740条		
9	兴田街道	3740条		
10	罗浮镇	3744条	兴宁市	兴华小片
11	黄槐镇	3745条		
12	大坪镇	3734条		
13	石马镇	3749条		
14	水口镇	3743条		
15	刁坊镇	3744条		
16	水寨镇	3742条	五华县	
17	华城镇	3757条		
18	棉洋镇	3755条		
19	湖寮镇	1320条	大埔县	
20	三河镇	3977条		
21	枫朗镇	3964条		
22	光德镇	1321条		
23	高陂镇（平原）	3744条		
24	汤坑镇	3745条	丰顺县	
25	丰良镇	3778条		
26	潘田镇	3747条		
27	留隍镇	3745条		

---

① 据1987年版《中国语言地图集》。

图1-4是梅州客家方言调查点地理分布示意图。

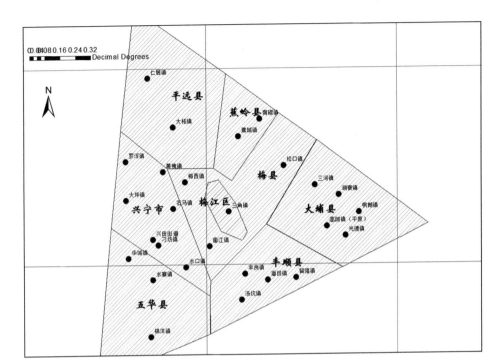

图1-4 梅州客家方言调查点的地理分布

此外，本书还引入粤港澳大湾区中心区8个方言点做横向对比。这8个方言点是广州市白云区太和镇、广州市从化区太平镇、广州市花都区梯面镇、深圳市龙岗区坪地街道、佛山市三水区南山镇、中山市三乡镇、珠海市香洲区狮山镇、惠州市惠城区三栋镇（如图1-5所示）。①

---

① 部分方言点语音材料源自甘于恩国家社会基金项目数据库。

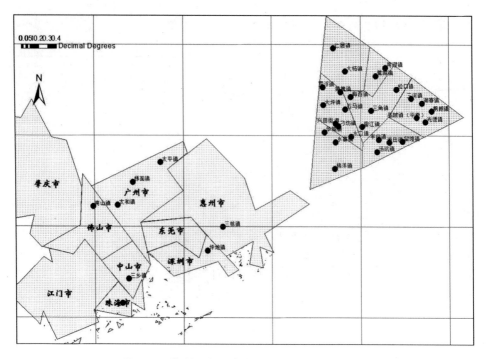

图1-5 梅州及粤港澳大湾区调查点的地理分布

第二章　梅州客家方言及代表点音系

第一节　梅州市境内的方言及分布

梅州市境内通行客家方言，客家方言区面积及人口在全市占绝对地位，闽方言主要通行于丰顺县汤坑镇、汤南镇、留隍镇及大埔县光德镇，大埔县高陂镇因曾与潮州有生意往来，有一段时间流行闽方言，但闽方言并没有取代客家方言而成为主要交际工具。整个梅州市境内仅有十余万人使用闽方言，且均为客闽双言者。

另外，梅州市境内还有约430名畲族及约1200名壮、瑶、满、回等少数民族，他们均已放弃本民族语改说客家方言。梅州各县区语言使用情况如图2-1所示。

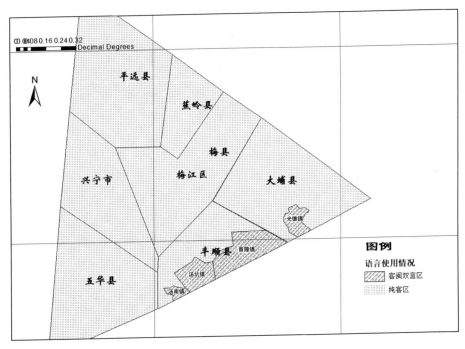

图2-1　梅州各县区语言使用情况

第二节　有关梅州客家方言分片的述评

梅州是客家方言聚集之地，梅县方言被认为是客家方言的代表。学界曾对梅州客家方言进行分区，其中比较具有代表性的有 4 种：一是李荣、熊正辉、张振兴《中国语言地图集》（1987）的分片，二是刘涛《梅州客话音韵比较研究》（2003）硕士学位论文的分片，三是谢留文、黄雪贞《客家方言的分区（稿）》（2007）对《中国语言地图集》分片的修改，四是庄初升《广东省客家方言的界定、划分及相关问题》（2008）对省内客家方言划分的重新认识。

按照李荣、熊正辉、张振兴主编的《中国语言地图集》（1987）B15 的分区，梅县、蕉岭、平远为嘉应小片，兴宁、五华、大埔、丰顺为兴华小片。其分片依据是，"嘉应小片的特点是不分 [ts tʂ]，'瓜乖快光'等字今韵母读合口呼。兴华小片分 [ts tʂ]，'瓜乖快光'今韵母一般读开口呼"①。这个分片标准不仅与语言因素相符（梅州各县区语音特征中最显著的差异是精、知、庄、章四母的读音类型，与此分片情况相符），还与行政地理相通（老一辈认为，狭义的梅州包括梅县、蕉岭县、平远县），其是否还权衡了其他非语言因素仍有待探讨。

作为对梅州客家方言的首次分片尝试（如图 2-2 所示），温昌衍《客家方言》等著作多采用此分片法。

刘涛《梅州客话音韵比较研究》根据梅州七县客家方言语音特点（包括声母特点、韵母特点）将其分为三片：梅县、蕉岭、平远成一片，大埔、丰顺成一片，五华、兴宁成一片。刘涛从声母和韵母特征出发为梅州客家方言分片，实际上是在 1987 年版《中国语言地图集》的基础上将兴华小片（兴宁、五华、大埔、丰顺）再分成兴宁五华一片、大埔丰顺一片。（如图 2-3 所示）他从声母角度出发，认为大埔县、丰顺县、五华县、兴宁市虽然均有两套齿音声母，但具体音值不同，大埔县、丰顺县为 [ts tʃ]，而五华县、兴宁市为 [ts tʂ]；从韵母角度出发，认为大埔县、丰顺县 "果摄、山摄、宕摄合口一等韵和假摄、蟹摄、山摄合口二等韵牙音字一般读合口韵"，五华县、兴宁市 "果摄、山摄、宕摄合口一等韵和假摄、蟹摄、山摄合口二等韵牙音字一般读开口韵"②。刘涛对分片的分析显然更加细致全面，但其对声母音值和韵母特征的描写并不完全准确。

---

① 熊正辉：《广东方言的分区》，载《方言》1987 年版第 3 期，第 162 页。
② 刘涛：《梅州客话音韵比较研究》，暨南大学 2003 年硕士学位论文。

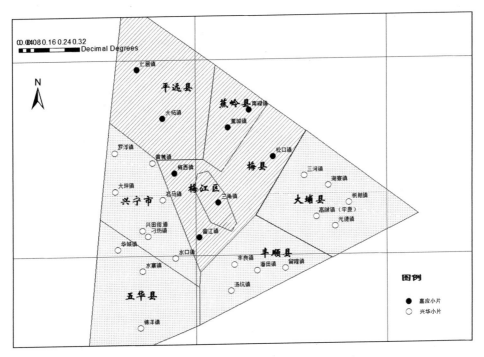

图2-2 1987年版《中国语言地图集》分片

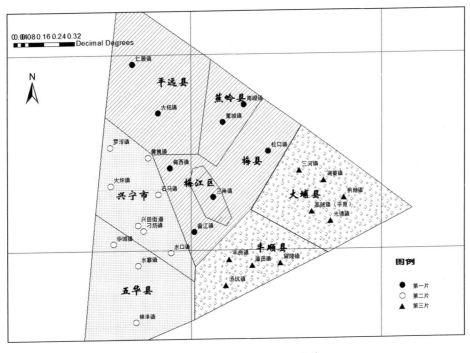

图2-3 刘涛硕士学位论文分片

随后，谢留文、黄雪贞《客家方言的发区（稿）》（2007）关于客家方言分片的修正①，将梅州客家方言划分为梅惠小片（梅州市梅江区、梅县、兴宁市、蕉岭县、大埔县、平远县）和龙华小片（五华县、丰顺县）。（如图2-4所示）这个分片以阳平调的调型为依据，正好与刘涛2003年硕士学位论文互补。

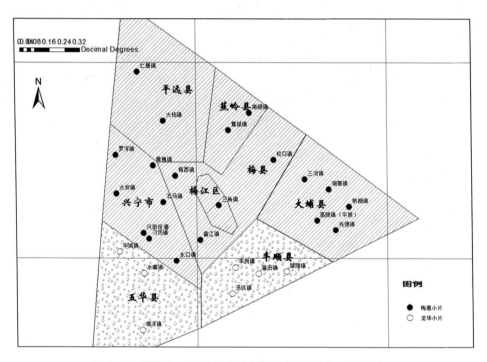

图2-4 谢留文、黄雪贞对《中国语言地图集》分片的修正

此外，还有庄初升（2008）从调类入手，在全面考察广东省客家方言文白读层调类特征之后，将广东省客家方言分为"老客家话"和"新客家话"两大类，并将"老客家话"分为梅桂、雄州、惠韶3个类型，将"新客家话"分海陆、韶五、饶丰、兴梅4个类型。其中，梅州客家方言分属韶五、饶丰、兴梅3个类型："韶五型——古全浊上的文读层与浊去合并之后再与清上合并为上声调，清去独立为去声调，包括五华、大埔茶阳等地、丰顺八乡等地、饶丰型——古全浊上的文读层与浊去合并为阳上去调，清上与清去合并为阴上去调，包括大埔大东等地、丰顺汤坑等地、兴梅型——古全浊上的文读层与浊去合并之后再与清去合并，包括梅县、兴宁、蕉岭、平远、大埔湖寮等地。"②

---

① 谢留文、黄雪贞：《客家方言的分区（稿）》，载《方言》第3期。
② 庄初升：《广东省客家方言的界定、划分及相关问题》，载《东方语言学》2008年第2期，第49～52页。

如上对梅州客家方言的分片均是从地理语言学角度对梅州客家方言语音研究的初步尝试，但是仅庄初升教授（2008）抛开行政区划，单纯从语音特征出发，考量梅州客家方言的划分依据。

第三节 梅州客家方言代表点语音特点

根据上文对梅州客家方言的区划分法，梅县（现梅江区、梅县区）、蕉岭、平远划为一片没有争议，兴宁、五华、大埔、丰顺的分合则有分歧。为此，本节选取梅江区三角镇（原称"梅县方言"）为参照对象，并以兴宁兴田街道、五华县水寨镇、大埔县湖寮镇及丰顺县汤坑镇为代表点，梳理比对其语音特点，试图初步验证前人的分片依据。

一、梅江区三角镇的语音特点

梅江区三角镇位于梅州市的中区，四周被梅县区环抱，原属梅县县城，全区通行客家方言，是梅州市委、市政府所在地，亦是梅州市政治、经济、文化中心，客家方言以其为代表，原称作"梅县方言"。

（一）声韵调

1. 声母（17个，包括零声母在内）

p 巴分给半北　　pʰ 盘喷篷撇　　m 门蚊忙莫　　　　　　　　f 飞分文烦伐　　v 禾无往屋

t 多知白党滴　　tʰ 汤同透夺　　n 泥瓢搅拖纳　　　　　　　　　　　　　　l 罗了郎洛

ts 将知猪捉　　tsʰ 抢除坐插　　　　　　　　　　　　　　s 乡施蛇杀

k 刚家狗结　　kʰ 开戈舅确　　ŋ 鹅人念鳄　　　　　　　h 何好去狭

∅/j 鸦爷雨压

说明：

（1）声母 k、kʰ、h、ŋ 在齐齿呼前实际音值为 c、cʰ、ç、ɲ。

（2）声母 v 有时略松，似 ʋ。

2. 韵母（71个，包括自成音节的鼻音韵母 m̩、n̩）

ɿ 斯初世数　　i 西羽贝惠　　a 加爬打画　　　　　　u 呼部昼芋　　ɔ 多可糯岛　　ɜ 街齐婿岁

　　　　　　　　　　　　　　ia 畲爷谢藉　　　　　　　　　　　　　　ɔi 靴茄瘸

　　　　　　　　　　　　　　ua 瓜寡跨挂　　　　　　　　　　　　　　ɛu 果菜裹过

　　　　　　　　　　　　　　ai 埃大底械　　　　　　　　iu 归鬼蕾罪　　iɔ 哀灰赔外

		iai 皆解艾届				
		uai 乖怪拐快				
		au 凹包胶曝				εu 欧阁某埠
iu 幽流周聚白		iau 腰猫挑尿		iui 锐		
in 英今伶肾白	an 山犁泉蔓	ən 真绳政肾文	un 温门奋滕	ɔn 安竿早串	εn 恩冰朋肯
	ian 烟弦权愿		iun 云永郡	nɔi 软阮	iεn 鞭棉癣耕
	uan 关鳏惯款			uɔn 官管贯罐	uεn 耿
	uaŋ 桄梗矿			uɔŋ 光港广	
im 音禽锦润	am 三谭犯幻	əm 针婶甚慎			εm 森含喊脸
	iam 阉潜染剑				
	aŋ 罂橙冷硬		uŋ 翁同动凤	ɔŋ 肮慌妄降	
	iaŋ 萦营丙病		iuŋ 庸绒巩颂	iɔŋ 秧墙放白 匠	
ip 急吸立续	ap 鸭压盒籴	əp 汁湿十拾			εp 粒涩
	iap 腌楔训 页猎				
	at 八发达舌	ət 室适任植	ut 骨出术	ɔt 割喝夺将	εt 结黑实陌
it 一逸日特	iat 乙结悦热				iεt 雪铁别绝
iut 屈窟掘倔	uat 括刮				uεt 国
	ak 轭尺石白		uk 屋目熟俗	ɔk 恶诺落薄	
	iak 锡剧逆屐		iuk 郁浴六肉	iɔk 约药削弱	
				uɔk 郭扩廓	

m̩ 唔   n̩ 吴五鱼你

说明：

（1）韵母 ian、iat 中的 i 只有在零声母音节中是典型介音 i，其他情况均为滑音。

（2）韵母 am 中的 a 实际是后元音 ɑ。

（3）韵母 iεn、iεt 的主要元音实际音值为半高元音 e。

3. 声调（6个）

阴平	33	甘开坐有	上声	31	果可五仅	阴入	31	急贴淑袜
阳平	21	寒堤捞扶	去声	51	盖抗汉步	阳入	5	踏杂服彻

（二）音韵特点

1. 声母特点

（1）古全浊声母今已全部清化，读塞音、塞擦音时，不论平仄，多读作相应的送气清音，少部分读作相应的不送气清音，例如：陪并 p^hi^{21} ｜豆定 $t^hεu^{51}$ ｜冯奉 $p^huŋ^{21}$ ｜阵澄 $ts^hən^{51}$ ‖ 并并 pin^{51} ｜竞群 kin^{51}。

（2）部分保留"古无轻唇音"的特点。古非、敷、奉母今白读层部分保留重唇音 p 或 pʰ 读法，例如：粪₍非₎pun⁵¹｜放₍非₎pioŋ⁵¹‖肥₍奉₎pʰi²¹｜辅₍奉₎pʰu³¹；但仍以读 f 为主，例如：方₍非₎fɔŋ³³｜蜂₍敷₎fuŋ³³｜乏₍奉₎fat⁵。古微母大多数今读 v，个别读为重唇音 m，例如：雾 vu⁵¹｜万 van⁵¹｜忘 vɔŋ⁵¹‖尾 mi³³｜袜 mat³¹。

（3）部分保留"古无舌上音"的特点。古知组部分今读为舌尖中音 t 或 tʰ，例如：知₍知₎ti³³｜择₍澄₎tʰɔk⁵｜中₍知，~心₎tuŋ⁵¹；今仍以读 ts 或 tsʰ 为主，例如：桌₍知₎tsɔk³¹‖缠₍澄₎tsʰan²¹｜抽₍彻₎tsʰu³³。

（4）古泥、来母今读不混，例如：拿₍泥₎na²¹｜奶₍泥₎nai³³｜努₍泥₎nu³¹‖蓝₍来₎lam²¹｜老₍来₎lau³¹｜里₍来₎li³³。

（5）古精、知、庄、章组合流，只有一套塞音、塞擦音，今读舌尖前音 ts、tsʰ、s。古知、精、庄、章母今读 ts，例如：猪₍知₎tsu³³｜租₍精₎tsɿ³³｜炸₍庄₎tsa⁵¹｜州₍章₎tsu³³。古清、彻、初、昌母今读 tsʰ，例如：彩₍清₎tsʰai³¹｜彻₍彻₎tsʰat⁵｜初₍初₎tsʰɿ³³｜超₍昌₎tsʰau³³。古从、澄、崇母今读 tsʰ、ts 或 s，例如：才₍从₎tsʰɔi²¹｜赵₍澄₎tsʰau⁵¹｜床₍崇₎tsʰɔŋ²¹‖脏₍从₎tsɔŋ⁵¹｜仗₍澄₎tsɔŋ⁵¹‖士₍崇₎sɿ⁵¹｜字₍从₎sɿ⁵¹。古心、邪、生、船、书、禅母多数今读 s，例如：锁₍心₎sɔ³¹｜术₍邪₎sut⁵｜帅₍生₎sai⁵¹｜蛇₍船₎sa²¹｜书₍书₎su³³｜时₍禅₎sɿ²¹；少数读 tsʰ，例如：暑₍书₎tsʰu³¹｜词₍邪₎tsʰɿ²¹。

（6）古日母逢细音多数与疑母不分，今读 ŋ，实际音值为 ɲ，不同于泥母的 n，例如：二 ŋi⁵¹｜日 ŋit³¹｜让 ŋiɔŋ⁵¹。此外，还有少数读为 j 的，例如：如 ji²¹｜然 jian²¹。

（7）古溪母字主要读作送气清音 kʰ，例如：企 kʰi³³｜烤 kʰau³¹｜刻 kʰet⁵；也有读作 h 及 f 的现象，例如：苦 fu³¹‖客 hak³¹。

（8）古疑母大多数今读 ŋ，例如：牙 ŋa²¹｜危 ŋui²¹｜鹅 ŋɔ²¹；在细音前实际音值为 ɲ，例如：语 ŋi³³｜言 ŋien²¹；少数读作声化韵或 j 声母，例如：鱼 n̩²¹｜五 n̩³¹‖砚 jien⁵¹。

（9）古晓、匣母开口一、二等多数今读 h，例如：黑₍晓₎hɛt³¹｜孝₍晓₎hau⁵¹｜喉₍匣₎hɛu²¹｜夏₍匣₎ha⁵¹。合口一、二等主要读作 f、v，例如：花₍晓₎fa³³｜坏₍匣₎fai⁵¹‖歪₍晓₎vai³³｜禾₍匣₎vɔ²¹；少数今读舌根音声母 k、舌音声母 s 或 j，例如：吸₍晓₎kʰip³¹｜荷₍匣，挑₎kʰai³³｜舌₍匣₎sat⁵｜喧₍晓₎siɛn³³‖掀₍晓₎jian³³｜县₍匣₎jian⁵¹。

（10）古影、云、以母今主要读作 j/ø 声母，唇齿擦音声母 v 应为合口介音 u 摩擦化的结果，例如：安 ɔn³³｜恩 ɛn³³‖王 vɔŋ²¹｜胃 vi⁵¹。

2．韵母特点

（1）韵母中没有撮口呼，例如：吕 li³³｜取 tsʰi³¹｜须 si³³｜居 ki³³｜区 kʰi³³｜虚 hi³³｜雨 i³¹｜与 i³³。

（2）古鼻音韵尾 -m、-n、-ŋ 和塞音韵尾 -p、-t、-k 较为完整地保留下来，没有鼻化韵，古咸、深摄阳声韵收 -m 尾，入声韵收 -p 尾，例如：贪₍咸₎tʰam³³｜南₍咸₎nam²¹‖答₍咸₎tap³¹｜鸽₍咸₎kap³¹‖林₍深₎lim²¹｜寻₍深₎tsʰim²¹‖集₍深₎sip⁵｜

汁$_深$tsəp^{31}；古山、臻、曾摄阳声韵收 – n 尾，入声韵收 – t 尾，例如：丹$_山$ tan^{33}｜干$_山$kɔn^{33}‖渴$_山$hɔt^{31}｜舌$_山$sat^5‖跟$_臻$kɛn^{33}｜笔$_臻$pit^{31}‖朋$_曾$p^{h}ɛn^{21}｜黑$_曾$hɛt^{31}；古宕、江、通摄阳声韵收 – ŋ 尾，入声韵收 – k 尾，例如：帮$_宕$pɔŋ^{44}｜博$_宕$pɔk^{31}｜胖$_江$p^{h}aŋ^{51}｜角$_江$kɔk^{31}｜工$_通$kuŋ^{33}｜毒$_通$t^{h}uk^5；梗摄因文白异读的存在，阳声韵有收 – n 的，也有收 – ŋ 的，例如：牲$_牺~$sɛn^{44}｜牲$_头~$saŋ^{44}，相应的入声韵也有 – t 和 – k 的区别，例如：格$_{~式}$kɛt^{31}｜格$_{~空}$kak^{31}。

（3）果摄文读层主要读作 ɔ，例如：罗 lɔ^{21}｜左 tsɔ^{31}｜火 fɔ^{31}；个别读作 a，例如：他 ts^{h}a^{33}｜那 na^{31}。果摄白读层主要读作 ai 或 ɛ，例如：我$_{亻}$ŋai^{21}｜荷$_挑$k^{h}ai^{33}‖个$_见$kɛ^{51}。果摄合口见系字白读层保留合口介音 u，例如：果 kuɔ^{31}｜过 kuɔ^{51}｜和$_{~尚}$vɔ^{21}（声母 v 为 u 摩擦化的结果）。

（4）假摄开口二等字及假摄开口三等字章母读作 a，例如：巴 pa^{33}｜沙 sa^{33}‖者 tsa^{31}｜舍 sa^{31}。开口三等字除章母字外，均读作 ia，例如：借 tsia^{51}｜写 sia^{31}｜爷 ia^{21}。假摄合口二等字主要读作 ua，晓、匣母介音 u 脱落与声母演化有关，例如：瓜 kua^{33}｜夸 k^{h}ua^{33}｜花 fa^{33}。

（5）遇摄合口一等字除精组外，以读 u 为主，例如：布 pu^{51}｜虎 fu^{31}｜护 fu^{51}；模韵精组字读作 ɿ，例如：租 tsɿ^{33}｜素 sɿ^{51}；模、鱼两韵部分疑母字读作声化韵ŋ̍，例如：五 ŋ̍^{31}｜午 ŋ̍^{31}｜鱼 ŋ̍^{33}。遇摄合口三等字鱼、虞两韵以读 i 和 u 为主，其中，精组见系字主要读 i，例如：徐$_邪$ts^{h}i^{21}｜取$_清$ts^{h}i^{31}｜需$_心$si^{33}‖居$_见$ki^{33}｜距$_群$k^{h}i^{33}｜具$_群$k^{h}i^{51}；知组、章组字读 u，例如：猪$_知$tsu^{33}｜注$_知$tsu^{51}‖煮$_章$tsu^{31}｜输$_书$su^{33}；另有庄组字读 ɿ，例如：初 ts^{h}ɿ^{33}｜数 sɿ^{51}。

（6）古蟹摄开口一、二等主要读作 ai 或 ɔi，例如：猜 ts^{h}ai^{33}｜大 t^{h}ai^{51}‖台 t^{h}ɔi^{21}｜代 t^{h}ɔi^{51}；有文白异读的，文读层读作 ai，白读层读作 ɔi，例如：在$_{实~}$ts^{h}ai^{51}｜在$_{还~}$ts^{h}ɔi^{33}。蟹摄开口二等见母字文读层大部分有 i 介音，例如：阶 kiai^{33}｜界 kiai^{51}｜届 kiai^{51}｜解 kiai^{31}；白读层读作 ɛ，例如：尬 kɛ^{51}｜街 kɛ^{33}｜解$_{~开}$kɛ^{31}。蟹摄开口三等字除章组外，主要读作 i，例如：币 pi^{51}｜际 tsi^{51}｜艺 ŋi^{51}；章组读作 ɿ，例如：制 tsɿ^{51}｜势 sɿ^{51}。蟹摄开口四等字主要读作 i 和 ai，有文白异读的，文读读作 i，白读读作 ai，例如：闭 pi^{51}｜米 mi^{31}‖弟$_{兄~}$t^{h}i^{51}｜弟$_{老~}$t^{h}ai^{33}；白读层还有读作 ɛ 的，例如：洗 sɛ^{31}｜鸡 kɛ^{33}｜系 kɛ^{33}。蟹摄合口一等灰泰韵今主要表现为 3 种读音，即 ɔi、ui 和 i，帮组晓、匣母主要读作 i，例如：杯$_帮$pi^{33}｜培$_并$p^{h}i^{21}｜每 mi^{33}｜回$_匣$fi^{21}；蟹摄合口一等见组字与合口二等主要元音以 ai 为主，例如：会$_{~计,见}$k^{h}uai^{51}｜坏$_匣$fai^{51}｜快$_见$k^{h}uai^{51}；蟹摄合口三等祭韵白读常用字主要读作 ɔi 或 ɛ，文读非常用字主要读作 ui，例如：脆 ts^{h}ɔi^{51}｜税 sɔi^{51}‖岁$_{+~}$sɛ^{51}‖岁$_{万~}$sui^{51}｜赘 tsui^{51}。蟹摄合口四等字见组读作 ui，匣母读 i，例如：桂 kui^{51}‖慧 fi^{51}。

（7）止摄开口支、脂、之微韵除齿音声母精、知、庄、章4组声母外，主要读作韵母 i，例如：碑 pi³³｜被 pʰi⁵¹；与齿音声母拼主要读作 ɿ，例如：紫 tsɿ³¹。白读层有读作 ai 的，例如：徙 sai³¹｜舐 sai³³；也有读作 i 的，例如：知～道 ti³³｜枳 ki³³。止摄合口支、脂、微韵文读层主要读作 ui，例如：随 sui²¹｜为 vi⁵¹｜水 sui³¹；白读常用字主要读作 ɔi，例如：吹 tsʰɔi³³｜睡 sɔi⁵¹｜衰 sɔi³³，微韵非组字介音 u 脱落，读作 i，例如：非 fi³³｜痱 pi⁵¹｜肥 pʰi²¹｜微 mi²¹。

（8）效摄开口一、二等主要读作 au，例如：保 pau³¹｜刀 tau³³｜抄 tsʰau³³｜效 hau⁵¹；一等白读层读作 ɛu，例如：捞～起来 lɛu²¹；二等也有个别与三、四等一样读 iau 的，例如：猫 miau⁵¹｜敲 kʰiau³³；三等除知、章组读作 au 外，其余读作 iau，例如：票 pʰiau⁵¹｜妖 iau³³‖超 tsʰau³³｜照 tsau⁵¹｜绍 sau⁵¹；四等读作 iau，例如：钓 tiau⁵¹｜条 tʰiau²¹。

（9）流摄开口一等字主要读作 ɛu，例如：偷 tʰɛu³³｜狗 kɛu³¹｜候 hɛu⁵¹，部分白读常用字读作 u，例如：母 mu³³｜拇 mu³³｜戊 vu⁵¹；另有部分非常用字读作 iau，例如：剖 pʰiau³¹｜贸 miau³¹｜牡 miau⁵¹。流摄开口三等文读层主要读作 iu，例如：流 liu²¹｜秀 siu⁵¹｜牛 ŋiu²¹；白读层读作 ɛu 或 u，例如：馊 sɛu³³｜鸠 kɛu³³‖昼 tsu⁵¹｜手 su³¹｜仇 su²¹。

（10）咸摄阳声韵收－m 尾，入声韵收－p 尾，开口一、二等字主要元音均为 a，例如：贪 tʰam³³｜答 tap³¹｜站 tsam⁵¹｜甲 kap⁵；咸摄开口二等咸洽韵见母个别例字主要元音读如三、四等字 ia，例如：碱 kiam³¹｜夹 kiap⁵；咸摄开口三、四等除知、章组外主要元音均为 ia，例如：尖 tsiam³³｜业 ŋiap⁵｜添 tʰiam³³｜叠 tʰiap⁵；知、章组主要元音为 a，例如：沾知 tsam³³｜占章 tsam⁵¹｜陕书 sam³¹。咸摄合口三等字主要元音为 a，例如：法 fap³¹｜范 fam⁵¹。

（11）深摄阳声韵收－m 尾，入声韵收－p 尾，开口三等字除章组外，主要元音为 i，例如：林 lim²¹｜集 sip⁵｜金 kim³³；章组主要元音为 ə，例如：针 tsəm³³｜汁 tsəp³¹｜湿 səp³¹；白读常用字主要元音为 ɛ，例如：粒 lɛp³¹｜森 sɛm³³｜涩 sɛp³¹。

（12）山摄开口一等寒、曷韵除见系外，主要读作 an/at，例如：丹 tan³³｜达 tʰat⁵｜兰 lan²¹｜擦 tsʰat³¹；见系读作 ɔn/ɔt，例如：干 kɔn³³｜看 kʰɔn⁵¹｜渴 hɔt³¹｜汗 hɔn⁵¹。山摄开口二等字除见组外主要读作 an/at，例如：八 pat³¹｜山 san³³｜班 pan³³｜瞎 hat³¹；见组主要读作 ian，例如：间 kian³³｜眼 ŋian³¹｜奸 kian³³。山摄开口三等仙薛韵帮组端系主要读作 iɛn/iɛt，例如：编 pʰiɛn³³｜别 pʰiɛt⁵｜剪 tsiɛn³¹；知、章组主要读作 an/at，例如：展 tsan³¹｜折 tsat³¹；日母见系读作 ian/iat，例如：然 ian²¹｜杰 kʰiat⁵｜言 ŋian²¹。山摄开口四等除见系外，主要读作 iɛn/iɛt，例如：边 piɛn³³｜典 tiɛn³¹｜铁 tʰiɛt³¹｜千 tsʰiɛn³³；见系主要读作 ian/iat，例如：坚 kian³³｜洁 kiat³¹｜显 hian³¹｜结 kiat³¹。山摄合口一等帮母字主要读作 an/at，例如：判 pʰan⁵¹｜馒 man²¹｜泼 pʰat³¹｜末 mat⁵；端系字主要读

作 ɔn/ɔt，例如：短 tɔn³¹｜脱 tʰɔt³¹｜夺 tʰɔt⁵｜酸 sɔn³³，见组舒声读作 uɔn，例如：官 kuɔn³³｜馆 kuɔn³¹｜观 kuɔn⁵¹；入声读作 uat/at，例如：括 kuat³¹｜阔 fat³¹，这里 u 介音的脱落与声母的演化有关；晓组影组主要元音有读作 a 和 ɔ 的，例如：换 vɔn⁵¹｜活 fat⁵｜碗 van³¹。山摄合口二等庄组字读作 ɔn/ɔt，例如：闩 tsʰɔn³³｜刷 sɔt；见系字主要读作 uan/uat，例如：关 kuan³³｜还 van²¹‖刮 kuat³¹｜滑 vat⁵。山摄合口三等仙薛韵来母精组主要读作 iɛn/iɛt，例如：恋 liɛn⁵¹｜绝 tsʰiɛt⁵｜选 siɛn³¹｜雪 siɛt⁵；知、章组主要读作 ɔn/ɔt，例如：转 tsɔn³¹｜拙 tsɔt³¹｜船 sɔn²¹；见系主要读作 ian/iat，例如：卷 kian³¹｜员 ian²¹｜悦 iat⁵。山摄合口三等元月韵非组读作 an/at，例如：反 fan³¹｜发 fat³¹｜晚 van³¹，合口 u 介音的脱落同样与声母的演变有关；山摄合口三等见系与四等字均主要读作 ian/iat，例如：远 ian³¹｜越 iat⁵‖悬 hian²¹｜穴 hiat⁵。

（13）臻摄开口一等字主要读作 ɛn，例如：跟 kɛn³³｜很 hɛn³³；白读常用字有读作 un 的，例如：吞 tʰun³³。臻摄开口三等除知、庄、章 3 组声母字外，主要读作 in/it，例如：彬₍帮₎ pin³³｜笔₍帮₎ pit³¹｜邻₍来₎ lin²¹｜尽₍精₎ tsʰin⁵¹｜膝₍心₎ tsʰit³¹｜人₍日₎ ŋin²¹｜吉₍见₎ kit³¹；知、庄、章组主要读作 ən/ət，例如：珍₍知₎ tsən³³｜臻₍庄₎ tsən³³｜真₍章₎ tsən³³｜失₍书₎ sət³¹｜肾₍禅₎ sən⁵¹；白读常用字有读作 ɛn/ɛt 的，例如：弼₍并₎ pʰɛt³¹｜敏₍明₎ mɛn³¹｜虱₍生₎ sɛt³¹｜实₍船₎ sɛt⁵；日母及见系有读作 iun 的白读层，例如：忍₍日₎ ŋiun³³｜银₍疑₎ ŋiun²¹｜欣 hiun³³。臻摄合口字除日母见系外，主要读作 un/ut，例如：门₍明₎ mun²¹｜突₍定₎ tʰut³¹｜轮₍来₎ lun²¹｜出₍昌₎ tsʰut³¹｜佛 fut⁵；日母及见系大部分读作 iun/iut，例如：润₍日₎ iun⁵¹｜允₍以₎ ŋiun³³｜君₍见₎ kiun³³｜倔₍群₎ kʰiut³¹｜云₍云₎ iun²¹。

（14）宕摄开口一等字主要读作 ɔŋ/ɔk，例如：帮 pɔŋ³³｜党 tɔŋ³¹｜落 lɔk⁵｜钢 kɔŋ⁵¹｜各 kɔk³¹；宕摄开口三等字除知、庄、章组外，主要读作 iɔŋ/iɔk，例如：良 liɔŋ²¹｜削 siɔk³¹｜壤 iɔŋ³¹｜弱 ŋiɔk⁵，知、庄、章组字主要读作 ɔŋ/ɔk，例如：账₍知₎ tsɔŋ⁵¹｜仗₍澄₎ tsɔŋ⁵¹｜着₍知₎ tsʰɔk⁵｜尝₍禅₎ sɔŋ²¹。宕摄合口一等字主要读作 uɔŋ/uɔk，例如：光₍见₎ kuɔŋ³³｜扩₍溪₎ kʰuɔk³¹｜黄₍匣₎ vɔŋ²¹，其中，晓母字部分读作 ɔŋ 是声母演变所致使，例如：荒₍晓₎ fɔŋ³³。宕摄合口三等字非组字主要读作 ɔŋ/ɔk，例如：方 fɔŋ³³｜芒 mɔŋ³³；见组字主要读作 iɔŋ/iɔk，例如：筐 kʰiɔŋ³³｜钁 kiɔk³¹；影组字主要读作 uɔŋ/vɔŋ，例如：王₍云₎ vɔŋ²¹。

（15）江摄多数读 ɔŋ/ɔk，例如：绑 pɔŋ³¹｜桌 tsɔk³¹｜角 kɔk³¹；少数读 uŋ/uk，例如：窗 tsʰuŋ³³｜双 suŋ³³｜浊 tsʰuk⁵；个别读作 aŋ/ak，例如：胖 pʰaŋ⁵¹｜庞 pʰaŋ²¹。

（16）曾摄开口一、三等主要读作 ɛn/ɛk，例如：等 tɛn³¹｜能 nɛn²¹｜则 tsɛk³¹｜黑 hɛk³¹‖凭₍靠₎ pɛn⁵¹｜息₍孙~₎ sɛk³¹｜色 sɛk³¹；文读读作 in/it，例如：特 tʰit⁵｜肋 lit⁵‖凭₍文~₎ pʰin²¹｜力 lit⁵｜息₍休~₎ sit³¹｜蝇 in²¹。曾摄开口三等知、章组韵

母文读层主要读作 ən/ək，例如：征 tsən³³｜植 tsʰək⁵；白读层主要读作 aŋ，例如：橙 tsʰaŋ²¹。曾摄合口一等见组读作 uɛk，例如：国 kuɛk³¹，匣母读作 ɛk，例如：或 fɛk⁵；合口三等"域"字读作 vɛk³¹。

（17）梗摄舒声字文白读对立。文读 ɛn/ən 时，白读往往是 aŋ，例如：生ₓ~sɛn³³｜生~死 saŋ³³‖更~换 kɛn³³｜更五~ kaŋ³³｜程~序 tsʰən²¹｜程路~ tsʰaŋ²¹‖正立~tsən⁵¹｜正~好 tsaŋ⁵¹；文读 in 时，白读往往是 iaŋ，例如：平~安 pʰin²¹｜平~头 pʰiaŋ²¹‖命~令 min⁵¹｜命~运 miaŋ⁵¹。

（18）通摄合口一等读 uŋ/uk，例如：东 tuŋ³³｜读 tʰuk⁵｜总 tsuŋ³¹｜谷 kuk³¹。通摄合口三等除日母、见系及少部分精组、来母读作 iuŋ/iuk 外，例如：肉ᵢₙɨuk³¹｜菊ᵢₑ kʰiuk³¹｜龙ᵢₑ liuŋ²¹｜曲ᵢₑ kʰiuk³¹，主要以读 uŋ/uk 为多，例如：风 fuŋ³³｜目 muk³¹｜中 tsuŋ³³｜烛 tsuk³¹。

3. 声调特点

梅江区三角镇共有 6 个声调，古平声和入声主要按声母清浊分阴阳，浊上归去，去声不分阴阳，声调格局表现为舒声调阴高阳低，入声调阴低阳高。

（1）古清声母平声字今读阴平 33 调，古次浊声母和全浊声母平声字今读阳平 21 调，例如：多端 tɔ³³｜玻帮 pɔ³³｜加见 ka³³‖婆并 pʰɔ²¹｜茶澄 tsʰa²¹｜图定 tʰu²¹。平声次浊声母部分读阴平的多为常用字，例如：妈明 ma³³｜聋来 luŋ³³。

（2）古清声母和古次浊声母上声字今读上声 31 调，例如：府非 fu³¹｜简见 kien³¹‖旅来 li³¹｜卵来 lɔn³¹；部分次浊声母上声字读如阴平，例如：马明 ma³³｜冷来 laŋ³³｜里来 li³³。古浊声母上声字今读去声 51 调，例如：范奉 fam⁵¹｜抱并 pʰau⁵¹；亦有部分全浊上声字读如阴平，但不及次浊上声字多，例如：坐从 tsʰɔ³³｜社禅 sa³³。

（3）古去声今不分阴阳，都读作去声 51 调，例如：布帮 pu⁵¹｜就从 tsʰiu⁵¹｜慢明 man⁵¹。

（4）古清声母和部分次浊声母入声字今读阴入调 31，例如：炒初 tsʰau³¹｜比帮 pi³¹‖引以 in³¹｜老来 lau³¹；古全浊声母入声字和大多数次浊声母入声字今读阳入调 5，例如：独定 tʰuk⁵｜植 tsʰək⁵‖药 iɔk⁵｜力 lit⁵。

二、兴宁市兴田街道语音特点[①]

兴宁市兴田街道位于兴宁市西南部，四周被兴宁市其他镇区环绕，总面积 31 平方千米，距五华县华城镇仅 15 千米，是兴宁市的中心区。

[①] 舌叶音声母 ʧ、ʧʰ、ʃ 后接的舌尖元音音色居中，万波、庄初升《粤东某些客家方言中古知三章组声母今读的音值问题》将其记作 ɿ，本书沿用该做法。

(一) 声韵调

1. 声母 (21个，包括零声母在内)

p 巴分_白_比沸北	pʰ 盘鄙_文_缝撇	m 门忙蚊莫	f 飞分_文_烦活	
t 多知_白_队滴	tʰ 同断_线_~透夺	n 泥藕瓢你纳	v 窝闻碗未滑	l 罗了郎洛
ts 资酒漫接	tsʰ 枪浸皂聚罪		s 私锁柿习	
tʃ 知~识_文_沾盏质	tʃʰ 除扯治直		ʃ 施靴许肾_文_实	
k 家枝狗结	kʰ 科戈开局狭	ŋ 崖瓦外岳	h 虾何溪客辖	
			ʒ 丫如乳阅药	
∅ 鸦恩暗压				

说明：声母 k、kʰ、h 在齐齿呼前实际音值为 c、cʰ、ç。本书调查材料显示，声母 ŋ 不与齐齿呼相拼，与齐齿呼相拼的舌尖前鼻音并没有舌面化，这点与前人研究有别。

2. 韵母 (45个，包括自成音节的鼻音韵母 m̩、ŋ̍)

ɿ 斯苏紫助	i 二齐罪贝惠	a 加瓜爬打画	ɨ 虚时羽市	u 幽呼锄昼度	o 屙多可糯	ɛ 个系世舐
		ia 爹姐卸藉				iɛ 洗细鄙婿
		ai 埃鸡街械帅		ui 规诡危伪魏	oe 哀灰来害	
		au 凹包岛胶曝				
	iu 欧流聚_白_	iau 猫挑尿料				
	in 英金怜肾_白_	an 山攀泉蔓	in 英真引肾_文_	un 温门品奋	ɔn 安竿旱串	ɛn 恩弘衡怨
						iɛn 鞭棉朋幸
					uɔn 肝管软罐	
		aŋ 罂泛_中空_橙硬		uŋ 翁针动甚	ɔŋ 肮慌妄降	
		iaŋ 萦营丙病		iuŋ 庸绒巩诵	iɔŋ 秧墙匠腔	
	it 结七掘历	at 八发达刮列	it 一式益役	ut 物笔骨出	ɔt 喝渴拇豁	ɛt 咳灭卜获
					tɔu 割脱劣说	iɛt 雪铁别绝跌
		ak 轭尺石白		uk 屋目熟涿	ɔk 恶落薄措	
		iak 锡壁逆展		iuk 辱六肉宿	iɔk 约药削弱	
m̩ 唔	ŋ̍ 吴五伍午					

3. 声调 (6个)

| 阴平 | 44 | 花东马有 | 上声 | 3 | 果染仅兑 | 阴入 | 31 | 急刺淑袜 |
| 阳平 | 11 | 南寒幽堤 | 去声 | 53 | 猫盖抗坐 | 阳入 | 5 | 踏杂熟彻 |

(二) 音韵特点

1. 声母特点

（1）古全浊声母今已全部清化，读塞音、塞擦音时，不论平仄，多读作相应的送气清音，少部分读作相应的不送气清音，例如：婆_并 pʰɔ¹¹｜图_定 tʰu¹¹｜坐_从 tsʰɔ⁴⁴｜谢_邪 tsʰia⁵³｜除_澄 tʃʰu¹¹｜柴_崇 tsʰai¹¹｜极_群 kʰit⁵。

（2）部分保留"古无轻唇音"的特点。古非、敷、奉母今白读层部分保留重唇音 p 或 pʰ 读法，例如：飞_~行,非 pi⁴⁴｜放_~手,非 pioŋ⁵³｜符_奉 pʰu¹¹；但仍以读 f 为主，例如：风_非 fuŋ⁴⁴｜芳_敷 foŋ⁴⁴｜繁_奉 fan¹¹。古微母大多数今读 v，个别读为重唇音 m，例如：未 vi⁵³｜武 vu⁴⁴｜务 vu⁵³‖忘 mɔŋ⁵³｜尾 mi⁴⁴｜味 mi⁵³｜舞 mu³¹。

（3）部分保留"古无舌上音"的特点。古知组部分今读为舌尖中音 t 或 tʰ，例如：知_~道,知 ti⁴⁴｜爹_知 tia⁴⁴；今仍以读 ts/tsʰ 或 tʃ/tʃʰ 为主，例如：桌_知 tsɔk³¹｜茶_澄 tsʰa¹¹｜拆_彻 tsʰak³¹‖朝_知 tʃau⁴⁴｜超_彻 tʃʰau⁴⁴｜住_澄 tʃʰu⁵³。

（4）古泥、来母今读不混，例如：泥_泥 nai¹¹｜闹_泥 nau⁵³｜尿_泥 niau⁵³‖兰_来 lan¹¹｜老_来 lau³¹｜李_来 li³¹。

（5）古精、知、庄、章 4 组两分，大体上今精、知二、庄读 ts、tsʰ、s，例如：左_精 tsɔ³¹｜粗_清 tsʰɿ⁴⁴｜才_从 tsʰuɔi¹¹｜字_从 sɿ⁵³｜思_心 sɿ⁴⁴｜僧_心 tsiɛn⁴⁴｜斜_倾~,邪 sia²¹｜邪_不正,邪 tsʰia¹¹｜站_知 tsʰaŋ⁵³｜拆_彻 tsʰak³¹｜茶_澄 tsʰa¹¹‖查_庄 tsʰa¹¹｜初_初 tsʰɔ⁴⁴｜柴_崇 tsʰai¹¹｜士_崇 sɿ⁵³｜使_生 sɿ³¹｜杉_生 tsʰaŋ⁵³；知三、章读 tʃ、tʃʰ、ʃ，例如：猪_知 tʃu⁴⁴｜丑_彻 tʃʰu³¹｜直_澄 tʃʰit⁵‖者_章 tʃa³¹｜处_昌 tʃʰu⁵³｜射_船 ʃa⁵³｜书_书 ʃu⁴⁴｜始_书 tʃʰɿ³¹｜时_禅 ʃi²¹｜臣_禅 tʃʰin²¹。

（6）古日母逢细音，多数与疑母、泥母不分，今读 n，例如：惹 nia⁴⁴｜二 ni⁵³｜认 nin⁵³。此外，还有少数读为 ʒ，例如：如 ʒi¹¹｜儿 ʒɿ¹¹｜让 ʒɔŋ⁵³。

（7）古溪母字以读作送气清音 kʰ 为主，例如：快 kʰai⁵³｜口 kʰiu³¹｜空 kʰuŋ⁴⁴。另有读作擦音 h、f、ʃ 的现象，擦音的用法与后接韵母开合口及洪细有关。一般，擦音 h 后接开口洪音，例如：客 hak³¹｜壳 hɔk³¹｜糠 hɔŋ⁴⁴；擦音 f 后接合口洪音，例如：苦 fu³¹｜阔 fat³¹｜恢 fuɔi⁴⁴；擦音 ʃ 后接舌尖元音，例如：去 ʃɿ⁵³｜气 ʃɿ⁵³｜弃 ʃɿ⁵³。

（8）古疑母主要读作鼻音，在洪音前大多数今读 ŋ，在细音前主要读作 n，例如：岳 ŋɔk⁵｜危 ŋui¹¹｜眼 ŋan³¹‖义 ni⁵³｜业 niak⁵｜元 niɛn¹¹；少数读作声化韵或零声母，例如：鱼 ŋ̍¹¹｜五 ŋ̍³¹｜午 ŋ̍³¹。

（9）古晓、匣母开口一、二等多数都今读 h，例如：海_晓 huɔi³¹｜汉_晓 hɔn⁵³‖闲_匣 han¹¹｜号_匣 hau⁵³。合口一、二等主要读作 f、v，例如：火_晓 fɔ³¹｜悔_晓 fi⁵³｜怀_匣 fai¹¹｜环_匣 fan¹¹‖话_讲~,匣 va⁵³｜歪_晓 vai⁴⁴；少数今读舌根音声母 k、舌音声母 ʃ 或浊擦音声母 ʒ，例如：校 kau³¹｜吸 kiuk³¹｜乡 ʃɔŋ⁴⁴｜休 ʃu⁴⁴‖丸 ʒɛn¹¹｜县

ʒen⁵³。

（10）古影、云、以母今主要读作零声母和浊擦音声母ʒ，唇齿擦音声母v应为合口介音u摩擦化的结果，例如：澳au⁵³｜鸭ak³¹‖乌vu⁴⁴｜惟vi¹¹‖爷ʒa¹¹｜预ʒɨ⁵³。

2. 韵母特点

（1）韵母中没有撮口呼，例如：旅li³¹｜除tʃʰu¹¹｜余ʒɨ¹¹。

（2）没有鼻化韵，古鼻音韵尾丢失闭口韵-m，相对应的古入声韵尾也丢失闭口韵-p，咸、深摄阳声韵尾转化为-ŋ尾，入声韵尾转化为-k尾，古咸、深摄与宕、江、通摄相混，咸摄如：贪tʰaŋ⁴⁴｜南naŋ¹¹｜尖tsiaŋ⁴⁴｜范faŋ⁵³‖答tak³¹｜接tsiak³¹｜法fak³¹；深摄如：林liuŋ¹¹｜针tʃuŋ⁴⁴｜音ʒuŋ⁴⁴‖集tsʰiuk⁵｜汁tʃuk³¹｜吸kiuk³¹。

（3）果摄文读层主要读作ɔ，例如：多tɔ⁴⁴｜罗lɔ¹¹｜破pʰɔ⁵³，也有读作a的，例如：他_其~tʰa⁴⁴｜哪_吒na¹¹；白读层主要读作ai，例如：大_~夫tʰai⁵³｜荷kʰai⁴⁴｜簸pai⁵³，也有读作iɛ的，例如：个_我~(我的)kiɛ⁵³。

（4）假摄开合口二等麻韵均读作a，例如：巴_帮pa⁴⁴｜炸_庄tsa⁵³｜嘉_见ka⁴⁴；合口韵合口介音u没有得到保留，合口二等与开口二等混同，例如：瓜_见ka⁴⁴｜夸_溪kʰa⁴⁴｜花_晓fa⁴⁴｜蛙_影va⁴⁴；开口三等麻韵精组读作ia，例如：借_精tsia⁵³｜写_心sia³¹；其余也读a的，例如：者_章tʃa³¹｜蛇_船ʃa¹¹｜社_禅ʃa⁴⁴｜也_以ʒa⁴⁴。

（5）遇摄合口一等字除精组、疑母外，主要读作u，例如：补_帮pu³¹｜都_端tu⁴⁴｜土_透tʰu³¹｜路_来lu⁵³｜姑_见ku⁴⁴｜乌_影vu⁴⁴；精组主要读作ɿ，例如：租_精tsɿ⁴⁴｜醋_清tsʰɿ⁵³｜苏_心sɿ⁴⁴；疑母读作声化韵ŋ̍，例如：吴ŋ̍¹¹｜五ŋ̍³¹。遇摄合口三等除非组和知、庄、章组外，主要读作i（ɨ），例如：女_泥ni³¹｜旅_来li³¹｜徐_邪tsʰi¹¹｜居_见ki⁴⁴｜取_清tsʰi³¹‖如_日ʒɨ¹¹｜去_溪ʃɨ⁵³｜虚_晓ʃɨ⁴⁴｜雨_云ʒɨ³¹；非组和知、章组主要读作u，例如：夫_非fu⁴⁴｜脯_非pʰu³¹｜符_奉fu¹¹‖猪_知tʃu⁴⁴｜箸_澄tʃʰu⁵³‖煮_章tʃu³¹｜书_书ʃu⁴⁴｜竖_禅ʃu⁵³；庄组主要读作ɔ，例如：初_初tsʰɔ⁴⁴｜梳_生sɔ⁴⁴，也有读作ɿ的，例如：阻_庄tsɿ³¹｜助_崇tsʰɿ⁵³；疑母也有读作声化韵ŋ̍，例如：鱼ŋ̍¹¹｜渔ŋ̍¹¹。

（6）蟹摄开口一等口语常用字主要读作ɔi，例如：呆_发~端ŋɔi¹¹｜台_定tʰɔi¹¹｜来_来lɔi¹¹｜才_从tsʰɔi¹¹｜开_溪kʰɔi⁴⁴；非口语常用字主要读作ai，例如：呆_端tai⁴⁴｜再_精tsai⁵³｜采_清tsʰai³¹｜海_晓hɔi³¹｜害_匣hɔi¹¹；帮组"贝""沛"二字读作i，贝pi⁵³｜沛pʰi⁵³。开口二等主要读作ai，例如：排_并pʰai¹¹｜界_见kai⁵³｜柴_崇tsʰai¹¹｜解_见kai³¹。蟹摄开口三等除章组外，主要读作i，例如：币_并pi⁵³｜际_精tsi⁵³｜艺_疑ni⁵³；章组读作ɿ，例如：制tʃi⁵³｜世ʃi⁵³。蟹摄开口四等主要读作i，例如：闭_帮pi⁵³｜递_定tʰi⁵³｜齐_从tsʰi¹¹；端泥、见晓组白读层读作ai，例如：批_螺丝~,滂pai⁴⁴｜低_端tai⁴⁴｜剃_透tʰai⁵³｜鸡_见kai⁴⁴，也有读作iɛ的，例如：齐_整~,从

tsʰiɛ¹¹ | 细心siɛ⁵³。蟹摄合口一等帮组、晓组主要读作 i，例如：杯帮pi⁴⁴ | 陪并 pʰi¹¹ ‖ 悔晓fi⁵³ | 汇匣fi⁵³；也有读作 ɔi 的，例如：背帮pɔi⁵³ | 赔并pʰɔi¹¹ | 梅明mɔi¹¹；其余常用口语字主要读作 ɔi，非常用字主要读作 ui，例如：退向后~,透tʰɔi⁵³ | 外疑ŋɔi⁵³ | 恢溪fɔi⁴⁴ ‖ 退后~,透tʰui⁵³ | 罪从tsʰui⁵³ | 最精tsui⁵³。蟹摄合口二等韵主要读作 ai，例如：怪见kai⁴⁴ | 坏匣fai⁵³ | 拐见kai³¹；晓组部分保留合口韵，读作 ua（va），例如：歪晓vai⁴⁴ | 话匣va⁵³。蟹摄合口三等韵精组读作 ɔi，例如：脆清tsʰɔi⁵³ | 岁心sɔi⁵³；其余读作 ui 或 i，例如：缀知tʃui⁵³ | 锐以ʒui⁵³ ‖ 废非fi⁵³ | 肺敷fi⁵³。蟹摄合口四等见组读作 ui，例如：桂见kui⁵³ | 闺见kui⁴⁴；晓组读作 i，例如：惠匣fi⁵³ | 慧匣fi⁵³。

（7）止摄开口三等韵帮组、泥组、见组主要读作 i，例如：碑帮pi⁴⁴ | 皮并pʰi¹¹ ‖ 离来li¹¹ ‖ 寄见ki⁵³ | 骑群kʰi¹¹ | 义疑ni⁵³；精组、庄组读作 ɿ，例如：紫精tsɿ³¹ | 此清tsʰɿ³¹ | 斯心sɿ⁴⁴；知组、章组、晓组及影组文读读作 ɨ，例如：知~识,知tʃɨ⁴⁴ | 池澄tʃʰɨ¹¹ ‖ 支~持,章tʃɨ⁴⁴ | 氏禅ʃɨ⁵³ ‖ 戏晓ʃɨ⁵³ | 椅影ʒɨ³¹ | 移以ʒɨ¹¹ | 异以ʒɨ⁵³，知、章组白读读作 i，例如：知~道,知tiʰ⁴⁴ | 支章ki⁴⁴。止摄合口三等字除非组、晓组、影组外，主要读作 ui，例如：随邪sui¹¹ | 规见kui⁴⁴ | 水书ʃui³¹ | 醉精tsui⁵³，白读常用字有读 ɔi 的，例如：睡ʃɔi⁵³；非组、影组受声母作用，主要读作 i，例如：委影vi⁴⁴ | 非非fi⁴⁴ | 尾微mi⁴⁴ | 汇云fi⁵³。

（8）效摄一、二等均读作 au，例如：保帮pau³¹ | 毛明mau⁴⁴ | 造从tsʰau⁵³ | 豪匣hau¹¹ ‖ 包帮pau⁴⁴ | 炒初tsʰau³¹ | 搞见kau³¹。三、四等除知、章组，晓组，影组外，主要读作 iau，例如：标帮pʰiau⁴⁴ | 妙明miau³¹ | 消心siau⁴⁴ ‖ 钓端tiau⁵³ | 聊来liau¹¹ | 叫见kiau⁵³；知、章组，晓组，影组读如一、二等 au，例如：超彻tʃʰau⁴⁴ | 照章ʃau⁵³ | 嚣晓ʃau⁴⁴ | 腰影ʒau⁴⁴ ‖ 吆影ʒau⁴⁴。

（9）流摄开口一等主要读作 iu，例如：某明miu⁴⁴ | 偷透tʰiu⁴⁴ | 狗见kiu³¹ | 猴匣hiu¹¹。流摄开口三等除非组、知组、章组、日组及见系外，主要读作 iu，例如：留来liu¹¹ | 酒精tsiu³¹ | 邹庄tsiu⁴⁴ | 瘦生siu⁵³ | 九见kiu³¹；非组有读 iu 的，也有读作 u 的，例如：否非fiu³¹ | 浮奉fiu¹¹ | 谋明miu¹¹ ‖ 富非fu⁵³；知、章、日、晓、影组主要读作 u，例如：昼知tʃu⁵³ | 筹澄tʃʰu¹¹ | 周章tʃu⁴⁴ | 丑昌tʃʰu³¹ | 柔日ʒu¹¹ | 休晓ʃu⁴⁴ | 又云ʒu⁵³。

（10）咸摄已完全丢失闭口韵尾 -m、-p 且均转化为 -ŋ、-k，开口一、二等主要读作 aŋ/ak，例如：贪透tʰaŋ⁴⁴ | 答端tak³¹ | 感见kaŋ³¹ | 鸽见kak³¹ | 甘见kaŋ⁴⁴ ‖ 站知tsʰaŋ⁵³ | 插初tsʰak³¹ | 衫生saŋ⁴⁴ | 甲见kak³¹；开口三、四等知、章、晓、影组与一、二等同，主要读作 aŋ/ak，例如：占章tʃaŋ⁴⁴ | 险晓ʃaŋ³¹ | 叶以ʒak⁵ ‖ 嫌匣ʃaŋ¹¹ | 侠匣ʃak⁵；其余读作 iaŋ/iak，例如：帘来liaŋ¹¹ | 猎来liak⁵ | 接精tsiak³¹ | 严疑niaŋ¹¹ | 点端tiaŋ³¹ | 贴透tʰiak³¹ | 歉溪kʰiak³¹。咸摄合口三等字主要读

作 aŋ/ak，例如：泛敷faŋ⁵³｜法非fak³¹。

（11）深摄闭口韵尾 －m、－p 也已转化为 －ŋ、－k，除帮组，知、章组和影组外，主要读作 iuŋ/iuk，例如：林来liuŋ¹¹｜集从tsʰiuk⁵｜森生siuŋ⁴⁴｜禁见kiuŋ⁵³｜吸晓kiuk³¹；帮组 "禀" "品" 分别读作 pun³¹ 和 pʰun³¹，应是唇音异化的结果；知、章组和影组主要读作 uŋ/uk，例如：沉澄tʃʰuŋ¹¹｜针章tʃuŋ⁴⁴｜湿书suk³¹｜音影ʒuŋ⁴⁴；有个别读作 iuŋ/iuk，例如：枕章tsiuŋ³¹｜揖影tsʰiuk⁵。

（12）山摄开口一等除见系外，主要读作 an/at，例如：丹端tan⁴⁴｜辣来lat⁵｜山生san⁴⁴｜察初tsʰat³¹；见系主要读作 ɔn/ɔt，例如：干见kɔn⁴⁴｜喝晓hɔt³¹｜汗匣hɔn⁵³。山摄开口二等也主要读作 an/at，例如：扮晓pan⁵³｜八帮pat³¹｜山生san⁴⁴｜间见kan⁴⁴｜闲匣han¹¹｜瞎晓hat³¹。山摄开口三、四等除知、章组和晓、影组外，主要读作 iɛn/iɛt，例如：编帮pʰiɛn⁴⁴｜连来liɛn¹¹｜钱从tsʰiɛn¹¹‖边帮piɛn⁴⁴｜节精tsiɛt³¹｜见见kiɛ⁵³；知、章组和晓、影组主要读作 ɛn/ɛt，例如：展知tʃɛn³¹｜折章tʃɛt³¹｜宪晓ʃɛn³¹｜歇晓ʃɛt³¹‖显晓ʃɛn³¹｜宴影ʒɛn⁵³。山摄合口一等帮组主要读作 an/at，例如：般帮pan⁴⁴｜拨帮pʰat³¹｜盘并pʰan¹¹；见组有读作 uɔn 的，例如：观见kuɔn⁵³；也有读作 ɔn 的，例如：官见kɔn⁴⁴｜宽溪kʰɔn⁴⁴；其余读作 ɔn/ɔt，例如：端端tɔn⁴⁴｜夺定tʰɔt⁵｜酸心sɔn⁴⁴｜豁晓hɔt⁵。山摄合口二等阳声韵主要读作 an/ɔn，例如：关见kan⁴⁴｜还匣fan¹¹，也有读作 aŋ 的，例如：幻 faŋ⁵³；入声韵主要读作 at/ɔt，例如：滑匣vat⁵｜刷生sɔt³¹。山摄合口三等非组字主要读作 an/at，例如：反非fan³¹｜发非fat³¹｜晚微van³¹｜袜微mat³¹；知、章组和日组字主要读作 ɔn/ɔt，例如：转知tʃɔn³¹｜穿昌tʃʰɔn⁴⁴｜说书ʃɔt³¹；影组主要读作 ɛn/ɛt，例如：员云ʒɛn¹¹｜悦以ʒɛt⁵｜园云ʒɛn¹¹｜越云ʒɛt⁵，其余主要读作 iɛn/iɛt，例如：恋来liɛn⁵³｜雪心siɛt³¹｜权群kʰiɛn¹¹。山摄合口四等见组字读作 iɛn/iɛt，例如：决见kiɛt³¹｜犬溪kʰiɛn³¹；晓、影组字读作 ɛn/ɛt，例如：县匣ʒɛn⁵³｜穴匣ʃɛt⁵。

（13）臻摄开口一等读作 iɛn，例如：跟见kiɛn⁴⁴｜很匣hiɛn⁵³；个别读作 un 的，例如：吞透tʰun⁴⁴｜龈溪nun¹¹。开口三等帮组主要读作 un/ut，例如：彬帮pun⁴⁴｜匹滂pʰut³¹｜敏明mun⁴⁴｜密明mut⁵；来组、精组、见组主要读作 in/it，例如：邻来lin¹¹｜尽精tsʰin⁵³｜疾从tsʰit⁵｜巾见kin⁴⁴｜吉见kit³¹。开口三等知、章组读作 in/it，例如：珍知tʃin⁴⁴｜侄澄tʃʰit⁵｜真章tʃin⁴⁴｜失书ʃit³¹。臻摄合口一、三等主要读作 un/ut，例如：盆并pʰun¹¹｜突定tʰut³¹｜婚晓fun⁴⁴‖伦来lun¹¹｜术澄ʃut⁵｜允以ʒun⁴⁴｜物微vut⁵；三等文、物韵见组主要读作 in/it，例如：君见kin⁴⁴｜掘群kʰit³¹。

（14）宕摄开口一等主要读作 ɔŋ/ɔk，例如：帮帮pɔŋ⁴⁴｜膜明mɔk³¹｜当端tɔŋ⁵³｜诺泥nɔk³¹｜苍清tsʰɔŋ⁴⁴｜恶影ɔk⁵；开口三等知、庄、章组及日、晓、影组与一等混同，也主要读作 ɔŋ/ɔk，例如：张知tʃɔŋ⁴⁴｜着知tʃʰɔk⁵｜庄庄tʃɔŋ⁴⁴｜章章

tʃŋ⁴⁴｜勺₍禅₎ʃɔk⁵｜让₍日₎ʒɔŋ⁵³｜香₍晓₎ʃŋ⁴⁴｜约₍影₎ʒɔk³¹，其余三等字主要读作iɔŋ/iɔk，例如：娘₍娘₎niɔŋ¹¹｜略₍来₎liɔk⁵｜奖₍精₎tsiɔŋ³¹｜削₍心₎siɔk³¹｜姜₍见₎kiɔŋ⁴⁴｜脚₍见₎kiɔk³¹；宕摄合口一、三等合流，除见组外，主要读作ɔŋ/ɔk，例如：广₍见₎kɔŋ³¹｜蒦₍晓₎vɔk³¹‖方₍非₎fɔŋ⁴⁴｜亡₍生₎mɔŋ¹¹，见组主要读作iɔŋ/iɔk，例如：筐₍溪₎kʰiɔŋ⁴⁴｜钁₍群₎kiɔk³¹。

（15）江摄开口二等除庄组字外主要读作ɔŋ/ɔk，例如：绑₍帮₎pɔŋ³¹｜雹₍并₎pʰɔk⁵｜桌₍知₎tsɔk³¹｜江₍见₎kɔŋ⁴⁴｜乐₍疑₎lɔk⁵｜巷₍匣₎hɔŋ⁵³，个别读作iɔŋ，例如：腔₍溪₎kʰiɔŋ⁴⁴，或读作aŋ，例如：胖₍滂₎pʰaŋ⁵³；庄组字主要读作uŋ/uk，例如：窗₍初₎tsʰuŋ⁴⁴｜双₍生₎suŋ⁴⁴｜镯₍崇₎tʃuk³¹。

（16）曾摄开合口一等主要读作iɛn/iɛt，例如：灯₍端₎tiɛn⁴⁴｜赠₍从₎tsiɛn⁵³‖北₍帮₎piɛt³¹｜塞₍心₎siɛt³¹‖弘₍匣₎fiɛn¹¹‖国₍见₎kiɛt³¹。曾摄开口三等帮组、庄组、见组阳声韵主要读作iɛn，例如：冰₍帮₎piɛn⁴⁴｜凝₍疑₎kʰiɛn¹¹，入声韵主要读作iɛt/it，例如：侧₍庄₎tsiɛt³¹｜啬₍生₎sit³¹｜极₍群₎kʰit⁵；泥组主要读作in/it，例如：陵₍来₎lin¹¹｜力₍来₎lit⁵；知、章、日、晓、影组阳声韵主要读作in，例如：征₍知₎tʃin⁴⁴｜蒸₍章₎tʃin⁴⁴｜丞₍禅₎ʃin¹¹｜仍₍日₎ʒin¹¹｜兴₍晓₎ʃin⁵³｜应₍影₎ʒin⁵³，入声韵主要读作it，例如：直₍澄₎tʃʰit⁵｜职₍章₎tʃit³¹｜植₍禅₎tʃʰit³¹｜翼₍以₎ʒit⁵。曾摄合口三等字与一等混同，读作iɛt，例如：域fiɛt³¹。

（17）梗摄开合口二等常用字均主要读作aŋ/ak，例如：百₍帮₎pak³¹｜彭₍并₎pʰaŋ¹¹｜牲₍头~、生₎saŋ⁴⁴，个别文读非常用字读作iɛn/iɛt，例如：迫₍帮₎piɛt³¹｜陌₍明₎miɛt⁵｜泽₍澄₎tsʰiɛt⁵｜牲₍牺~₎siɛn⁴⁴｜革₍见₎kiɛt³¹；梗摄开口三、四等字阳声韵白读为iaŋ或aŋ，文读则为un/in或in，例如：平₍和~₎pʰun¹¹｜平₍~头₎pʰiaŋ¹¹‖命₍~令₎mun⁵³｜命₍~运₎miaŋ⁵³‖清₍~楚₎tsʰin⁴⁴｜清₍~明₎tsʰiaŋ⁴⁴｜程₍~度₎tʃʰin¹¹｜程₍姓₎tʃʰaŋ¹¹，入声白读为iak，文读为it，例如：迹₍~象₎tsit³¹｜迹₍~足₎tsiak³¹‖惜₍可~₎sit³¹｜惜₍疼爱₎siak³¹。

（18）通摄合口一等主要读作uŋ/uk，例如：木₍明₎muk³¹｜东₍端₎tuŋ⁴⁴｜总₍精₎tsuŋ³¹｜族₍从₎tsʰuk⁵｜功₍见₎kuŋ⁴⁴｜屋₍影₎vuk³¹。通摄合口三等除来母、精组、见组保留i介音读作iuŋ/iuk外，其余与一等混同读作uŋ/uk，例如：六₍来₎liuk³¹‖肃₍心₎siuk³¹‖菊₍见₎kʰiuk³¹｜穷₍群₎kʰiuŋ¹¹｜风₍非₎fuŋ⁴⁴｜服₍奉₎fuk⁵｜中₍知₎tʃuŋ⁴⁴｜熊₍云₎ʃuŋ¹¹｜育₍以₎ʒuk³¹。

3. 声调特点

兴宁市兴田街道客家方言共有6个声调，其中，古平声和古入声主要按声母清浊各分阴阳，古浊上归去，去声不分阴阳，声调格局表现为舒声阴高阳低，入声调阴低阳高。

（1）古清平声母今读阴平44调，例如：多₍端₎to⁴⁴｜玻₍滂₎po⁴⁴｜科₍溪₎kʰo⁴⁴。古次浊平声今多数与古全浊平声字同读阳平11调，例如：罗₍来₎lo¹¹｜摩₍明₎mo¹¹｜牙₍疑₎ŋa¹¹‖爬₍并₎pʰa¹¹｜查₍庄₎tsʰa¹¹｜胡₍匣₎fu¹¹。另有部分古次浊平声字读作阴平，这些字

多为口语常用字，例如：妈_明 ma⁴⁴ | 拿_泥 na⁴⁴ | 研_疑 ŋan⁴⁴。

（2）古清上声母今读上声 31 调，例如：左_精 tsɔ³¹ | 火_晓 fɔ³¹ | 土_透 tʰu³¹。古次浊上声多数与全浊上声同读作去声 53 调，例如：骂_明 ma⁵³ | 壤_日 ʒɔŋ⁵³ ‖ 丈_澄 tʃʰɔŋ⁵³ | 并_并 pun⁵³。另有部分古次浊上声字读作阴平，这曾被认为是划分客家方言的标准；亦有部分全浊上声读作阴平，但不及次浊上声多，这些字多为口语常用字，例如：马_明 ma⁴⁴ | 买_明 mai⁴⁴ | 礼_来 li⁴⁴ | 坐_从 tsʰɔ⁴⁴ | 社_禅 ʃa⁴⁴。

（3）古去声不分阴阳均读作去声 53 调，例如：破_滂 pʰɔ⁵³ | 卧_疑 ŋɔ⁵³ | 射_船 ʃa⁵³。

（4）古清入及少部分次浊入声今读阴入 31 调，例如：宿_心 siuk³¹ | 鸽_见 kak³¹ | 发_非 fat³¹ ‖ 日_以 nit³¹ | 跃_以 ʒɔk³¹；大部分古次浊入及全部古浊入今读阳入 5 调，例如：腊_来 lak⁵ | 叶_以 ʒak⁵ ‖ 杂_从 tsʰak⁵ | 十_禅 ʃuk⁵。

三、五华县水寨镇语音特点

五华县水寨镇位于五华县的东北部，其东北部与兴宁市水口镇接壤，于五华县揽围状态，全镇总面积约 99 平方千米，通行客家方言。

（一）声韵调

1. 声母（21 个，包括零声母）

p 巴鄙沸北	pʰ 盘喷缝撇	m 门蚊忙莫		
			f 飞分烦活	v 雾禾碗屋
t 多知_白 队滴	tʰ 同痛透夺	n 泥瓢偶纳语		l 罗了郎洛
ts 资将诈扎	tsʰ 枪础尽察		s 私癣线杀	
tʃ 遮知~识,文 昼汁	tʃʰ 车除串直		ʃ 施蛇许实	
k 家刚狗结	kʰ 开戈局狭	ŋ 鸦鹅年人艾	h 虾何溪辖	
ø 丫恩暗压				ʒ 于仁羽药

2. 韵母（59 个，包括自成音节的鼻音韵母 ŋ）

ɿ 斯狮粗础	ʅ 施墟世智	i 西你须罪	a 加瓜爬打	u 呼部昼芋	ɔ 多可靴贺	ɛ 个~我~
		ia 爹爷也谢			iɔ 勾走厚谬	iɛ 齐洗婿契
		ai 埃鸡大帅	ui 吹归雷坠	oe 哀灰岁外	ɔɛ 艾	
			iui 蕊锐	ioe 艾		
			au 凹高岛曝			
		iu 幽茄宙枢	iau 腰猫挑尿			eu 欧呕殴怄
		in 英饮萤讯令	an 山攀泉薹	un 温门奋品	ɔn 安餐管旱	ɛn 恩朋肯~杏
	ɿn 珍肾_白 圣			iun 云永闰训	nɔi 软阮	iɛn 鞭冰森肯~定 九

	im 沉沈甚慎	im 音今禽锦禁	am 三谭含禅疸		ɛm 掋
			iam 阉潜染脸剑		iɛm 参〜人~□哝哝
			aŋ 罂犯橙幻硬	uŋ 翁同动凤	ɔŋ 肮慌放ᵅ降
			iaŋ 赢丙井病	iuŋ 庸绒巩颂	iɔŋ 秧ᵇ墙放ᵃ匠
	ip 汁湿十拾	ip 吸急及立	ap 鸭压踏杂		
			iap 页楔ₓ猎㰤		
			at 八发达乏	ut 不必物秃	ɔet 割喝夺勃 ɛt 设折撤或
	it 执室食植	it 一日特羽		iut 掘	iɛt 乙雪别默革
			ak 扼尺石法	uk 屋目熟毒	ɔk 恶握郭落薄
			iak 腌屐剧逆	iuk 育辱六屈	iɔk 约药削溺

ŋ̍ 吴五午鱼

说明：

（1）韵母 ian、iat 中的 i 只有在零声母音节中是典型的介音，其他情况均为滑音。

（2）韵母 iɛŋ、iɛt 是的实际音值为半高元音 e。

（3）韵母 ui 实际主要元音为 i，u 为滑音 u。

3. 声调（6个）

| 阴平 | 44 | 甘开坐有 | 阴上去 | 51 | 盖抗汉颗 | 阴入 | 31 | 急贴淑袜 |
| 阳平 | 35 | 南寒幽堤 | 阳去上 | 31 | 果可仅步 | 阳入 | 5 | 踏杂服彻 |

（二）音韵特点

1. 声母特点

（1）古全浊声母今已全部清化，读塞音、塞擦音时，不论平仄，多读作相应的送气清音，少部分读作相应的不送气清音，例如：婆$_{并}$p^{h}ɔ^{35}｜徒$_{定}$t^{h}u^{35}｜坐$_{从}$ts^{h}ɔ^{44}｜谢$_{邪}$ts^{h}ia^{31}｜茶$_{澄}$ts^{h}a^{35}｜技$_{群}$k^{h}i^{44}。

（2）部分保留"古无轻唇音"的特点。古非、敷、奉母今白读层部分保留重唇音 p 或 p^h 读法，例如：辐$_{非}$puk^{31}｜肺$_{敷}$p^{h}i^{51}｜肥$_{奉}$p^{h}i^{35}；但仍以读 f 为主，例如：夫$_{非}$fu^{44}｜符$_{奉}$fu^{35}｜副$_{敷}$fu^{51}。古微母大多数今读 v，个别读为重唇音 m，例如：文$_{微}$vun^{35}｜务$_{微}$vu^{51}｜晚$_{微}$van^{44}‖问$_{明}$mun^{51}｜袜$_{微}$mat^{31}。

（3）部分保留"古无舌上音"的特点。古知组部分今读为舌尖中音 t 或 t^h，例如：知$_{通~,知}$ti^{44}｜啄$_{知}$tɔk^{31}；今仍以读 ts/ts^h 或 tʃ/tʃ^h 为主，例如：站$_{知}$tsam^{31}｜撑$_{彻}$ts^{h}aŋ^{51}｜撞$_{澄}$ts^{h}ɔŋ^{31}‖着$_{知}$tʃu^{51}｜抽$_{彻}$tʃ^{h}u^{44}｜阵$_{澄}$tʃ^{h}in^{31}。

（4）古泥、来母今读不混，例如：罗$_{来}$lɔ^{35}｜路$_{来}$lu^{31}‖脑$_{泥}$nau^{31}｜男$_{泥}$nam^{35}。

（5）古精、知、庄、章4组两分，大体上今精、知二、庄读 ts、tsʰ、s，例如：左精 tsɔ³¹｜粗清 tsʰɿ⁴⁴｜才从 tsʰoe³⁵｜碎心 si⁵¹｜绪邪 si³¹‖罩知 tsau⁵¹｜撑彻 tsʰaŋ⁵¹｜择澄 tsʰak⁵｜阻庄 tsɿ³¹｜创初 tsʰɔŋ⁵¹｜柴崇 tsʰai³⁵｜所生 sɔ³¹；知三、章读 ʧ、ʧʰ、ʃ，例如：猪知 ʧu⁴⁴｜超彻 ʧʰau⁴⁴｜仗澄 ʧʰɔŋ⁵¹‖者章 ʧa³¹｜吹昌 ʧʰui⁴⁴｜蛇船 ʃa³⁵｜烧书 ʃau⁴⁴｜寿禅 ʃu³¹。

（6）古日母逢细音多数与疑母不分，多数今读 ŋ，实际音值为 ȵ，不同于泥母 n，例如：染 ŋiam³¹｜人 ŋin³⁵｜弱 ŋiok⁵。此外，还有少数读为 ʒ，例如：仁 ʒin³⁵｜润 ʒun³¹｜如 ʒɿ³⁵。

（7）古溪母字以读作送气清音 kʰ 为主，例如：库 kʰu⁵¹｜困 kʰun⁵¹｜看 kʰɔn⁵¹。另有读作擦音 h、f、ʃ 的现象。擦音的用法与后接韵母开合口及洪细有关，一般，擦音 f 后接合口洪音，例如：阔 fat³¹｜裤 fu⁵¹｜恢 foe⁴⁴；擦音 h 后接开口洪音，例如：溪 hai⁴⁴｜口 hio³¹｜壳 hɔk³¹；擦音 ʃ 后接开合口细音，例如：器 ʃi⁵¹｜丘 ʃu⁴⁴｜墟 ʃɿ⁴⁴。

（8）古疑母主要读作鼻音，在洪音前大多数今读 ŋ，在细音前实际音值为 ȵ，也有读作 n 的，例如：牙 ŋa³⁵｜研 ŋan⁴⁴｜外 ŋoe³¹‖艺 ŋi³¹｜业 ŋiak⁵｜严 ŋiam³⁵‖宜 ni³⁵｜语 ni⁴⁴｜偶 nio³¹。少数读作声化韵或零声母，例如：五 ŋ̍³¹｜吴 ŋ̍³⁵｜鱼 ŋ̍³⁵。

（9）古晓、匣母开口一、二等多数都今读 h，例如：河匣 hɔ³⁵｜虾晓 ha³⁵｜咸匣 ham³⁵｜喝晓 hoet³¹。合口一、二等主要读作 f、v，例如：火晓 fɔ³¹｜环匣 fan³⁵‖划匣 vak⁵｜歪晓 vai⁴⁴，少数今读舌根音声母 k、舌音声母 ʃ 或浊擦音声母 ʒ，例如：匣匣 kap³¹｜吸晓 kip³¹｜况晓 kʰɔŋ³¹‖险晓 ʃam³⁵｜欣晓 ʃiun⁴⁴｜协匣 ʃap⁵‖萤匣 ʒin³⁵｜县匣 ʒɛn³¹｜吁晓 ʒɿ⁴⁴。

（10）古影、云、以母今主要读作零声母和浊擦音声母 ʒ，唇齿擦音声母 v 应为合口介音 u 摩擦化的结果，例如：亚 a⁴⁴｜暗 am⁵¹｜爱 oe⁵¹‖爷以 ʒa³⁵｜叶 ʒap⁵｜引 ʒin³¹‖维 vi³⁵｜芋 vu³¹｜王 vɔŋ³⁵。

2. 韵母特点

（1）韵母中没有撮口呼，例如：女 ŋi³¹｜巨 kʰi⁴⁴｜许 ʃi³¹｜数 sɿ⁵¹｜除 ʧʰu³⁵。

（2）古鼻音韵尾 −m、−n、−ŋ 和塞音韵尾 −p、−t、−k 较为完整地保留下来。其中，古咸、深摄阳声韵收 −m 尾，入声韵收 −p 尾，例如：贪咸 tʰam⁴⁴｜答咸 tap³¹｜暂咸 tsʰiam³¹｜猎咸 liap⁵‖林深 lim³⁵｜集深 sip⁵｜阴深 ʒim⁴⁴｜急深 kip³¹；古山、臻、曾摄阳声韵收 −n 尾，入声韵收 −t 尾，例如：旦山 tan³¹｜达山 tʰat⁵｜干山 kɔn⁵¹｜烈山 liɛt⁵‖跟臻 kiɛn⁴⁴｜毕臻 pit⁵｜密臻 miɛt⁵‖灯曾 tɛn⁴⁴｜德曾 tɛt³¹｜克曾 kʰiɛt³¹；古宕、江、通三摄阳声韵收 −ŋ 尾，入声韵收 −k 尾，例如：帮宕 pɔŋ⁴⁴｜当宕 tɔŋ⁵¹｜落宕 lɔk⁵｜作宕 tsɔk³¹‖窗江 tsʰuŋ⁴⁴｜桩江 tsɔŋ⁴⁴｜桌江 tsɔk³¹｜

确₁ₓkʰɔk³¹‖东ᴛtuŋ⁴⁴ | 速ᴛsuk³¹ | 六ᴛliuk³¹，梗摄因文白异读，阳声韵既有收－n尾的，也有收－ŋ尾的，例如：更~加kien³¹ | 更~换kaŋ⁴⁴，相应的入声韵也有收－t尾和－k尾的，例如：席酒~tsʰit⁵ | 席草~tsʰiak⁵。

（3）果摄文读层主要读作ɔ，例如：多端tɔ⁴⁴ | 罗来lɔ³⁵ | 哥见kɔ⁴⁴，也有读作a的，例如：他透tʰa⁴⁴ | 哪泥na³¹；白读层主要读作ai，例如：荷匣kʰai⁴⁴ | 瘸群pai³⁵，也有读作ɛ/ɔe的，例如：个我~，见kɛ⁵¹‖簸帮pɔe⁵¹。

（4）假摄开合口二等麻韵均读作a，例如：巴帮pa⁴⁴ | 楂庄tsa⁴⁴ | 加见ka⁴⁴ | 虾晓ha³⁵。合口韵合口介音u没有得到保留，合口二等与开口二等混同，例如：瓜见ka⁴⁴ | 瓦疑ŋa³¹ | 花晓fa⁴⁴ | 蛙影va⁴⁴。开口三等麻韵精组读作ia，例如：姐精tsia³¹ | 些心sia⁴⁴ | 谢邪tsʰia³¹，其余也有读a的，例如：遮章tʃa⁴⁴ | 车昌tʃʰa⁴⁴ | 蛇船ʃa³⁵ | 爷以ʒa³⁵。

（5）遇摄合口一等字除精组、疑母外，主要读作u，例如：布帮pu⁵¹ | 土透tʰu³¹ | 路来lu³¹ | 姑见ku⁴⁴ | 胡匣fu³⁵；精组主要读作ɿ，例如：租精tsɿ⁴⁴ | 醋清tsʰɿ⁵¹ | 苏心sɿ⁴⁴；疑母主要读作声化韵ŋ̍，例如：吴ŋ̍³⁵ | 五ŋ̍³¹，个别也读作韵母u，例如：误ŋu³¹ | 悟ŋu³¹。遇摄合口三等除非组和知、庄、章组外，主要读作i(ɨ)，例如：夫非fu⁴⁴ | 孵敷pʰu³¹ | 符奉fu³⁵ | 吕来li⁴⁴ | 徐邪tsʰi³⁵ | 如日ʒɨ³⁵ | 居见ki⁴⁴ | 语疑ni⁴⁴ | 余以ʒɨ³⁵ | 取清tsʰi³¹，疑母也有读作声化韵ŋ̍的，例如：鱼ŋ̍³⁵；非组和知、章组主要读作u，例如：猪知tʃu⁴⁴ | 除澄tʃʰu³⁵ | 书书ʃu⁴⁴ | 煮章tʃu³¹ | 署禅tʃʰu³¹ | 柱澄tʃʰu⁴⁴；庄组主要读作ɔ，例如：初初tsʰɔ⁴⁴ | 梳生sɔ⁴⁴ | 所生sɔ³¹，也有读作ɿ的，例如：阻庄tsɿ³¹ | 础初tsʰɿ³⁵ | 数生sɿ⁵¹。

（6）蟹摄开口一等口语常用字主要读作ɔe，例如：台透tʰɔe⁴⁴ | 来来lɔe³⁵ | 载精tsɔe⁵¹ | 才从tsʰɔe³⁵ | 改见kɔe；非口语常用字主要读作ai，例如：戴端tai⁵¹ | 怠定tʰai⁵¹ | 耐泥nai³¹ | 再精tsai⁵¹ | 概见kʰai³¹，帮组"贝""沛"二字读作i，即：贝pi⁵¹ | 沛pʰi⁵¹。蟹摄开口二等主要读作ai，例如：排并pʰai³⁵ | 介见kai⁵¹ | 械匣hai³¹ | 牌并pʰai³⁵ | 柴崇tsʰai³⁵ | 解见kai³¹ | 矮影ai³¹；见系个别读作a，例如：佳见ka⁴⁴。蟹摄开口三等除章组外，主要读作i，例如：币并pi⁵¹ | 例来li³¹ | 际精tsi⁵¹；章组读作ɨ，例如：制章tʃɨ⁵¹ | 世书ʃɨ⁵¹ | 逝禅ʃɨ⁵¹；知、章组白读层还有读作ɛ的，例如：滞澄tʃʰɛ⁵¹ | 世出~，书ʃɛ⁵¹。蟹摄开口四等主要读作i，例如：闭帮pi⁵¹ | 第定tʰi³¹ | 妻清tsʰi⁴⁴ | 启溪kʰi³¹；端泥、见晓组白读层读作ai，例如：低端tai⁴⁴ | 泥泥nai³⁵；除此之外，还有个别读作iɛ的，例如：齐从tsʰiɛ³⁵ | 洗心siɛ³¹ | 奚匣siɛ⁴⁴。蟹摄合口一等帮组、精组、晓组主要读作i，例如：杯帮pi⁴⁴ | 培并pʰi³⁵‖催清tsʰi⁴⁴ | 碎心si⁵¹‖悔晓fi³¹ | 汇匣fi³¹；也有读作ɔe的，例如：背帮pɔe⁵¹ | 赔并pʰɔe³⁵ | 煤明mɔe³⁵ | 灰晓fɔe⁴⁴；其余常用口语字主要读作ɔe，非常用字主要读作ui，例如：堆端tɔe⁴⁴ | 灰晓fɔe⁴⁴‖对端tui⁵¹ | 兑定tʰui³¹。蟹摄合口二等韵主要读作

ai，例如：乖见kai⁴⁴｜坏匣fai³¹｜快溪kʰai⁵¹；晓组部分保留合口韵，读作 ua（va），例如：歪晓vai⁴⁴｜话匣va³¹。蟹摄合口三等韵精组读作 ɔe，例如：岁心sɔe⁵¹｜吠奉pʰɔe³¹；其余读作 ui 或 i，例如：锐ʒui³¹｜卫云vi³¹‖废非fi⁵¹。蟹摄合口四等见组读作 ui，例如：闺见kui⁴⁴；晓组读作 i，例如：惠fi³¹。

（7）止摄开口三等韵帮组、泥组、见组主要读作 i，例如：碑帮pi⁴⁴｜离来li³⁵｜寄见ki⁵¹｜义疑ŋi³¹｜悲帮pi⁴⁴｜利来li³¹｜几见ki³¹｜李来li³¹｜欺溪kʰi⁴⁴｜气溪fi⁵¹；精组、庄组主要读作 ɿ，例如：紫精tsɿ³¹｜斯心sɿ⁴⁴｜资精tsɿ⁴⁴｜司心sɿ⁴⁴，其中，止摄开口三等脂韵"死""四"读作 i，即：死心si³¹｜四心si⁵¹；知组、章组、日母、晓组及影组文读读作 ɨ，例如：智知tʂɨ⁵¹｜纸章tʂɨ³¹｜儿日ʒɨ³⁵｜易以ʒɨ³¹｜致知tʂɨ⁵¹｜痴彻tʂʰɨ⁴⁴，知、章组白读读作 i，例如：知~道,知ti⁴⁴｜支两~,章ki⁴⁴｜翅书tʂʰi⁵¹｜迟澄tʂʰi³⁵。止摄合口三等字除非组、晓组、影组外，主要读作 ui，例如：累来lui⁵¹｜吹昌tʂʰui⁴⁴｜规见kui⁴⁴｜泪来lui³¹｜坠澄tʂui⁵¹｜归见kui⁴⁴；白读常用字有读作 ɔe 的，例如：嘴精tsɔe⁵¹｜睡禅ʃɔe³¹｜衰生sɔe⁴⁴；另外，合口三等脂韵精组读作 i，例如：醉精tsi⁵¹｜虽心si⁴⁴｜隧邪si³¹；非组、影组受声母作用，主要读作 i，例如：毁晓fi⁵¹｜非非fi⁴⁴｜费敷fi⁵¹。

（8）效摄一、二等均读作 au，例如：保帮pau³¹｜刀端tau⁴⁴｜早精tsau³¹｜高见kau⁴⁴｜奥影au⁵¹‖包帮pau⁴⁴｜跑并pʰau⁴⁴｜抄初tsʰau⁴⁴｜交见kau⁴⁴｜咬疑ŋau⁴⁴，仅"猫""锚"二字例外，分别读作 miau⁵¹ 和 miau³⁵；三、四等除知、章组和晓组、影组外，主要读作 iau，例如：标帮pʰiau⁴⁴｜疗来liau³⁵｜消心siau⁴⁴‖雕端tiau⁴⁴｜聊来liau³⁵｜叫见kiau⁵¹；知、章组和晓组、影组读如一、二等 au，例如：超彻tʂʰau⁴⁴｜招章tʂau⁴⁴｜妖影ʒau⁴⁴。

（9）流摄开口一等主要读作 iɔ，例如：某明miɔ⁴⁴｜偷透tʰiɔ⁴⁴｜楼来liɔ³⁵｜走精tsiɔ³¹｜沟见kiɔ⁴⁴｜厚匣hiɔ⁵¹；部分读作 ɛu，例如：欧影ɛu⁴⁴｜呕影ɛu³¹。流摄开口三等除非组、知组、章组、日组及见系外，主要读作 iu，例如：流来liu³⁵｜酒精tsiu³¹｜邹庄tsiu⁴⁴｜瘦生siu⁵¹｜九见kiu³¹｜牛疑ŋiu³⁵；非组有读 iu 的，也有读作 u 的，例如：否非fiu³¹｜浮轻~fiu³⁵‖富非fu⁵¹｜负奉fu⁵¹；知、章、日、晓、影组主要读作 u，例如：昼知tʂu⁵¹｜周章tʂu⁴⁴｜受禅ʃu³¹｜柔日ʒu³⁵｜休晓ʃu⁴⁴｜由以ʒu³⁵｜幼影ʒu⁵¹。

（10）咸摄阳声韵收 -m 尾，入声韵收 -p 尾，开口一、二等字主要元音均为 a，例如：答端tap³¹｜探透tʰam⁵¹｜南泥nam³⁵｜感见kam³¹｜盒匣hap⁵｜谈定tʰam³⁵｜腊来lap⁵｜甘见kam⁴⁴‖站崇tsʰam³¹｜插初tsʰap⁵｜咸匣ham³⁵｜监见kam⁵¹｜鸭影ap³¹；咸摄开口二等咸、洽韵见母、匣母个别例字主要元音读如三、四等字 ia，例如：夹见kʰiap⁵｜狭匣kʰiap⁵；咸摄开口三、四等除知、章组外，主要元音均为 ia，例如：镰来liam³⁵｜接精tsiap⁵｜验疑ŋiam³¹｜叶以ʒiap⁵｜剑见kiam⁵¹｜

业疑ŋiap⁵‖甜定tʰiam³⁵｜叠定tʰiap⁵｜兼见kiam⁴⁴｜挟见kiap⁵；知、章组主要元音为a，例如：沾知ʦam⁴⁴｜占章ʦam⁵¹｜陕书ʃam³¹｜蟾禅ʃam³⁵。咸摄合口三等字主要元音为a，但咸摄合口字阳声韵丢失闭口韵尾-m，转读作-ŋ，入声韵也不读作闭口韵尾-p，而是读作-k，例如：凡奉faŋ³⁵｜范奉faŋ⁵¹｜法非fak³¹，可见梅州客家方言闭口韵尾-m、-p的丢失很可能是由合口韵开始的。

（11）深摄阳声韵收-m尾，入声韵收-p尾，开口三等字除知、章组外，主要元音为i，例如：林来lim³⁵｜立来lip⁵｜侵清tsʰim⁴⁴｜集从sip⁵｜入日ŋip⁵｜金见kim⁴⁴｜急见kip³¹；帮组"禀""品"分别读作pin³¹和pʰun³¹，应是唇音异化的结果；知、章组主要元音为ɿ，例如：沉澄ʦʰim³⁵｜针章ʦim⁴⁴｜十禅ʃip⁵；白读常用字主要元音有读作iɛ的，例如：参清siɛm⁴⁴。

（12）山摄开口一等除见系外，主要读作an/at，例如：丹端tan⁴⁴｜难泥nan³⁵｜擦清tsʰat³¹｜萨心sat³¹，见系主要读作ɔn/ɔet，例如：干见kɔn⁵¹｜渴溪hɔet³¹｜汉晓hɔn⁵¹｜喝晓hɔet³¹｜按影ɔn⁵¹。山摄开口二等也主要读作an/at，例如：八帮pat³¹｜办并pʰan³¹｜山生san⁴⁴｜简见kan³¹｜班帮pan⁴⁴｜删生san⁴⁴｜瞎晓hat³¹；山摄开口三、四等除知、章组和晓、影组外，主要读作iɛn/iɛt，例如：变帮piɛn⁵¹｜别帮pʰiɛt⁵｜剪精tsiɛn³¹｜件群kʰiɛn³¹‖片滂pʰiɛn³¹｜铁透tʰiɛt³¹｜练来liɛn³¹｜切清tsʰiɛt³¹｜坚见kiɛn⁴⁴，知、章组和晓、影组主要读作ɛn/ɛt，例如：展知ʦɛn³¹｜彻彻ʦʰɛt⁵｜战章ʦɛn⁵¹｜设书ʃɛt³¹｜演以ʒɛn⁴⁴｜歇晓ʃɛt³¹‖燕影ʒɛn⁵¹。

山摄合口一等帮组主要读作an/at，例如：般帮pan⁴⁴｜拨帮pat³¹｜伴并pʰan³¹｜末明mat⁵；其余主要读作ɔn/ɔet，例如：端端tɔn⁴⁴｜夺定tʰɔet⁵｜钻精tsɔn⁵¹｜官见kɔn⁴⁴｜欢晓fɔn⁴⁴｜碗影vɔn³¹；也有读作an/at的，例如：款溪kʰan³¹｜阔溪fat⁵。山摄合口二等阳声韵主要读作an/ɔn，例如：关见kan⁴⁴｜环匣fan³⁵｜闩生tsʰɔn⁴⁴，也有读作aŋ的，例如：幻匣faŋ⁵¹；入声韵主要读作at/ɔet，例如：滑匣vat⁵｜刷生sɔet³¹。山摄合口三等非组字主要读作an/at，例如：反非fan³¹｜翻敷fan⁴⁴｜伐奉fat⁵｜袜微mat³¹；邪母和知、章组主要读作ɔn/ɔet，例如：旋邪sɔn³⁵｜转知ʦɔn³¹｜专章ʦɔn⁴⁴｜穿昌ʦʰɔn⁴⁴｜说书ʃɔet³¹；影组主要读作ɛn/ɛt，例如：冤影ʒɛn⁴⁴｜越云ʒɛt⁵；其余主要读作iɛn/iɛt，例如：恋来liɛn³¹｜绝从tsʰiɛt⁵｜卷见kiɛn³¹｜劝溪kʰiɛn⁵¹｜原疑ŋiɛn³⁵。山摄合口四等见组字读作iɛt，例如：决见kiɛt³¹｜缺溪kʰiɛt³¹；晓、影组字读作ɛn/ɛt，例如：血晓ʃɛt³¹｜县匣ʒɛn³¹｜渊影ʒɛn⁴⁴。

（13）臻摄开口一等见组读作iɛn，例如：跟见kiɛn⁴⁴｜垦溪kʰiɛn³¹；晓、影组读作ɛn的，例如：很匣hɛn⁴⁴｜恩影ɛn⁴⁴。臻摄开口三等帮组主要读作un/ut，例如：彬帮pun⁴⁴｜必帮put³¹｜民明mun³⁵，也有与来组、精组、见组一样读作in/it的，例如：笔帮pit³¹｜匹滂pʰit³¹｜邻来lin³⁵｜尽精tsʰin³¹｜七清tsʰit³¹｜悉心sit³¹｜

巾₍见₎kin⁴⁴｜吉₍见₎kit³¹，此外，还有个别读作 iɛn/iɛt 的，例如：敏₍明₎miɛn⁴⁴｜蜜₍明₎miɛt⁵；知、章组读作 in/it，例如：珍₍知₎tʃin⁴⁴｜秩₍澄₎tʃit⁵｜真₍章₎tʃin⁴⁴｜实₍船₎ʃit⁵｜肾₍禅₎ʃin³¹，另外，日母、见系还有个别读作 iun，例如：韧₍日₎ȵiun³¹｜近₍群₎kʰiun⁴⁴｜欣₍晓₎ʃiun⁴⁴。臻摄合口一、三等主要读作 un/ut，例如：本₍帮₎pun³¹｜没₍明₎mut⁵｜论₍来₎lun³¹｜骨₍见₎kut³¹‖伦₍来₎lun³⁵｜旬₍邪₎sun³⁵｜术₍澄₎sut⁵｜分₍非₎fun⁴⁴｜佛₍敷₎fut⁵；三等文、物韵见组主要读作 iun/iuk，例如：君₍见₎kiun⁴⁴｜屈₍溪₎kʰiuk³¹。

（14）宕摄开口一等主要读作 ɔŋ/ɔk，例如：帮₍帮₎pɔŋ⁴⁴｜当₍端₎tɔŋ⁴⁴｜托₍透₎tʰɔk³¹｜作₍精₎tsɔk³¹｜抗₍溪₎kʰɔŋ⁵¹。开口三等知、庄、章组及日、晓、影组与一等混同，也主要读作 ɔŋ/ɔk，例如：张₍知₎tʃɔŋ⁴⁴｜庄₍庄₎tsɔŋ⁴⁴｜勺₍禅₎ʃɔk⁵｜让₍日₎ȝɔŋ³¹｜乡₍晓₎ʃɔŋ⁴⁴｜约₍影₎ȝɔk³¹；其余三等字主要读作 iɔŋ/iɔk，例如：良₍来₎liɔŋ³⁵｜削₍心₎siɔk³¹｜姜₍见₎kiɔŋ⁴⁴｜脚₍见₎kiɔk³¹。宕摄合口一、三等合流，除见组外，主要读作 ɔŋ/ɔk，例如：光₍见₎kɔŋ⁴⁴｜郭₍见₎kɔk³¹｜荒₍晓₎fɔŋ⁴⁴｜镬₍匣₎vɔk⁵｜方₍非₎fɔŋ⁴⁴｜芒₍明₎mɔŋ³⁵｜况₍晓₎kʰɔŋ³⁵｜王₍云₎vɔŋ³⁵；非组、见组也有读作 iɔŋ/iɔk 的，例如：网₍微₎miɔŋ³¹｜筐₍溪₎kʰiɔŋ⁴⁴。

（15）江摄开口二等除庄组字外，主要读作 ɔŋ/ɔk，例如：邦₍帮₎pɔŋ⁴⁴｜剥₍帮₎pɔk³¹｜桌₍知₎tsɔk³¹｜江₍见₎kɔŋ⁴⁴｜确₍溪₎kʰɔk³¹｜项₍匣₎hɔŋ³¹，个别读作 iɔŋ，例如：腔₍溪₎kʰiɔŋ⁴⁴；庄组字主要读作 uŋ/uk，例如：窗₍初₎tsʰuŋ⁴⁴｜双₍生₎suŋ⁴⁴｜捉₍庄₎tsuk³¹。

（16）曾摄开口一等主要读作 iɛn/iɛt，例如：北₍帮₎piɛt³¹｜腾₍定₎tiɛn³⁵｜则₍精₎tsiɛt³¹｜塞₍心₎siɛt³¹｜肯₍~定,溪₎kʰiɛn³¹；也有读作 ɛn/ɛt 的，例如：灯₍端₎tɛn⁴⁴｜得₍端₎tɛt³¹｜肯₍愿意,溪₎hɛn³¹。曾摄开口三等帮组、庄组、见组阳声韵主要读作 iɛn，例如：冰₍帮₎piɛn⁴⁴｜凝₍疑₎ȵiɛn³⁵，入声韵主要读作 iɛt/it，例如：逼₍帮₎pit³¹｜色₍生₎siɛt³¹；泥组、精组主要读作 in/it，例如：陵₍来₎lin³⁵｜力₍来₎lit⁵｜即₍精₎tsit³¹｜息₍心₎sit³¹；知、章、日、晓、影组阳声韵主要读作 in 或 in，例如：征₍知₎tʃin⁴⁴｜证₍章₎tʃin⁵¹｜仍₍日₎ȝin³¹｜兴₍晓₎ʃin⁵¹，入声韵主要读作 it 或 it，例如：直₍澄₎tʃʰit⁵｜食₍船₎ʃit⁵｜翼₍以₎ȝit⁵。曾摄合口三等字与一等混同，读作 iɛt，例如：国₍见₎kiɛt³¹｜惑₍匣₎viɛt³¹。

（17）梗摄开口二等常用字主要读作 aŋ/ak，例如：百₍帮₎pak³¹｜冷₍来₎laŋ⁴⁴｜生₍生₎saŋ⁴⁴｜横₍匣₎vaŋ³⁵｜划₍匣₎vak⁵；个别文读非常用字读作 iɛn/iɛt，例如：泽₍澄₎tsʰiɛt⁵｜孟₍明₎miɛn³¹｜轰₍晓₎kiɛn⁴⁴。梗摄开口三、四等字阳声韵白读为 iaŋ 或 aŋ，文读则为 un/in 或 in，例如：平₍和,并₎pʰun³⁵｜平₍~头,并₎pʰiaŋ³⁵‖明₍~白,明₎mun³⁵｜明₍清~,明₎miaŋ³⁵‖程₍~度,澄₎tʃʰin³⁵｜程₍姓,澄₎tʃʰaŋ³⁵‖正₍立~,章₎tʃin⁵¹｜正₍~好,章₎tʃaŋ⁵¹‖萍₍藻,并₎pʰun³⁵｜萍₍~水相逢,并₎pʰiaŋ³⁵；入声白读为 iak，文读为 it，例如：席₍草~,邪₎tsʰiak⁵｜席₍酒~,邪₎tsʰit⁵。

（18）通摄合口一等主要读作 uŋ/uk，例如：蓬₍并₎pʰuŋ³⁵｜东₍端₎tuŋ⁴⁴｜速₍心₎suk³¹｜空₍溪₎kʰuŋ⁴⁴｜屋₍影₎vuk³¹｜冬₍端₎tuŋ⁴⁴｜毒₍定₎tʰuk⁵。通摄合口三等韵除来母、精组、见组保留 i 介音读作 iuŋ/iuk 外，其余与一等混同读作 uŋ/uk，例如：风非 fuŋ⁴⁴｜覆敷 fuk³¹｜中知 tʃuŋ⁴⁴｜粥章 tʃuk³¹｜熊云 ʒuŋ³⁵｜奉奉 puŋ³¹‖六来 liuk³¹｜宿心 siuk³¹｜宫见 kiuŋ⁴⁴｜曲见 kʰiuk³¹。

3．声调特点

五华县水寨镇共有 6 个声调，古平、入声大致按清浊各分阴阳。这里比较特别的是古上声不分阴阳，而古浊去声归上声，声调格局表现为舒声阴高阳低，入声阴低阳高。

（1）古平声按声母清浊分阴阳。古清音平声字读作阴平 44 调，例如：多端 tɔ⁴⁴｜歌见 kɔ⁴⁴｜爸帮 pa⁴⁴；古浊音平声字读作阳平 35 调，例如：荷匣 hɔ³⁵｜婆并 pʰɔ³⁵｜题定 tʰi³⁵；古次浊平声主要归阳平，例如：罗来 lɔ³⁵｜麻明 ma³⁵｜奴泥 nu³⁵，也有个别读作阴平的，例如：蛙影 va⁴⁴｜研疑 ŋan⁴⁴。

（2）古上声不分阴阳，主要读作上声 31 调，例如：左精 tsɔ³¹｜祸匣 fɔ³¹｜努泥 nu³¹；另有部分浊上、次浊上读归阴平 44 调，被认为是客家方言的特征之一，例如：坐从 tsʰɔ⁴⁴｜社禅 ʃa⁴⁴‖马明 ma⁴⁴｜鲁来 lu⁴⁴。

（3）古去声按声母清浊分，其中古清音去声字读作去声 51 调，例如：破滂 pʰɔ⁵¹｜货晓 fɔ⁵¹｜借精 tsia⁵¹；古次浊去声及古全浊去声与上声混同，读作 31 调，例如：饿疑 ŋɔ³¹｜夜以 ʒa³¹‖度定 tʰu³¹｜具群 kʰi³¹。

（4）古入声也按声母清浊分阴阳。古清音入声字读作 31 调，例如：答端 tap³¹｜法非 fak³¹｜八帮 pat³¹；古浊音入声字和大部分次浊入声音读作阳入 5 调，例如：杂从 tsʰap⁵｜十禅 ʃip⁵‖立来 lip⁵｜入日 ŋip⁵。

四、大埔县湖寮镇语音特点①

大埔县湖寮镇位于大埔县正中心，全镇面积 206 平方千米，是大埔县的政治经济文化中心，距梅州市区约 88 千米。

（一）声韵调

1．声母（21 个，包括零声母在内）

p 巴部斧北　　pʰ 盘鸿缝撇　　m 门蚊忙莫
　　　　　　　　　　　　　　　　f 飞分烦活　　v 雾禾碗屋
t 多知白队滴　　tʰ 同断透夺　　n 泥瓢偶纳　　　　　　l 罗了郎洛
ts 资将诈扎　　tsʰ 枪础尽察　　　　　　　　　　s 私癣线杀

---

① 据李菲、甘于恩《大埔客家方言音系》[《嘉应学院学报》（哲学社会科学）2014 年第 3 期，第 18～21 页]改写。

tʃ 遮知~识昼汁	tʃʰ 车除串直		ʃ 施蛇许实	
k 家刚狗结	kʰ 开戈局洽	ŋ 鸦鹅人艾	h 虾何夏辖	
∅ 丫恩暗压				ʒ 于儿羽药

说明：

（1）声母 k、kʰ 与 -i 相拼时，实际音值为 c、cʰ。

（2）声母 h 与主要元音为 e 的韵母相拼时，实际音值为 x；其他情况音值为 h，h 与 x 无音位对立，本书均记为 h。

2. 韵母（56个，包括自成音节的鼻音韵母ŋ）

ɿ	i	i	a	u		
ɿ 斯初似数	ɿ 移纸制致	i 齐鱼碑眉	a 加爬打画	u 呼羽部芋		
			ia 些爷谢泄			ie 蝎
			ua 瓜寡跨挂			
			ai 街外大帅	ui 归鬼贝罪	ɔi 哀灰赔睡	ei 矮蹄洗岁
			uai 乖怪拐快			
			au 茹包胶爪		ɔu 多可模过	eu 欧阉某埠
		iu 幽流周聚白	iau 腰猫挑尿			
		in 针英音政慎	an 山谭泉蔓	un 温门奋永	ɔn 安竿旱串	en 恩烟朋肯
				iun 根仅欣郡	iɔn 软全选美	ien 鞭棉潜剑
			uan 官鳏惯款			uen 耿
					uɔn 光狂广矿	
			aŋ 暗贪南硬	uŋ 翁同动凤	ɔŋ 帮慌长降	
			iaŋ 腌营丙欠	iuŋ 庸松巩颂	iɔŋ 秧墙放白	
			at 乏发达刻	ut 骨出物术	ɔt 割喝夺抻	et 八黑舌涩
		it 一吸日十				iet 乙结别绝
		iut 律窋录低	uat 括刮聒阔			
		ik 集力积吃	ak 鸭尺石页	uk 屋目熟粥	ɔk 恶诺落薄	ek 北则墨历
			iak 锡剧逆展	iuk 玉宿六肉	iɔk 约药削弱	
					uɔk 郭扩廓	uek 国
m 唔蜈五午		n 你		ŋ 吾梧		

3. 声调（6个）

阴平	33	甘诗衣高	上声	31	果使以好	阴入	31	急识一黑
阳平	22	南时移鹅	去声	51	盖试异害	阳入	5	踏食逸合

（二）音韵特点

1. 声母特点

（1）古全浊声母不论平仄，今都读为清音，且今读塞音、塞擦音时多为送气清声母，例如：婆$_并$ p^{h}ɔu^{22}｜座$_从$ ts^{h}ɔu^{51}｜徐$_邪$ ts^{h}i^{22}｜助$_崇$ ts^{h}ɿ^{51}｜台$_定$ t^{h}ɔi^{22}；少数为不送气清声母，例如：惧$_群$ ki^{51}｜币$_并$ pi^{51}｜剂$_从$ tsi^{51}。

（2）部分保留"古无轻唇音"的特点。古非、敷、奉母今白读层部分保留重唇音 p 或 p^h 读法，例如：枫$_非$ puŋ^{33}｜肺$_敷$ p^{h}ui^{51}｜浮$_奉$ p^{h}ɔu^{22}；但仍以读 f 为主，例如：废$_非$ fui^{51}｜付$_非$ fu^{51}｜翻$_敷$ fan^{33}｜泛$_敷$ faŋ^{51}｜复$_奉$ fuk^{31}｜烦$_奉$ fan^{22}。古微母大多数今读 v，个别读为重唇音 m，例如：文 vun^{22}｜务 vu^{51}‖网 mioŋ^{31}｜巫 mɔu^{22}｜袜 mat^{31}。

（3）部分保留"古无舌上音"的特点。古知组部分今读为舌尖中音 t，例如：知$_{～道,知}$ ti^{33}｜爹$_知$ ta^{33}；今仍以读 ts、ts^h 或 ʧ、ʧ^h 为主，例如：站$_知$ tsan^{51}｜拆$_彻$ ts^{h}ak^{31}｜赚$_澄$ ts^{h}ɔn^{51}‖展$_知$ ʧen^{31}｜超$_彻$ ʧ^{h}au^{33}｜橙$_澄$ ʧ^{h}aŋ^{22}。

（4）古泥、来母今读不混，例如：奈$_泥$ nai^{51}｜难$_泥$ nan^{51}｜尼$_泥$ nei^{22}‖露$_来$ lu^{51}｜累$_来$ lui^{51}｜来$_来$ lɔi^{22}。

（5）古精、知、庄、章 4 组两分，大体上，今精、知二、庄读 ts、ts^h、s，例如：左$_精$ tsɔu^{31}｜且$_清$ ts^{h}ia^{31}｜罪$_从$ ts^{h}ui^{51}｜扫$_心$ sɔu^{31}｜习$_邪$ sit^5‖桌$_知$ tsɔk^{31}｜茶$_澄$ ts^{h}a^{22}｜查$_庄$ ts^{h}a^{51}｜初$_初$ ts^{h}ɿ^{33}｜柴$_崇$ ts^{h}ai^{22}｜师$_生$ sɿ^{33}；知三、章读 ʧ、ʧ^h、ʃ，例如：猪$_知$ ʧu^{33}｜痴$_彻$ ʧ^{h}i^{33}｜沉$_澄$ ʧ^{h}in^{22}‖汁$_章$ ʧit^{31}｜处$_昌$ ʧ^{h}u^{31}｜蛇$_船$ ʃa^{22}｜暑$_书$ ʃu^{22}｜市$_禅$ ʃi^{51}。

（6）古日母逢细音多数与疑母不分，今读 ŋ，实际音值为 ȵ，例如：耳$_日$ ŋi^{31}｜饶$_日$ ŋiau^{22}｜日$_日$ ŋit^{31}。此外，日母还有读为擦音声母 ʒ 的，例如：闰$_日$ ʒun^{51}｜柔$_日$ ʒiu^{22}｜然$_日$ ʒan^{22}。

（7）古溪母字主要读作送气清音 k^h，例如：考 k^{h}au^{31}｜溪 k^{h}ei^{33}｜口 k^{h}eu^{31}；极少数读作 h、f 或 ʃ，例如：喝 hɔt^{31}｜恢 fɔi^{33}｜墟 ʃi^{33}。

（8）古疑母大多数今读 ŋ，在细音前实际音值为 ȵ，例如：鱼$_疑$ ŋi^{22}｜业$_疑$ ŋiak^5｜言$_疑$ ŋien^{22}；少数读作声化韵，例如：吴 m̩^{22}｜五 m̩^{31}。

（9）古晓、匣母开口一、二等字多数都今读 h，例如：河$_匣$ hɔu^{22}｜夏$_匣$ ha^{51}。合口一、二等主要读作 f、v，例如：火$_晓$ fɔu^{31}｜禾$_匣$ vɔu^{22}｜化$_晓$ fa^{51}｜划$_匣$ vat^{31}；另有少数三、四等字今读舌根音声母 k、舌音声母 ʃ，例如：匣$_匣$ kak^{31}｜舰$_匣$ kaŋ^{51}‖系$_匣$ ʃi^{31}｜协$_匣$ ʃiak^5｜险$_晓$ ʃian^{31}。

（10）古影、云、以母今主要读作擦音声母 ʒ，唇齿擦音声母 v 应为合口介音 u 摩擦化的结果，例如：约$_影$ ʒɔk^{31}｜以$_以$ ʒɿ^{51}｜运$_云$ ʒun^{51}‖碗$_影$ van^{31}｜圆$_云$ vien^{22}。

2. 韵母特点

（1）韵母中没有撮口呼，例如：徐 ts^{h}i^{22}｜女 ŋi^{31}｜娶 ts^{h}i^{31}｜除 ʧ^{h}u^{22}。

（2）没有鼻化韵，古咸摄鼻音韵尾丢失闭口韵 -m，相对应的古入声韵尾也丢失闭口韵 -p，咸摄阳声韵尾转化为 -ŋ 尾，入声韵尾转化为 -k 尾，例如：贪 tʰaŋ³³｜答 tak³¹｜甘 kaŋ³³｜夹 kiak⁵｜甲 kak³¹；古深摄阳声韵尾转化为 -ŋ 尾，入声韵尾转化为 -t 尾，例如：林 lin²²｜立 lit⁵｜今 kin³³｜十 ʃit⁵。

（3）果摄文读层主要读作 ɔu，例如：多透tɔu³³｜左精tsɔu³¹｜玻滂pɔu³³｜科溪kʰɔu³³；个别读作 a，例如：那泥na⁵¹｜他文,透tʰa³³。果摄白读层主要读作 ai 或 ei，例如：荷挑kʰai³³｜我白ŋai²² ‖ 个见kei⁵¹。

（4）假摄开口二等字及假摄开口三等字知、章母和以母读作 a，例如：巴帮pa³³｜厦生ha⁵¹｜爹知ta³³｜遮章tʃa³³｜射船ʃa⁵¹｜爷以ʒa²²｜夜以ʒa⁵¹。开口三等字除章母字外，均读作 ia，例如：姐精tsia³¹｜谢邪tsʰia⁵¹｜惹日ŋia³³。假摄合口二等字主要读作 ua，晓、匣母介音 u 脱落与声母演化有关，例如：瓜见kua³³｜夸溪kʰua³³ ‖ 花晓fa³³｜化晓fa⁵¹。

（5）遇摄合口一等字除精组外，以读 u 为主，例如：补帮pu³¹｜步并pʰu⁵¹｜土透tʰu³¹｜姑见ku³³｜胡匣fu²²；模韵精组字读作 ɿ，例如：租精tsɿ³³｜醋清tsʰɿ⁵¹｜素心sɿ⁵¹；模韵疑母字读作声化韵n̩，例如：五n̩³¹｜午n̩³¹；遇摄合口三等字鱼、虞两韵以读 i 和 u 为主，其中精组见系字主要读 i，例如：徐邪tsʰi²²｜序邪si⁵¹｜居见ki³³｜巨群ki⁵¹｜虚晓ʃi³³｜取清tsʰi³¹；知组、章组、影组、非组字读 u，例如：猪知tʃu³³｜箸澄tʃʰu⁵¹ ‖ 煮章tʃu³¹｜暑书ʃu³¹｜薯禅ʃu²² ‖ 于影ʒu²²｜预以ʒu⁵¹ ‖ 夫非fu³³｜雾微vu⁵¹｜芋云vu⁵¹；另有庄组字读 ɿ，例如：初初tsʰɿ³³｜助崇tsʰɿ⁵¹｜数生sɿ⁵¹，庄组"所"字比较特殊，读作 sɔu³¹。

（6）古蟹摄开口一、二等主要读作 ai 或 ɔi，例如：带透tai⁵¹｜台透tʰɔi²²｜来来lɔi²²｜才从tsʰai²²｜赛心sɔi⁵¹｜开溪kʰɔi³³｜害匣hɔi⁵¹；有文白异读的，白读层读作 ɔi，文读层读作 ai，例如：呆发~,疑ŋɔi²²｜呆~子,疑tai³³；另蟹摄开口一等泰韵帮母读作 ui，贝帮pui⁵¹｜沛滂pʰui⁵¹。蟹摄开口二等见母字大部分为 ai，例如：排并pʰai²²｜皆见kai³³｜界见kai⁵¹｜械匣hai³¹｜牌并pʰai²²｜奶泥nai³³｜差初tsʰai³³｜解见kai³¹；也有读作 a 的，例如：佳见ka³³｜涯疑ŋa²²，或是读作 ei 的，例如：鞋匣hei²²｜矮影ei³¹。蟹摄开口三等字除章组外，主要读作 i，例如：币并pi⁵¹｜例来li⁵¹｜际精tsi⁵¹，知、章组文读读作 ɿ，例如：制章tʃi⁵¹｜世~界,书ʃi⁵¹，白读读作 ei，例如：滞澄tʃʰei⁵¹｜世出~,书ʃei⁵¹。蟹摄开口四等字主要读作 i 和 ei，有文白异读的，文读读作 i，白读读作 ei，例如：迷明mi²²｜泥文,泥ni²²｜泥白,泥nei²²｜细心sei⁵¹。蟹摄合口一等灰、泰韵今主要读作 ui，例如：杯帮pui³³｜配滂pʰui⁵¹｜梅明mui²²｜堆透tui³³｜累来lui⁵¹｜罪从tsui⁵¹｜恢溪fui³³｜悔晓fui³¹；见组也有读作 uai 的，例如：块溪kʰuai⁵¹｜会~计,见kʰuai⁵¹。蟹摄合口二等主要元音以 uai、a 为主，例如：乖见kuai³³｜快溪kʰuai⁵¹｜画匣fa⁵¹｜蛙影va³³。蟹摄合口三等祭韵白读常用字主要读作ɔi，文读非常用字主要读作 ui，例如：废非fui⁵¹｜肺敷pʰui⁵¹｜脆清tsʰui⁵¹｜税书ʃɔi⁵¹｜卫云vui⁵¹。蟹摄合口四等字读作 ui，例如：桂见kui⁵¹｜慧匣fui⁵¹。

（7）止摄开口支、脂、之、微韵除齿音声母精、知、庄、章 4 组声母外，主要读作韵母 i 和 ui，例如：碑帮pui³³｜被并pʰi³³｜离来li²²｜几见ki³³｜李来li³¹｜希晓ʃi³³；精组主要读作ɿ，例如：紫精tsɿ³¹｜赐心tsʰɿ⁵¹｜次清tsʰɿ⁵¹，精组"死""四"两字读作 i，死 si³¹｜四 si³¹；知、组、章组主要读作ɿ，例如：知知ʧɿ³³｜池澄ʧʰɿ²²｜支~持,章ʧɿ³³｜施书ʃɿ³³｜迟澄ʧʰɿ²²｜尸书ʃɿ³³｜志章ʧɿ⁵¹，白读层主要读作 i 的，例如：支~笔,章ki³³｜柜章ki³³。止摄合口支脂微韵文读层主要读作 ui，例如：累来lui⁵¹｜虽心sui³³｜位云vui⁵¹｜非非fui³³｜味微mui⁵¹，白读常用字主要读作 ɔi，例如：吹昌ʧʰɔi³³｜睡禅ʃɔi⁵¹。

（8）效摄开口一等主要读作 ɔu，例如：保帮pɔu³¹｜刀透tɔu³³｜早精tsɔu³¹｜高见kɔu³³｜奥影ɔu⁵¹。效摄开口二等主要读作 au；例如：包帮pau｜闹泥nau⁵¹｜罩知tsau⁵¹｜抄初tsʰau³³｜交见kau³³｜效匣hau⁵¹。效摄开口三等除知、章组和影组读作 au 外，其余读作 iau，例如：标帮piau³³｜疗来liau²²｜消心siau³³｜娇见kiau³³‖朝知ʧau³³｜照章ʧau⁵¹｜妖影ʒau³³｜舀以ʒau³¹。效摄开口四等读作 iau，例如：条定tʰiau²²｜尿泥ŋiau⁵¹｜叫见kiau⁵¹。

（9）流摄开口一等字主要读作 eu，例如：某明meu³³｜偷透tʰeu³³｜走精tseu³¹｜狗见keu³¹｜侯匣heu²²；另有部分非常用字读作 iau，例如：贸明miau³¹。流摄开口三等文读层主要读作 iu，例如：流来liu²²｜酒精tsiu³¹｜宙澄ʧiu⁵¹｜周章ʧiu³³｜休晓siu³³｜由以ʒiu²²｜幼影ʒiu⁵¹；白读层读作 eu 或 u，例如：瘦生seu⁵¹‖富非fu⁵¹｜负奉fu⁵¹。

（10）咸摄开口一等主要读作 aŋ/ak，例如：贪透tʰaŋ³³｜答透tak³¹｜参清tsʰaŋ³³｜杂从tsʰak⁵｜感见kaŋ³¹｜合见hak⁵｜暗影aŋ⁵¹｜谈定tʰaŋ²²｜腊来lak⁵｜三心saŋ³³｜甘见kaŋ³³。咸摄开口二等主要读作 aŋ/ak，例如：站知tsʰaŋ⁵¹｜炸崇sak⁵｜衫生saŋ³³｜减见kaŋ³¹｜甲见kak³¹｜鸭影ak³¹。咸摄开口三等帮组、泥组主要读作 ien/iet，例如：贬帮pien³¹｜猎来liet⁵；章组、影组主要读作 aŋ/ak，例如：陕书ʃaŋ³¹｜涉禅ʃak⁵｜炎云ʒaŋ²²｜页以ʒak⁵；其他主要读作 iaŋ/iak，例如：尖精tsiaŋ³³｜接精tsiak³¹｜染日ŋiaŋ³¹｜验疑ŋiaŋ⁵¹｜业疑ŋiak⁵。咸摄开口四等除见系外，主要读作 en/et，例如：点透ten³¹｜跌透tet³¹｜叠定tʰet⁵｜念泥nen⁵¹；见系读作 iaŋ/iak，例如：兼见kiaŋ³³｜协匣ʃiak⁵。咸摄合口三等字主要读作 aŋ/ak，例如：

凡₍奉₎faŋ²² | 法₍非₎fak³¹。

（11）深摄阳声韵收-n尾，入声韵收-t尾，开口三等字除庄组外，主要元音为i，例如：品₍滂₎pʰin³¹ | 林₍来₎lin²² | 立₍来₎lit⁵ | 寻₍邪₎tsʰin²² | 习₍邪₎sit⁵ | 沉₍澄₎tʃʰin²² | 针₍章₎tʃin³³ | 十₍禅₎ʃit⁵ | 今₍见₎kin³³ | 及₍群₎kʰit⁵ | 音₍影₎ʒin³³；庄组主要元音为e，例如：森₍生₎sen³³ | 涩₍生₎set³¹。

（12）山摄开口一等寒、曷韵除见系外，主要读作an/at，例如：丹₍透₎tan³³ | 达₍定₎tʰat⁵ | 难₍泥₎nan²² | 擦₍清₎tsʰat³¹；见系读作ɔn/ɔt，例如：干₍见₎kɔn³³ | 渴₍溪₎hɔt³¹ | 安₍影₎ɔn³³ | 案₍影₎ɔn⁵¹。山摄开口二等除见组外，主要读作an/at，例如：扮₍帮₎pan⁵¹ | 抹₍明₎mat³¹ | 山₍生₎san³³ | 杀₍生₎sat⁵ | 班₍帮₎pan³³ | 慢₍明₎man⁵¹ | 删₍生₎san³³；见组主要读作ien/iet，例如：艰₍见₎kien³³ | 奸₍见₎kien³³ | 颜₍疑₎ŋien²²；晓组读作en/et，例如：闲₍匣₎hen²² | 瞎₍晓₎het⁵。山摄开口三等仙薛韵帮组透系主要读作ien/iet，例如：编₍帮₎pʰien³³ | 别₍并₎pʰiet⁵ | 连₍来₎lien²² | 列₍来₎liet⁵ | 仙₍心₎sien³³ | 薛₍心₎siet³¹；知、章组，日母和影组主要读作en/et，例如：展₍知₎tʃen³¹ | 舌₍船₎ʃet⁵ | 然₍日₎ʒen²² | 演₍以₎ʒen³¹；见系、晓母读作ien/iet，例如：件₍群₎kʰien⁵¹ | 杰₍群₎kʰiet⁵ | 轩₍晓₎ʃien³³。山摄开口四等除见系外，主要读作ien/iet，例如：边₍帮₎pien³³ | 千₍清₎tsʰien³³ | 切₍清₎tsʰiet³¹；口语常用字也有读作en/et的，例如：天₍透₎tʰen³³ | 铁₍透₎tʰet³¹ | 年₍泥₎nen³³ | 捏₍泥₎net³¹ | 燕₍影₎ʒen⁵¹。山摄合口一等帮母字主要读作an/at，例如：般₍帮₎pan³³ | 末₍明₎mat⁵；透系字主要读作ɔn/ɔt，例如：脱₍透₎tʰɔt³¹ | 卵₍来₎lɔn³¹ | 撮₍从₎tsɔt³¹；见组读作uan/uat，例如：官₍见₎kuan³³ | 括₍见₎kʰuat³¹，这里u介音的脱落与声母的演化有关；晓组、影组主要读作an/at，例如：欢₍晓₎fan³³ | 活₍匣₎fat⁵ | 碗₍影₎van³¹。山摄合口二等庄组字读作ɔn/ɔt，例如：闩₍生₎tsʰɔn³³ | 刷₍生₎sɔt³¹；见组字主要读作uan/uat，例如：关₍见₎kuan³³ | 刮₍见₎kuat³¹，晓组、影组主要读作an/at，例如：幻₍匣₎fan⁵¹ | 滑₍匣₎vat⁵ | 还₍匣₎van²² | 弯₍影₎van³³。山摄合口三等仙薛韵来母读作ien/ɔt，例如：恋₍来₎lien⁵¹ | 劣₍来₎lɔt³¹；精组读作iɔn/iet，例如：全₍从₎tsʰiɔn²² | 选₍心₎siɔn³¹ | 雪₍心₎siet³¹；知、章组主要读作ɔn/ɔt，例如：传₍澄₎tʃʰɔn²² | 专₍章₎tʃɔn³³ | 说₍书₎ʃɔt³¹；见系主要读作ien/iet，例如：绢₍见₎kien³³ | 拳₍群₎kʰien²²。山摄合口三等元、月韵非组读作an/at，例如：翻₍敷₎fan³³ | 反₍非₎fan³¹ | 袜₍微₎mat⁵。山摄合口三等见系与四等字均主要读作ien/iet，例如：元₍疑₎ŋien²² | 血₍晓₎fiet³¹。

（13）臻摄开口一等字主要读作en，例如：跟₍见₎ken³³ | 很₍匣₎hen³³，白读常用字有读作un的，例如：吞₍透₎tʰun³³。臻摄开口三等主要读作in/it，例如：彬₍帮₎pin³³ | 笔₍帮₎pit³¹ | 亲₍清₎tsʰin³³ | 疾₍从₎tsʰit⁵ | 珍₍知₎tʃin³³ | 真₍章₎tʃin³³ | 失₍书₎ʃit³¹ | 人₍日₎ŋin²² | 一₍影₎ʒit³¹；白读常用字有读作en/et的，例如：密₍明₎met⁵ | 衬₍初₎tʃʰen⁵¹ | 虱₍生₎

set³¹。臻摄开口三等见组也主要读作 iun/et，例如：筋₍见₎kiun³³｜近₍群₎kʰiun³³｜欣₍晓₎ʃiun³³｜乞₍溪₎kʰet³¹；也有读作 in 的，例如：斤₍见₎kin³³。臻摄合口一等主要读作 un/ut，例如：本₍帮₎pun³¹｜突₍定₎tʰut⁵｜村₍清₎tsʰun³³｜损₍心₎sun³¹｜昆₍见₎kʰun³³｜婚₍晓₎fun³³｜稳₍影₎vun³¹。臻摄合口三等字除见系外，主要读作 un/ut；见系大部分读作 iun，例如：伦₍来₎lun²²｜旬₍邪₎sun²²｜术₍澄₎sut⁵｜春₍昌₎tʃʰun³³｜出₍昌₎tʃʰut³¹‖均₍见₎kiun³³｜匀₍以₎kiun³³。

(14) 宕摄开口一等字主要读作 ɔŋ/ɔk，例如：帮₍帮₎pɔŋ³³｜莫₍明₎mɔk⁵｜当₍透₎tɔŋ³³｜落₍来₎lɔk⁵｜苍₍清₎tsʰɔŋ³³｜索₍心₎sɔk³¹｜康₍溪₎kʰɔŋ³³｜恶₍影₎ɔk³¹。宕摄开口三等字除知、庄、章组外，主要读作 iɔŋ/iɔk，例如：娘₍泥₎ŋiɔŋ²²｜相₍心₎siɔŋ³³｜强₍群₎kʰiɔŋ²²｜香₍晓₎ʃiɔŋ³³；知、庄、章组和影组字主要读作 ɔŋ/ɔk，例如：张₍知₎tʃɔŋ³³｜状₍崇₎tsʰɔŋ⁵¹｜勺₍禅₎ʃɔk⁵｜羊₍以₎ɜɔŋ²²｜约₍影₎ɜɔk³¹。宕摄合口一等字主要读作 uɔŋ/uɔk，例如：光₍见₎kuɔŋ³³｜郭₍见₎kuɔk³¹。其中，晓母字部分读作 ɔŋ，这是声母演变所致，例如：荒₍晓₎fɔŋ³³｜霍₍晓₎vɔk³¹。宕摄合口三等字非组主要读作 ɔŋ/ɔk，例如：方₍非₎fɔŋ³³｜望₍微₎vɔŋ⁵¹；见组字主要读作 iɔŋ/iɔk，例如：匡₍溪₎kʰiɔŋ³³｜钁₍见₎kiɔk³¹；影组字主要读作 uɔŋ，例如：王₍云₎vɔŋ²²｜旺₍云₎vɔŋ⁵¹。

(15) 江摄多数读 ɔŋ/ɔk，例如：邦₍帮₎pɔŋ³³｜雹₍并₎pʰɔk⁵｜桌₍知₎tsɔk³¹｜江₍见₎kɔŋ³³｜学₍匣₎hɔk⁵；庄组读作 uŋ/uk，例如：窗₍初₎tsʰuŋ³³｜双₍生₎suŋ³³｜朔₍生₎suk³¹；个别读作 aŋ/ak，例如：胖₍滂₎pʰaŋ⁵¹。

(16) 曾摄开口一等主要读作 en/et，例如：朋₍并₎pʰen²²｜北₍帮₎pet³¹｜登₍透₎ten³³｜特₍定₎tʰet⁵｜曾₍精₎tsen³³｜黑₍晓₎het³¹。曾摄开口三等帮母主要读作 en/et，例如：冰₍帮₎pen³³｜逼₍帮₎pet³¹；其余主要读作 in/it，例如：力₍来₎lit⁵｜直₍澄₎tʃit⁵｜蒸₍章₎tʃin³³｜兴₍晓₎ʃin⁵¹｜翼₍以₎ɜit⁵。曾摄合口一等见组读作 uek，例如：国₍见₎kuek³¹；匣母读作 et，例如：或 fet⁵。曾摄合口三等"域"字读作 vet³¹。

(17) 古梗摄舒声字文白读音对立，文读音多为 in/en，白读音往往是 aŋ/iaŋ，例如：生~活 sen³³｜生~死 saŋ³³｜省~长 sen³¹｜省~反 siaŋ³¹‖平~安 pʰin³¹²｜平 ~公 piaŋ³¹²‖争斗 tsen³³｜争~食 tsaŋ³³‖命~令 men⁵²｜命 生~miaŋ⁵²。

(18) 通摄合口一等读 uŋ/uk，例如：蓬₍并₎pʰuŋ²²｜木₍明₎muk³¹｜东₍透₎tuŋ³³｜送₍心₎suŋ⁵¹｜空₍溪₎kʰuŋ³³｜屋₍影₎vuk³¹｜冬₍透₎tuŋ³³｜宋₍心₎suŋ⁵¹。通摄合口三等见系及少部分精组、来母读作 iuŋ/iuk，例如：六₍来₎liuk³¹｜宿₍心₎siuk³¹｜熊₍云₎ʃiuŋ²²｜龙₍来₎liuŋ²²；其余主要以读 uŋ/uk 为多，例如：风₍非₎fuŋ³³｜梦₍明₎muŋ⁵¹｜目₍明₎muk³¹｜中₍知₎tʃuŋ³³｜缩₍生₎suk³¹｜终₍章₎tʃuŋ³³｜宫₍见₎kuŋ³³｜奉₍奉₎fuŋ⁵¹。

3. 声调特点

大埔县湖寮镇共有 6 个声调，古平入大致按清浊各分阴阳。浊上归去，去声不分阴阳，声调格局表现为舒声阴高阳低，入声阴低阳高。

（1）古平声今基本上按清浊分阴阳。古清声母平声字今读阴平33调，例如：多$_{透}$tou³³｜左$_{精}$tsɔu³¹｜家$_{见}$ka³³。古全浊声母及大部分次浊声母平声字今读阳平22调，例如：霞$_{匣}$ha²²｜葡$_{并}$pʰu²²｜图$_{定}$tʰu²² ‖ 炉$_{来}$lu²²｜魔$_{明}$mɔu²²｜牙$_{疑}$ŋa²²；同时，次浊与全浊声母字有少数今读阴平，例如：妈$_{明}$ma³³｜娃$_{疑}$va³³｜鳞$_{来}$lin³³ ‖ 跑$_{并}$pʰau³³｜岐$_{群}$ki³³。

（2）古清声母及古次浊声母上声字今读上声31调，例如：可$_{溪}$kʰɔu³¹｜把$_{帮}$pa³¹｜洒$_{生}$sa³¹；这里有部分次浊声母上声字读如阴平，例如：马$_{明}$ma³³｜里$_{来}$li³³｜冷$_{来}$len³³。古浊声母上声字今读去声51调，例如：夏$_{匣}$ha⁵¹｜户$_{匣}$fu⁵¹｜造$_{从}$tsʰɔu⁵¹｜炸$_{崇}$tsa⁵¹；亦有部分全浊上声字读如阴平，例如：社$_{禅}$ʃa³³｜技$_{群}$kʰi³³｜舅$_{群}$kʰiu³³。

（3）古去声今不分阴阳，均读作去声51调，例如：坝$_{帮}$pa⁵¹｜怕$_{滂}$pʰa⁵¹ ‖ 饿$_{疑}$ŋɔu⁵¹｜怒$_{泥}$nu⁵¹ ‖ 步$_{并}$pʰu⁵¹｜代$_{定}$tʰɔi⁵¹。

（4）古入声清声母今读阴入31调，例如：塑$_{心}$sɔk³¹｜决$_{见}$kiet³¹｜答$_{透}$tak³¹；次浊声母字部分读阴入部分读阳入，例如：袜$_{明}$mat³¹｜日$_{日}$ŋit³¹｜六$_{来}$liu³¹；全浊声母读归阳入5调，例如：突$_{定}$tʰut⁵｜集$_{从}$sik⁵｜拾$_{禅}$ʃit⁵。

五、丰顺县汤坑镇语音特点

丰顺县汤坑镇位于丰顺县西南部，其南部与揭东县接壤，全镇面积233平方千米，为双方言区，主要通行客家方言，兼有闽方言。

（一）声韵调

1. 声母（21个，包括零声母在内）

p 巴郜斧北	pʰ 盘伴缝别	m 门蚊忙莫		
			f 飞分烦活	v 雾禾碗屋
t 刀知㠯队滴	tʰ 同断透夺	n 泥瓢染纳		l 罗了郎洛
ts 资将诈扎	tsʰ 枪础尽察		s 私癣线杀	
tʃ 遮知支昼汁	tʃʰ 车除串直		ʃ 施蛇许实	
k 家刚狗结	kʰ 开戈局洽	ŋ 鸦鹅人艾	h 虾何夏辖	
∅ 丫恩暗压				ȝ 于儿羽药

说明：声母k、kʰ、h、ŋ与-i相拼时，实际音值为c、cʰ、ç、ɲ。

2. 韵母（56个，包括自成音节的鼻音韵母 ŋ）

ɿ 斯锄数紫	i 你齐碑眉	a 加爬打画	u 母初部芋	ɔ 可蜗毛错	ɜ 街梨齐世	ɯ 去佢
i 移纸制致		ia 些惹谢借		iɔ 茄瘸靴		
		ua 瓜寡跨挂		uɔ 果裹过		
		ai 猜外大帅	uei 归屡贝裰	ɔi 哀灰赔睡		
		uai 乖怪拐快				
		au 凹包胶爪			ɜu 欧阉超寓	
	iu 幽流周聚白	iau 腰猫某尿				
	in 品怜升英	an 凡山泉扮	un 温门奋永	ɔn 安干旱串	ɜn 恩烟朋更	
			iun 仅琼欣郡	iɔn 软	iɜn 全敏棉变	
		uan 官鳏惯款			uɜn 耿	
		uaŋ 梗矿		uɔŋ 光狂广况		
		aŋ 行橙硬胖	uŋ 双同动凤	ɔŋ 帮方杠降		
		iaŋ 赢丙井命	iuŋ 兄松巩颂	iɔŋ 将腔放⽹		
	im 音林锦客	am 三炎范禅			ɜm 森揞喊脸	
		iam 焰潜染剑				
		at 乏八达刻	ut 骨出物术	ɔt 割喝夺刷	ɜt 浙黑历卜	
	it 一息敌日				iɜt 月结别绝	
	iut 屈掘倔	uat 括刮阔			uɜt 国	
		ak 扼尺石白	uk 复目熟粥	ɔk 恶博桌择		
		iak 锡剧逆屐	iuk 玉宿六肉	iɔk 略脚削弱		
				uɔk 郭扩廓		
	ip 急吸十极	ap 鸭压盒叶			ɜp 色粒涩勒	
		iap 接楔训夹猎				
m 唔		ŋ 五女鱼午				

3. 声调（6个）

| 阴平 | 33 | 甘诗衣高 | 阴上去 | 52 | 盖使试写 | 阴入 | <u>31</u> | 急识一黑 |
| 阳平 | 324 | 南时移鹅 | 阳去上 | 31 | 果异害夏 | 阳入 | 5 | 踏食逸合 |

（二）音韵特点

1. 声母特点

（1）古全浊声母不论平仄今都读为清音，且今读塞音、塞擦音时多为送气清声母，例如：婆$_{并}$ pʰɔ³²⁴｜座$_{从}$ tsʰɔ³¹｜徐$_{邪}$ tsʰi³²⁴｜助$_{崇}$ tsʰu³¹｜台$_{定}$ tʰɔi³²⁴；少数为不送气清声母，例如：巨₍群₎ki³¹｜但₍定₎tan³¹｜聚₍从₎tsi³¹。

（2）部分保留"古无轻唇音"的特点。古非、敷、奉母今白读层部分保留重唇音 p 或 pʰ 读法，例如：斧₍非₎pu⁵²｜孵₍敷₎pʰu³¹｜坟₍奉₎pʰun³²⁴；但仍以读 f 为主。古微母大多数今读 v，个别读为重唇音 m，例如：文 vun³²⁴｜务 vu³¹‖网 miɔŋ⁵²｜巫 mu³²⁴｜袜 mat³¹。

（3）部分保留"古无舌上音"的特点。古知组部分今读为舌尖中音 t，例如：知～道,知ti³³｜蜘₍知₎ti³³；今仍以读 ts、tsʰ 或 ʧ、ʧʰ 为主，例如：站₍知₎tsʰam³¹｜拆₍彻₎tsʰak³¹｜贼₍澄₎tsʰɛk⁵‖展₍知₎ʧɛn⁵²｜超₍彻₎ʧʰɛu³³｜橙₍澄₎ʧʰaŋ³²⁴。

（4）古泥、来母今读不混，例如：奈₍泥₎nai³¹｜难₍泥₎nan³¹｜努₍泥₎nu³¹‖露₍来₎lu⁵²｜累₍来₎lui³¹｜来₍来₎lɔi³²⁴。

（5）古精、知、庄、章 4 组两分，大体上，今精、知二、庄读 ts、tsʰ、s，例如：左₍精₎tsɔ⁵²｜且₍清₎tsʰia³¹｜罪₍从₎tsʰui³¹｜扫₍心₎sɔ⁵²｜习₍邪₎sip⁵‖桌₍知₎tsɔk³¹｜茶₍澄₎tsʰa³²⁴‖查₍庄₎tsʰa³²⁴｜初₍初₎tsʰu³³｜柴₍崇₎tsʰai³²⁴｜师₍生₎sɿ³³；知三、章读 ʧ、ʧʰ、ʃ，例如：猪₍知₎ʧu³³｜痴₍彻₎ʧʰɿ³³｜沉₍澄₎ʧʰim³²⁴‖汁₍章₎ʧip³¹｜处₍昌₎ʧʰu⁵²｜蛇₍船₎ʃa³²⁴｜暑₍书₎ʃu⁵²。

（6）古日母逢细音多数与疑母不分，今读 ŋ，实际音值为 ȵ，例如：耳₍日₎ȵi⁵²‖语₍疑₎ȵi⁵²；此外，日母还有读为擦音声母 ʒ 的，例如：闰₍日₎ʒun³¹｜柔₍日₎ʒiu³²⁴｜然₍日₎ʒɛn³²⁴。

（7）古溪母字主要读作送气清音 kʰ，例如：考 kʰau⁵²｜溪 kʰɛ³³｜口 kʰɛu⁵²；极少数读作 h、f，例如：肯 hɛn⁵²｜恢 fɔi³³｜墟 hi³³。

（8）古疑母大多数今读 ŋ，在细音前实际音值为 ȵ，例如：业 ȵiap⁵｜言 ȵiɛn³²⁴；少数读作声化韵，例如：鱼 n̩³²⁴｜吴 m̩³²⁴｜五 ŋ̍⁵²。

（9）古晓、匣母开口一、二等多数都今读 h，例如：河₍匣₎hɔ³²⁴｜夏₍匣₎ha³¹。合口一、二等主要读作 f、v，例如：火₍晓₎fɔ⁵²｜禾₍匣₎vɔ²⁴｜化₍晓₎fa⁵²｜镬₍匣₎vɔk⁵。另有少数三、四等字今读 k、ʃ、ʒ，例如：吸₍晓₎kʰip³¹｜芍₍匣₎ʃɔk³¹｜县₍匣₎ʒɛn³¹。

（10）古影云以母今主要读作擦音声母 ʒ，唇齿擦音声母 v 应为合口介音 u 摩擦化的结果，例如：约₍影₎ʒɔk³¹｜以₍以₎ʒɿ³²⁴｜运₍云₎ʒun³¹‖碗₍影₎van⁵²｜芋₍云₎vu³¹。

2. 韵母特点

（1）韵母中没有撮口呼，例如：徐 tsʰi³²⁴｜女 ŋ⁵²｜娶 tsi³¹｜除 ʧʰu³²⁴。

（2）古鼻音韵尾 －m、－n、－ŋ 和塞音韵尾 －p、－t、－k 较为完整地保留下来。其中，古咸、深摄阳声韵收 －m 尾，入声韵收 －p 尾，例如：贪₍咸₎tʰam³³｜答₍咸₎tap³¹｜暂₍咸₎tsʰiam³¹｜猎₍咸₎liap⁵｜林₍深₎lim³²⁴｜集₍深₎tsip⁵｜阴₍深₎ʒim³³｜急₍深₎kip³¹；古山、臻、曾摄阳声韵收 －n 尾，入声韵收 －t 尾，例如：旦₍山₎tan³¹｜达₍山₎tʰat⁵｜干₍山₎kɔn³³｜烈₍山₎liɛt⁵｜跟₍臻₎kɛn³³｜毕₍臻₎pit³¹｜密₍臻₎mɛt⁵‖灯₍曾₎tɛn³³｜德₍曾₎tɛt³¹｜克₍曾₎kʰɛt³¹；古宕、江、通三摄阳声韵收 －ŋ 尾，入声韵收 －k 尾，例如：

帮_宕pɔŋ³³｜当_宕tɔŋ³³｜落_宕lɔk⁵｜作_宕tsɔk³¹｜窗_江tsʰuŋ³³｜桩_江tsɔŋ³³｜桌_江tsɔk³¹｜确_江kʰɔk³¹‖东_通tuŋ³³｜速_通suk³¹｜六_通liuk³¹；梗摄因文白异读，阳声韵既有收 –n 尾的，也有收 –ŋ 尾的，例如：更~_加kɛn⁵²｜更_{五~}kaŋ³³，相应的入声韵也有收 –t 尾和 –k 尾的，例如：席_{酒~}sit⁵｜席_{草~}tsʰiak⁵。

（3）果摄文读层主要读作 ɔ，例如：多_透tɔ³³｜左 tsɔ³¹｜玻_滂pɔ³³｜科_溪kʰɔ³³；个别读作 a，例如：那_泥na⁵²｜他_{文,透}tʰa³³。果摄白读层主要读作 ai，例如：荷_挑kʰai³³｜我_白ŋai³²⁴｜个_见kai⁵²。

（4）假摄开口二等字主要读作 a，假摄开口三等字知、章母和以母也读作 a，例如：巴_帮pa³³｜厦_生sa⁵²‖遮_章ʧa³³｜射_船ʃa³¹｜爷_以ʒa³²⁴｜夜_以ʒa³¹。假摄开口三等字除章母字外，均读作 ia，例如：姐_精tsia⁵²｜谢_邪tsʰia⁵²｜惹_日ŋia³³。假摄合口二等字主要读作 ua，晓、匣母介音 u 脱落与声母演化有关，例如：瓜_见kua³³｜夸_溪kʰua³³‖花_晓fa³³｜化_晓fa⁵²。

（5）遇摄合口一等字以读 u 为主，例如：补_帮pu⁵²｜步_并pʰu³¹｜土_透tʰu⁵²｜姑_见ku³³｜胡_匣fu³²⁴；模韵精组字也读作 u，例如：租_精tsu³³｜醋_清tsʰu⁵²｜素_心su⁵²；模韵疑母字读作声化韵，例如：五 n̩⁵²｜午 ŋ̍⁵²。遇摄合口三等字鱼、虞两韵以读 i 和 u 为主，其中，精组见系字主要读 i，例如：徐_邪tsʰi³²⁴｜序_邪si³¹｜居_见ki³³｜巨_群ki³¹｜虚_晓hi³³｜取_清tsʰi⁵²；知组、庄组、章组和非组字读 u，例如：猪_知ʧu³³｜箸_澄ʧʰu³¹‖初_初tsʰu³³｜助_崇tsʰu⁵²｜数_生su⁵²‖煮_章ʧu⁵²｜暑_书ʃu⁵²｜薯_禅ʃu³²⁴‖夫_非fu³³｜雾_微vu⁵²｜芋_云vu⁵²；另有影组字读 ɨ，例如：于_影ʒɨ³³｜预_以ʒɨ³¹。

（6）古蟹摄开口一、二等主要读作 ai 或 ɔi，例如：带_透tai⁵²｜台_透tʰɔi³²⁴｜来_来lɔi³²⁴｜才_从tsʰai³³｜赛_心sai⁵²｜开_溪kʰɔi³³｜害_匣hɔi³¹；有文白异读的，白读层读作 ɔi，文读层读作 ai，例如：呆_{发~,疑}ŋɔi³²⁴｜呆_{~子,疑}tai³³。另外，蟹摄开口一等泰韵帮母读作 ui/ai，例如：贝_帮pui⁵²｜沛_滂pʰai³³；蟹摄开口二等见母字大部分读 ai，例如：排_并pʰai³²⁴｜皆_见kai³³｜界_见kai⁵²｜械_匣hai⁵²｜牌_并pʰai³²⁴｜奶_泥nai³³｜差_{初~,初}tsʰai³³｜解_见kai⁵²，也有读作 a 的，例如：佳_见ka³³｜涯_疑ŋa³²⁴，或是读作 ɛ 的，例如：鞋_匣hɛ³²⁴｜矮_影ɛ⁵²。蟹摄开口三等字除章组主要读作 i，例如：币_并pi³¹｜例_来li³¹｜际_精tsi⁵²，知、章组文读读作 ɨ，例如：制_章ʧɨ⁵²｜誓_禅ʃɨ³¹，白读读作 ɛ，例如：滞_澄ʧʰɛ⁵²｜世_{书,书}ʃɛ⁵²。蟹摄开口四等字主要读作 i 和 ɛ，有文白异读的，文读读作 i，白读读作 ɛ，例如：迷_明mi³²⁴｜泥_{文泥}ni³²⁴｜泥_{白泥}nɛ³²⁴｜细_心sɛ⁵²。蟹摄合口一等灰、泰韵今主要读作 ui，例如：杯_帮pui³³｜配_滂pʰui⁵²｜梅_明mui³²⁴｜堆_透tui³³｜累_来lui³¹｜罪_从tsui⁵²｜恢_溪fui³³｜悔_晓fui⁵²；见组也有读作 uai 的，例如：块_溪kʰuai⁵²｜会_{~计,见}kʰuai³¹。蟹摄合口二等主要元音以 uai、a 为主，例如：乖_见kuai³³｜快_溪kʰuai⁵²｜画_匣fa³¹｜蛙_影va³³。蟹摄合口三等

祭韵白读常用字主要读作 ɔi；文读非常用字主要读作 ui，例如：废_非_fui⁵² | 肺_敷_pʰui⁵² | 脆_清_tsʰui⁵² | 税_书_ʃɔi⁵² | 卫_云_vui³¹。蟹摄合口四等字读作 ui，例如：桂_见_kui⁵² | 慧_匣_fui³¹。

（7）止摄开口支、脂、之、微韵除齿音声母精、知、庄、章 4 组声母外，主要读作韵母 i，例如：碑_帮_pi³³ | 被_并_pʰi³³ | 离_来_li³²⁴ | 几_见_ki³³ | 李_来_li⁵² | 希_晓_ʃi³³；精组主要读作 ɿ，例如：紫_精_tsɿ⁵² | 赐_心_tsʰɿ³³ | 次_清_tsʰɿ⁵²，精组"死""四"二字读作 i，死 si⁵² | 四 si⁵²；知组、章组主要读作 ɿ，例如：知_知_tʃɿ³³ | 池_澄_tʃʰɿ³²⁴ | 支~持,章_tʃɿ³³ | 施_书_ʃɿ³³ | 迟_澄_tʃʰɿ³²⁴ | 尸_书_ʃɿ³³ | 志_章_tʃɿ⁵²，白读层主要读作 i 的，例如：支_~笔,章_ki³³ | 栀_章_ki³³。止摄合口支、脂、微韵文读层主要读作 ui，例如：累_来_lui³³ | 虽_心_sui³³ | 位_云_vui³¹ | 非_非_fui³³ | 味_微_mui³¹，白读常用字主要读作 ɔi，例如：吹_昌_tʃʰɔi³³ | 睡_禅_ʃɔi³¹。

（8）效摄开口一等主要读作 ɔ 或 au，例如：保_帮_pɔ⁵² | 刀_透_tɔ³³ | 早_精_tsɔ⁵² | 高_见_kɔ³³ ‖ 奥_影_au⁵² | 豪_匣_hau³²⁴。效摄开口二等主要读作 au，例如：包_帮_pau³³ | 闹_泥_nau³¹ | 罩_知_tsau³¹ | 抄_初_tsʰau³³ | 交_见_kau³³ | 效_匣_kau³³。效摄开口三等除知、章组和影组读作 ɛu 外，其余读作 iau，例如：朝_知_tʃʰɛu³³ | 照_章_tʃɛu³³ | 妖_影_ʒɛu³³ | 舀_以_ʒɛu³¹ ‖ 标_帮_piau³³ | 疗_来_liau³²⁴ | 消_心_siau³³ | 娇_见_kiau³³。效摄开口四等读作 iau，例如：条_定_tʰiau³²⁴ | 尿_泥_ŋiau³¹ | 叫_见_kiau⁵²。

（9）流摄开口一等字主要读作 ɛu，例如：某_明_mɛu³³ | 偷_透_tʰɛu³³ | 走_精_tsɛu⁵² | 狗_见_kɛu⁵² | 侯_匣_hɛu³³；另有部分非常用字读作 iau，例如：贸_明_miau⁵²。流摄开口三等文读层主要读作 iu，例如：流_来_liu³²⁴ | 酒_精_tsiu⁵² | 宙_澄_tsʰu³¹ | 周_章_tʃiu³³ | 休_晓_siu³³ | 由_以_ʒiu³²⁴ | 幼_影_ʒiu⁵²；白读层读作 ɛu 或 u，例如：瘦_生_sɛu⁵² ‖ 富_非_fu⁵² | 负_奉_fu⁵²。

（10）咸摄阳声韵收 -m 尾，入声韵收 -p 尾，开口一、二等字主要元音均为 a，例如：答_端_tap⁵ | 探_透_tʰam⁵² | 南_泥_nam³²⁴ | 感_见_kam⁵² | 盒_匣_hap⁵ | 谈_定_tʰam³²⁴ | 腊_来_lap⁵ | 甘_见_kam³³ ‖ 站_知_tsʰam³¹ | 插_初_tsʰap⁵ | 咸_匣_ham³²⁴ | 监_见_kam³³ | 鸭_影_ap³¹；咸摄开口二等咸、洽韵见母、匣母个别例字外，主要元音读如三、四等字 ia，例如：夹_见_kʰiap⁵ | 狭_匣_hiap⁵。咸摄开口三、四等除知、章组外，主要元音均为 ia，例如：镰_来_liam³²⁴ | 接_精_tsiap³¹ | 验_疑_ŋiam³¹ | 叶_以_ʒiap⁵ | 剑_见_kiam⁵² | 业_疑_ŋiap⁵ | 甜_定_tʰiam³²⁴ | 叠_定_tʰiap⁵ | 兼_见_kiam³³ | 挟_见_kiap³¹；知、章组主要元音为 a，例如：沾_知_tʃam³³ | 占_章_tʃam⁵² | 陕_书_ʃam³¹ | 蟾_禅_ʃam³²⁴。咸摄合口三等字主要元音为 a，但咸摄合口非组字阳声韵丢失闭口韵尾 -m，转读作 -n，入声韵也不读作闭口韵尾 -p，而是读作 -t，例如：凡_奉_fan³²⁴ | 范_奉_fan⁵² | 法_非_fat³¹，可见梅州客家方言闭口韵尾 -m、-p 的丢失很可能是由非组字合口韵开始的。

（11）深摄阳声韵收 -m 尾，入声韵收 -p 尾，开口三等字除知、章组外，主要元音为 i，例如：林$_来$lim^{324}｜立$_来$lip^5｜侵$_清$ts^{h}im^{33}｜集$_从$sip^5｜入$_日$ŋip^5｜金$_见$kim^{33}｜急$_见$kip^{31}；帮组"禀""品"分别读作 pin^{52} 和 p^{h}in^{52}，应是唇音异化的结果；知、章组主要元音为 i，例如：沉$_澄$ʧ^{h}im^{324}｜针$_章$ʧim^{33}｜十$_禅$ʃip^5；白读常用字主要元音有读作 iɛ 的，例如：森$_生$siɛm^{33}。

（12）山摄开口一等字寒、曷韵除见系外，主要读作 an/at，例如：丹$_透$tan^{33}｜达$_定$t^{h}at^5｜难$_泥$nan^{324}｜擦$_清$ts^{h}at^{31}；见系读作 ɔn/ɔt，例如：干$_见$kɔn^{33}｜渴$_溪$hɔt^{31}｜安$_影$ɔn^{33}｜案$_影$ɔn^{52}。山摄开口二等字除见组外，主要读作 an/at，例如：扮$_帮$pan^{52}｜抹$_明$mat^{31}｜山$_生$san^{33}｜杀$_生$sat^{31}｜班$_帮$pan^{33}｜慢$_明$man^{31}｜删$_生$san^{33}；见组主要读作 iɛn/iɛt，例如：艰$_见$kiɛn^{33}｜奸$_见$kiɛn^{33}｜颜$_疑$ŋiɛn^{324}。山摄开口三等仙薛韵帮组透系主要读作 iɛn/iɛt，例如：编$_帮$p^{h}iɛn^{33}｜别$_并$p^{h}iɛt^5｜连$_来$liɛn^{324}｜列$_来$liɛt^5｜仙$_心$siɛn^{33}｜薛$_心$siɛt^{31}；知、章组，日母和影组主要读作 ɛn/ɛt，例如：展$_知$ʧɛn^{52}｜舌$_船$ʃɛt^5｜然$_日$ʒɛn^{324}｜演$_以$ʒɛn^{31}；见系、晓母读作 iɛn/iɛt，例如：件$_群$k^{h}iɛn^{31}｜杰$_群$k^{h}iɛt^{31}｜轩$_晓$ʃiɛn^{33}。山摄开口四等字除见系外，主要读作 iɛn/iɛt，例如：边$_帮$piɛn^{33}｜千$_清$ts^{h}iɛn^{33}｜切$_清$ts^{h}iɛt^{31}；口语常用字也有读作 ɛn/ɛt 的，例如：天$_透$t^{h}ɛn^{33}｜铁$_透$t^{h}ɛt^{31}｜年$_泥$nɛn^{324}｜捏$_泥$nɛt^{31}｜燕$_影$ʒɛn^{52}。山摄合口一等帮母字主要读作 an/at，例如：般$_帮$pan^{33}｜末$_明$mat^5；透系字主要读作 ɔn/ɔt，例如：脱$_透$t^{h}ɔt^{31}｜卵$_来$lɔn^{52}｜撮$_从$tsɔt^{31}；见组读作 uan/uat，例如：官$_见$kuan^{33}｜括$_见$k^{h}uat^{31}。这里 u 介音的脱落与声母的演化有关，晓组、影组主要读作 an/at，例如：欢$_晓$fan^{33}｜活$_匣$fat^5｜碗$_影$van^{51}。山摄合口二等庄组字读作 ɔn/ɔt，例如：闩$_生$ts^{h}ɔn^{33}｜刷$_生$sɔt^{31}；见组字主要读作 uan/uat，例如：关$_见$kuan^{33}｜刮$_见$kuat^{31}；晓组、影组主要读作 an/at，例如：幻$_匣$fan^{31}｜滑$_匣$vat^5｜还$_匣$van^{324}｜弯$_影$van^{33}。山摄合口三等仙薛韵来母读作 iɛn/iɔt，例如：恋$_来$liɛn^{52}｜劣$_来$lɔt^{31}；精组读作 iɔn/iɛt，例如：全$_从$ts^{h}iɔn^{324}｜选$_心$siɔn^{31}｜雪$_心$siɛt^{31}；知、章组主要读作 ɔn/ɔt，例如：传$_澄$ʧ^{h}ɔn^{324}｜专$_章$ʧɔn^{33}｜说$_书$ʃɔt^5；见系主要读作 iɛn/iɛt，例如：绢$_见$kiɛn^{33}｜拳$_群$k^{h}iɛn^{324}。山摄合口三等元、月韵非组读作 an/at，例如：翻$_敷$fan^{33}｜反$_非$fan^{31}｜袜$_微$mat^{31}。山摄合口三等见系与四等字均主要读作 iɛn/iɛt，例如：元$_疑$ŋiɛn^{324}｜血$_晓$hiɛt^{31}。

（13）臻摄开口一等字主要读作 ɛn，例如：跟$_见$kɛn^{33}｜很$_匣$hɛn^{33}，白读常用字有读作 un 的，例如：吞$_透$t^{h}un^{33}。臻摄开口三等主要读作 in/it，例如：彬$_帮$pin^{33}｜笔$_帮$pit^{31}｜亲$_清$ts^{h}in^{33}｜疾$_从$ts^{h}it^5｜珍$_知$ʧin^{33}｜真$_章$ʧin^{33}｜失$_书$ʃit^{31}｜人$_日$ŋin^{324}｜一$_影$ʒit^{31}；白读常用字有读作 ɛn/ɛt 的，例如：密$_明$mɛt^5｜衬$_初$ʧ^{h}ɛn^{52}｜虱$_生$sɛt^{31}；见组也主要读作 iun/ɛt，例如：近$_群$k^{h}iun^{33}｜欣$_晓$ʃiun^{33}｜乞$_溪$k^{h}ɛt^{31}，

也有如一等字读作 in/ɛn 的，例如：劲_见 kin⁵¹ | 斤_见 kɛn³³。臻摄合口一等主要读作 un/ut，例如：本_帮 pun⁵¹ | 突_定 tʰut⁵ | 村_清 tsʰun³³ | 损_心 sun⁵¹ | 昆_见 kʰun³³ | 婚_晓 fun³³ | 稳_影 vun⁵¹。臻摄合口三等字除见系外，主要读作 un/ut，见系大部分读作 iun，例如：伦_来 lun³²⁴ | 旬_邪 sun³²⁴ | 术_澄 sut⁵ | 春_昌 tʃʰun³³ | 出_昌 tʃʰut³¹ ‖ 均_见 kiun³³ | 匀_以 kiun³³。

（14）宕摄开口一等字主要读作 ɔŋ/ɔk，例如：帮_帮 pɔŋ³³ | 莫_明 mɔk⁵ | 当_透 tɔŋ³³ | 落_来 lɔk⁵ | 苍_清 tsʰɔŋ³³ | 索_心 sɔk³¹ | 康_溪 kʰɔŋ³³ | 恶_影 ɔk³¹。宕摄开口三等字除知、庄、章组外，主要读作 iɔŋ/iɔk，例如：娘_泥 ɲiɔŋ³²⁴ | 相_心 siɔŋ³³ | 强_群 kʰiɔŋ³²⁴ | 香_晓 ʃiɔŋ³³；知、庄、章组和影组字主要读作 ɔŋ/ɔk，例如：张_知 tʃɔŋ³³ | 状_崇 tsʰɔŋ³¹ | 勺_禅 ʃɔk⁵ | 羊_ ʒɔŋ³²⁴ | 约_影 ʒɔk³¹。宕摄合口一等字主要读作 uɔŋ/uɔk，例如：光_见 kuɔŋ³³ | 郭_见 kuɔk³¹，其中，晓母字部分读作 ɔŋ 是由声母演变导致的，例如：荒_晓 fɔŋ³³ | 霍_晓 vɔk³¹。宕摄合口三等字非组主要读作 vɔŋ（uɔŋ），例如：方_非 fɔŋ³³ | 望_微 mɔŋ³¹；见组字主要读作 iɔŋ/iɔk，例如：匡_溪 kʰiɔŋ³³ | 钁_见 kiɔk³¹；影组字主要读作 uɔŋ，例如：王_云 vɔŋ³²⁴ | 旺_云 vɔŋ³¹。

（15）江摄多数读 ɔŋ/ɔk，例如：邦_帮 pɔŋ³³ | 雹_并 pʰɔk⁵ | 桌_知 tsɔk³¹ | 江_见 kɔŋ³³ | 学_匣 hɔk⁵；庄组读作 uŋ/uk，例如：窗_初 tsʰuŋ³³ | 双_生 suŋ³³ | 朔_生 suk³¹；个别读作 aŋ，例如：胖_并 pʰaŋ³²⁴。

（16）曾摄开口一等主要读作 ɛn/ɛt，例如：朋_并 pʰɛn³²⁴ | 北_帮 pɛt³¹ | 登_透 tɛn³³ | 特_定 tʰɛt⁵ | 曾_精 tsɛn³³ | 黑_晓 hɛt³¹。曾摄开口三等帮母主要读作 ɛn/ɛt，例如：冰_帮 pɛn³³ | 逼_帮 pɛt³¹；其余主要读作 in/it，例如：力_来 lit⁵ | 直_澄 tʃit⁵ | 蒸_章 tʃin³³ | 兴_晓 hin⁵² | 翼_以 ʒit⁵。曾摄合口一等见组字读作 uɛk，例如：国_见 kuɛk³¹；匣母读作 ɛt，例如：或 fɛt⁵。曾摄合口三等"域"字读作 vɛt³¹。

（17）古梗摄舒声字文白读音对立，文读音多为 in/ɛn，白读音往往是 aŋ/iaŋ，例如：生_~活 sɛn³³ | 生_~死 saŋ³³ ‖ 省_~长 sɛn⁵² | 省_反~ siaŋ²⁵ ‖ 平_~安 pʰin³²⁴ | 平_公~ piaŋ³²⁴ ‖ 争_斗~ tsɛn³³ | 争_~食 tsaŋ³³ ‖ 命_~令 min³¹ | 命_生~ miaŋ³¹。

（18）通摄合口一等字读 uŋ/uk，例如：蓬_并 pʰuŋ³²⁴ | 木_明 muk³¹ | 东_透 tuŋ³³ | 送_心 suŋ⁵² | 空_溪 kʰuŋ³³ | 屋_影 vuk³¹ | 冬_透 tuŋ³³ | 宋_心 suŋ⁵²。通摄合口三等字见系和少部分精组、来母读作 iuŋ/iuk，例如：六_来 liuk³¹ | 宿_心 siuk³¹ | 龙_来 liuŋ³²⁴；以读 uŋ/uk 为多，例如：风_非 fuŋ³³ | 梦_明 muŋ³¹ | 目_明 muk³¹ | 中_知 tʃuŋ³³ | 缩_生 suk³¹ | 终_章 tʃuŋ³³ | 宫_见 kuŋ³³ | 奉_奉 fuŋ⁵²。

3．声调特点

丰顺县汤坑镇共有 6 个声调，古平声、入声大致按清浊各分阴阳；清上、次浊上与清去归为阴上去一类；浊上与次浊去、浊去归为阳去上一类；声调格局表现为舒声阴高阳低，入声阴低阳高。

（1）古平声今基本上按清浊分阴阳。古清声母平声字今读阴平 33 调，例如：多_透_tɔ³³｜左_精_tsɔ³¹｜家_见_ka³³。古全浊声母及大部分次浊声母平声字今读阳平 324 调，例如：霞_匣_ha³²⁴｜葡_并_pʰu³²⁴｜图_定_tʰu³²⁴‖炉_来_lu³²⁴｜魔_明_mɔ³²⁴｜牙_疑_ŋa³²⁴；另外，次浊与全浊声母字有少数今读阴平，例如：妈_明_ma³³｜娃_疑_va³³｜鳞_来_lin³³‖跑_并_pʰau³³｜岐_群_ki³³。

（2）清上、次浊上与清去归为阴上去一类，例如：左_精_tsɔ⁵²｜女_泥_ŋ⁵²｜戴_端_tai⁵²。这里有部分次浊声母上声字读如阴平，例如：马_明_ma³³｜里_来_li³³｜冷_来_lɛn³³。

（3）浊上与次浊去、浊去归为阳去上一类，例如：部_并_pʰu³¹｜夜_以_ʒa³¹｜步_并_pʰu³¹。

（4）古入声清声母今读阴入 31 调，例如：塑_心_sɔk³¹｜决_见_kiɛt³¹｜答_透_tak³¹；次浊声母字部分读阴入部分读阳入，例如：袜_明_mat³¹｜日_日_njit³¹｜六_来_liu³¹；全浊声母读归阳入 5 调，例如：突_定_tʰut⁵｜集_从_sik⁵｜拾_禅_ʃit⁵。

通过对争议代表点兴宁市兴田街道、五华县水寨镇、大埔县湖寮镇、丰顺县汤坑镇与中心点梅江区三角镇语音特点进行全面分析和比较，本书得出如下结论。

从声母角度，我们知道兴宁市、五华县、大埔县、丰顺县声母均有两套齿音，而梅江区仅有一套，据此将梅州客家方言分成兴华小片与嘉应小片是合理的。其中，对兴华小片内部的齿音情况，万波、庄初升（2014）通过实验研究证明，大埔县与兴宁、五华知三、章声母应为舌叶音（除大埔高陂、枫朗），而它们的差异应是韵母造成的。因此，刘涛（2003）以声母舌叶或翘舌划分大埔、丰顺与五华、兴宁并不合理。

从韵母角度，1987 年版的《中国语言地图集》将兴华小片"瓜""乖""快""光"等字今韵母归入开口呼，但据我们的调查分析，这些字在大埔县、丰顺县应读作合口呼。这与刘涛（2003）"果摄、山摄、宕摄合口一等韵和假摄、蟹摄、山摄合口二等韵牙音字一般读合口韵"的观点不谋而合。为此，据刘涛（2003）的韵母分析，原兴华小片可再分为大埔、丰顺一片，兴宁、五华一片，此分法更为合理。

从声调角度，谢留文、黄雪贞（2007）对《中国语言地图集》分片的修正，以阳平调的调型为分片依据，属梅惠小片的梅江区三角镇、兴宁市兴田街道、大埔县湖寮镇的阳平调型确实为低平或低降调，而属龙华小片的五华县水寨镇、丰顺县汤坑镇则为 35/324 升调。此外，梅江区三角镇、兴宁市兴田街道、大埔县湖寮镇分属于庄初升（2008）概括的兴梅型，表现为浊上归去，五华县水寨镇属于韶五型，表现为浊去归上，丰顺县汤坑镇属于饶丰型，表现为阴上、阴去合并，阳上、阳去合并。

我们不反对以声母、韵母或声调作为分片的首要标准，但认为系统变化取代单一变化可以提高分区分片的可靠性。对于语言特征对方言分区分片的作用，王福堂认为，"相对说来，语音应该是区分汉语方言的主要标准"①，即汉语方言的语言研究事实和经验显示，汉语方言的分区分片应以语音为标准。

为此，我们从梅州客家方言的语音入手，全面分析客家方言的语音特征，试图重新审视梅州客家方言的区片划分，并在地理语言学视角下解释造成语音内部差异的内外因素。

---

① 王福堂：《汉语方言语音的演变和层次》，语文出版社 1999 年版，第 46 页。

第三章 梅州客家方言声母研究

本章首先需要厘清梅州客家方言声母的读音概况，在此基础上比较梅州客家方言声母读音的异同，分析解释异同的分布情况，再结合非语言因素解释差异项的分布状况，探索语言的变化机制。本章例字只列声韵，声调仅以调类代码上标进行标记：阴平为1，阳平为2，上声为3，去声为4，阴入为5，阳入为6。

第一节 梅州客家方言声母概况

（1）全浊声母均已清化，不论平仄，一般都读作送气声母。也有部分例字清化后读作不送气声母，且各个方言点表现不一。黄雪贞《客家话的分布与内部异同》（1987）认为，"古全浊声平字客家话今音也有不送气的"，并认为，第一类是语汇性的，没有或很少地区性限制，如"辫""笨""佢""队""赠""叛""站车~""铡"，"第二类是方言性的，往往有音韵条件（调类）的限制"①。我们对梅州29个客家方言点古全浊声母清化后读作不送气的例字进行全面统计，发现除了黄雪贞提及的客家方言"语汇性"不送气读音例字，其余读作不送气的均是仄声字。此外，李荣先生《汉语方言的分区》（1989）归纳了一批闽语内部送气与否一致的鉴别字，其中包括不送气的"茶""绸""赵""陈""肠""郑""穷""跪""近""舅""旧""共"，这些例字在梅州客家方言中并未表现出不送气现象。因此，我们推测梅州客家方言古全浊声母清化后读作不送气音应是受普通话的影响。

（2）非组声母不同程度地保留上古"古无轻唇音"的读法，读作重唇音。非、敷、奉母大部分合流读作 f，如"府 fu³｜芬 fun¹｜乏 fat⁶"，白读层读作 p/pʰ，如"放~手 pioŋ⁴｜覆 pʰuk⁶｜扶 pʰu²"，梅州各县区客家方言非、敷、奉三母保留重唇音的特征还是比较一致的，但也有一定差异，这里以"饭""肺"几个例字来看非组读重唇在梅州的差异情况。（如图 3-1 所示）

---

① 黄雪贞：《客家话的分布与内部异同》，载《方言》1987年第2期，第85页。

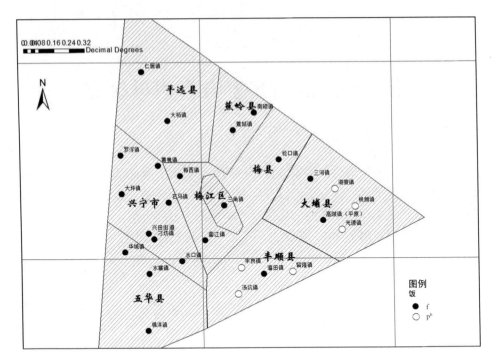

图3-1 梅州客家方言"饭"字读音的地理分布

从地理分布来看,"饭"字读作声母 p^h 主要分布在大埔县与丰顺县,分布呈现边缘扩散型特点。据《汉语方音字汇》可知,厦门闽语"饭"白读读作 $pŋ̍$,潮州闽读"饭"白读读作 $puŋ$,福州闽语"饭"白读读作 $puoŋ$,均为重唇音。这里梅州客家方言非组字读作重唇有两种可能,一是保留上古读音,二是闽语接触的作用。在我们做判断之前,再来看看同为非组常用字"肺"的读音及分布情况。(如图3-2所示)

同为非组字,"肺"字读作重唇的分布情况与"饭"字相差甚远,整个大埔县、丰顺县、五华县和大半个兴宁市均读作重唇声母 p^h。而《汉语方音字汇》里"肺"字却没有重唇音的记录,厦门读作 $hui_{文}/hi_{白}$,潮州读作 hui,福州读作 xie,梅县读作 fi。据此,我们认为,"肺"字读为重唇音与"饭"字读作重唇音性质应该不完全相同。

"饭"与"肺"均为非组常用词,而王士元先生的词汇扩散理论提出,"先变的是使用频率低的词,后变的是使用频率高的词"①。据此,我们推测非组常用词读重唇应该是客家方言对上古音的保留。然而,就"饭"的分布情况看来,与闽方言区接壤的大埔县、丰顺县常用字读重唇的情况更为普遍,闽方言素有保留"古无轻唇"的特点。因此,我们认为,梅州客家方言非组读

---

① 王士元:《王士元语言学论文集·词汇扩散的动态描写》,商务印书馆2007年版,第130页。

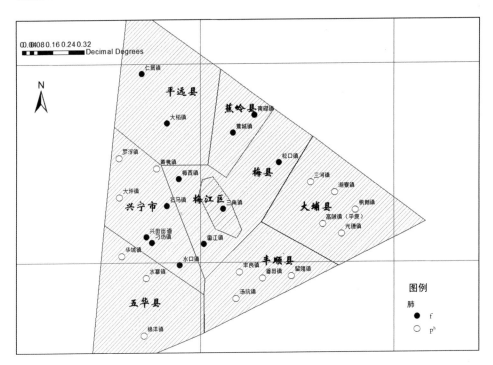

图 3-2 梅州客家方言"肺"字读音的地理分布

作重唇音是对上古音的保留,而与闽方言的使用地区的地理接触叠加因素使得这个特征保留得更为稳固。

微母字以读零声母或擦音声母 v 为主(这里的 v 声母是由零声母 u 摩擦强化演变而来的,与零声母不构成对立,可以视为零声母的一种形式),也有保留重唇读音 m 的,如"尾 mi¹/mui¹|问 mun⁴"。项梦冰(2013)认为,古微母字客家方言读 m-的百分比在地理分布上虽然不具有纵深度,却具有外围性,主要表现为处在客粤交界或粤语包围中的百分比较高,即客家方言古微母字读作 m-与粤语影响有关。今梅州各县区与粤方言区相差较远,本书材料未见此现象。

(3)泥、来母不混。泥母在洪音前读作 n,如"拿 na¹|奶 nai¹|纳 nak⁶",在细音前有读作 n 的,如"尼 ni²",也有读为 ŋ 的,如"年 ŋien²|尿 ŋiau⁴|扭 ŋiu³"。其中,泥母字"女"在各个方言点中读音不一,除了读作 n、ŋ 外,还读作声化韵(又称为"辅音元音化韵母""元音化鼻辅音"),如"女_{湖寮} ŋi³|女_{三河} m̩³"(声化韵读法常伴随着不稳定特征,m̩、n̩、ŋ̍ 常换位,从而导致不同人有不同的记音结果)。我们认为,声化韵是韵母弱化脱落的结果。① 这里以"女"字为例,看看泥母在梅州客家方言读音形式的分布情况。泥母读

---

① 参见谢栋元《[m̩][n̩][ŋ̍] 自成音节说略》,载《广东外语外贸大学学报》2002 年第 1 期,第 7~11 页。

作声化韵的方言点主要分布在梅江区、梅县区、平远县、蕉岭县,另外,丰顺县的汤坑镇也已弱化为声化韵。可见,嘉应小片在泥母的演化进程上更快一步。(如图3-3所示)

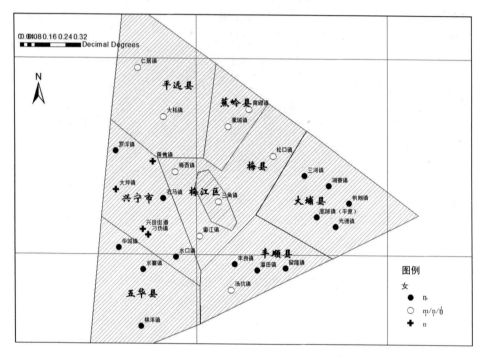

图3-3 梅州客家方言"女"字读音的地理分布

来母字读为l,如"炉 lu²｜劳 lau²｜兰 lan²",却在一些常见的土俗字中读为n,如"颅头~na²｜浪~费 nɔŋ⁴｜揽抱 naŋ³"。严修鸿(2002)认为,粤东客话来母的白读层为泥母①,此现象在梅州客家方言里同样存在,但在以《方言调查字表》为依托的方言调查中并没有显示出来。此外,笔者在实地调查中首次发现,大埔县三河镇泥母字不论洪细,出现成批读l的情况,如"南 lam²｜纳 lap⁶｜泥 lei²｜宁 len²｜浓 luŋ²",却没有来母读n的情况。从三河镇的地理位置及人口迁移路线看,并没有与n、l相混的方言有直接关系。我们认为,三河镇声母l与其他南方方言(如粤方言)相同,都不是典型的边音,音值与闪音ɾ相近,从发音部位来看,与鼻音n都是舌尖前音,发音方法接近,故更容易合流。

(4)知组声母部分保留"古无舌上音"的特征,读作t、tʰ声母。如

---

① 参见严修鸿《客家话里来母白读为泥母的语音层次》,见谢栋元主编《客家方言研究:第四届客家方言研讨会论文集》,暨南大学出版社2002年版,第165~173页。

"知_{知}ti¹｜瞪_{澄}taŋ⁴",知组声母在梅州各县区客家方言中哪些读作塞音塞擦音,哪些读作舌上音一致性较高。

如图3-4所示,仅例字"镇"还表现出细微差异,主要读作塞擦音 ts/tʃ,丰顺双言区汤坑镇、留隍镇读作舌上音 tin⁴,呈零星型分布特点,但如果联系揭阳地区客家方言"镇"读 t- 的特征,则丰顺东南片与揭阳客家方言地域上可连成一片较大的区域。这一特征应与潮州话"镇"读 t- 有较明显的相关性。而"古无舌上音"是闽语的主要特征之一,据《汉语方音字汇》厦门闽语"镇"文读读作 tin,潮州闽语"镇"读作 tiŋ,福州闽语"镇"读作 teiŋ,与"古无轻唇音"特征在客家方言中的保留原理相同,我们认为梅州客家方言"古无舌上音"的特征是上古音的保留,而与闽方言毗邻的地区由地理接触产生的叠加作用也使得这个特征保留得更为稳固。

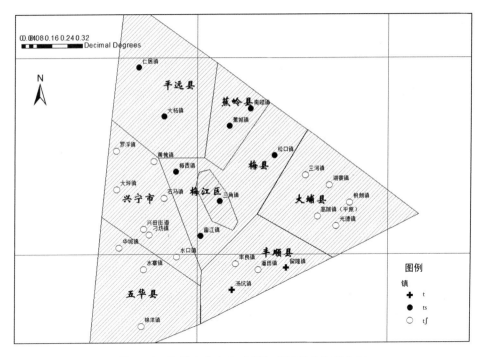

图3-4 梅州客家方言"镇"字读音的地理分布

(5)精、知、庄、章在梅州客家方言中分成3个类型:第一类方言点存在音位对立,读作两套擦音、塞擦音声母;第二类方言点中,精、知、庄、章出现较大程度混同;第三类方言点则完全合并为一套擦音、塞擦音。(如图3-5所示)

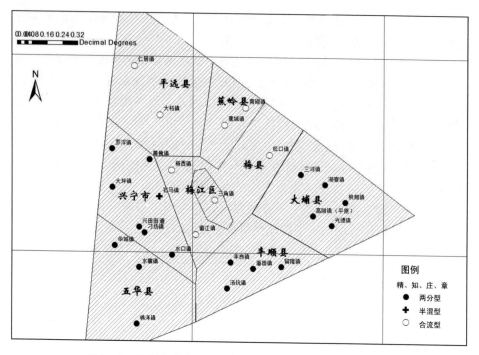

图3-5 梅州客家方言精、知、庄、章声母类型的地理分布

第一，精组声母不分洪细，均读作 ts、tsʰ、s。梅州客家方言里精母、清母和从母字主要读作塞擦音声母 ts、tsʰ，如"再_精 tsai⁴｜彩_清 tsʰai³｜裁_从 tsʰai²"。心母和邪母基本上读为擦音声母 s，如"私 sɿ¹｜算 sɔn⁴｜速 suk⁵"；心母和邪母也有读作塞擦音 tsʰ 的，如"膝_心 tsʰit⁵‖词_邪 tsʰɿ²"。但在兴宁市石马镇部分精组声母在洪音前读为 ʧ、ʧʰ、ʃ，如"尊_精 ʧun¹｜村_清 ʧʰun¹｜丛_从 ʧʰuŋ²｜送_心 ʃuŋ⁴"。这种现象没有影响到音系层面，应是与高元音韵母 -u 有关，下文将展开讨论。

第二，知组声母在梅州客家方言各县大致可以根据知二、知三是否有区别分为两类。一类是知二、知三都读作一套塞擦音 ts、tsʰ、s。知母读作 ts，如"桩_知二 tsɔŋ¹｜账_知三 tsɔŋ⁴"。彻母读作 tsʰ，如"拆_知二 tsʰak⁵｜超_知三 tsau¹"。澄母主要读作送气清塞擦音 tsʰ，如"撞_知二 tsɔŋ⁴｜丈_知三 tsʰɔŋ¹"；也有少部分读为 ts，如"惩 tsen²｜杖 tsɔŋ⁴"。另一类是知二读为 ts、tsʰ、s，知三读为 ʧ、ʧʰ、ʃ。这里知母读作 ts/ʧ，如兴宁兴田街道"桩_知二 tsɔŋ¹｜账_知三 ʧʰɔŋ⁴"。彻母读作 tsʰ/ʧʰ，如"拆_知二 tsʰak⁵｜超_知三 ʧʰau¹"。澄母读作 tsʰ/ʧʰ，如"撞_知二 tsʰɔŋ⁴｜丈_知三 ʧʰɔŋ⁴"。与梅县接壤的兴宁市石马镇是个例外，其知三组出现 ts、tsʰ、s 与 ʧ、ʧʰ、ʃ 混读的现象，如"猪_知 ʧu¹｜宠_彻 ʧuŋ³｜持_澄 ʧʰi²‖智_知 tsɿ⁴｜超_彻 tsʰau¹｜赵_澄 tsʰau⁴"。

第三，庄组声母在梅州各县客家方言中一致性相当高，均读作 ts、tsʰ、s。

庄母读作 ts，如"炸 tsa⁴｜妆 tsɔŋ¹｜责 tsit⁵"。初母读作 tsʰ，如"差 tsʰa¹｜抄 tsʰau¹｜测 tsʰet⁵"。崇母清化后读送气塞擦音 tsʰ 和 s，如"柴 tsʰai²｜状 tsʰɔŋ⁴ ‖ 士 sɿ⁴｜柿 sɿ⁴"。生母主要读作 s，如"洒 sa³｜山 san¹｜刷 sɔt⁵"；也有少数例字出现塞擦音化现象，如"杉 tsʰam⁴｜闩 tsʰɔn¹"。兴宁市石马镇庄组声母有别于梅州客家方言点，庄组有读为 ʧ、ʧʰ、ʃ 的，如"妆庄 ʧɔŋ¹｜窗初 ʧʰuŋ¹｜崇崇 ʧʰuŋ²｜双生 ʃuŋ¹"。这与精组情况相似，应是语音层面韵母 ɔ/u 对声母负迁移作用的结果。

第四，章组声母在梅州各县客家方言中可以分为两类：一类读作 ts、tsʰ、s，如梅州梅西"蔗章 tsa⁴｜车昌 tsʰa¹｜顺船 sun⁴｜声书 saŋ¹"；另一类读为 ʧ、ʧʰ、ʃ。章母多读为 ʧ，如"招 ʧau¹｜占 ʧaŋ⁴｜只 ʧak⁵"；个别读作 ts，如"之芝 tsɿ¹"；另外，章母字白读层还有读为 k 的，如"支 ki¹｜枝 ki¹"。昌母读作 ʧʰ，如"丑 ʧʰu³/ʧʰiu³｜蠢 ʧʰun³｜出 ʧʰut⁵"。船母读作 ʃ，如"蛇 ʃa²｜神 ʃin²｜实 ʃit⁶"；个别读作 s，如"术 sut⁶"。书母多数读 ʃ，如"书 ʃu¹｜叔 ʃuk⁵"；少数塞擦音化读为 ʧʰ，如"始 ʧʰi³｜深 ʧʰim¹/ʧʰin¹｜赊 ʧʰa¹"；个别读作 s，如"释 sit⁵｜赏 sɔŋ³｜束 suk⁵"。禅母多读作 ʃ，如"竖 ʃu⁴｜绍 ʃau⁴｜石 ʃak⁶"；少数方言点读作 ʧʰ，如"仇 ʧʰiu²｜植 ʧʰit⁵｜垂 ʧʰui²"，或读作 s，如"侍 sɿ⁴"。兴宁市石马镇章有两套擦音和塞擦音，如"者章 tsa³｜吹昌 tsʰui¹｜蛇船 sa²｜舍书 sa³｜社禅 sa¹ ‖ 制章 ʧi⁴｜处昌 ʧʰu³｜绳船 ʃun²｜叔书 ʃuk⁵｜睡禅 ʃɔi⁴"。

精、知、章、庄 4 组声母在有无分合的问题上具有相当明显的地域性差异，与行政区划不谋而合，曾被用作梅州客家方言的分片依据，具体分布及演化情况下文将进行专题讨论。

（6）古见组字声母没有出现腭化现象，保持舌根音及喉音 k、kʰ、h 读法。见母主要读作 k，如"家 ka¹｜搞 kau³｜格 kak⁵"；部分读 kʰ，如"愧 kʰui⁴｜昆 kʰun¹｜菊 kʰiuk⁵"。溪母主要读作送气清音 kʰ，如"企 kʰi¹｜烤 kʰau³｜刻 kʰet⁵"，但各方言点溪母字不同程度读作擦音 h、f，如"起三角 hi³ ≠ 起湖寮 kʰi³｜丘三角 hiu² ≠ 丘湖寮 kʰiu² ‖ 渴三角 = 渴湖寮 = 渴松口 hɔt⁵" "苦三角 = 苦松口 fu³ ≠ 苦湖寮 = 苦仁居 kʰu³｜裤三角 = 裤松口 fu⁴ ≠ 裤湖寮 = 裤仁居 kʰu⁴ ‖ 恢三角 = 恢湖寮 = 恢松口 = 恢仁居 fɔi¹"，同时，以兴宁、五华为主的不少方言点溪母出现擦音化现象，如"丘仁居 siu¹｜气华城 ʃi⁴"。另外，见组溪母与晓、匣母在梅州各县区读音虽然没有典型的区域特征，但各县区有不少交集且层次较为复杂，拟另做专题讨论。

群母主要清化为送气清音 kʰ，如"骑 kʰi²｜桥 kʰiau²｜穷 kʰiuŋ²"；少数读作不送气 k，如"杞 ki³｜仅 kiun³｜焗 kuk⁶"。疑母主要读作 ŋ，如"牙 ŋa²｜咬 ŋau¹" "艺 ŋi⁴｜牛 ŋiu²"；部分方言点还有读作 n 的，如"语华城 ni¹｜谊三角 ni²｜严大坪 nian²"。此外，疑母还有个别声化韵，如"五 m³｜鱼 ŋ²"。就目前疑母读音情况来看，疑母声化韵的演变与高元音 i/u 的条件有关。这里从"语"和"鱼"两个例字来看疑母字读音类型在梅州客家方言的分布情况。（如图 3-6、图 3-7 所示）

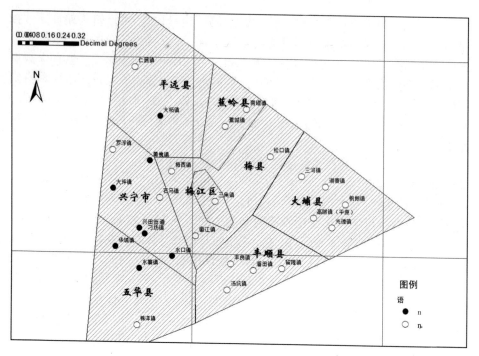

图3-6 梅州客家方言"语"字读音的地理分布

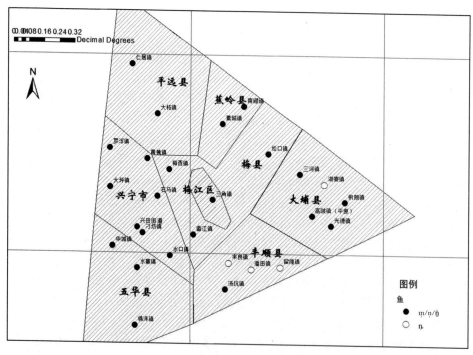

图3-7 梅州客家方言"鱼"字读音的地理分布

就以上疑母 n、ŋ 及声化韵读法的地理分布看来，这种读音格局应是客家话自身发生的音变，与地理因素无关。

（7）晓、匣母与开口呼相拼，多读作 h；与合口呼相拼，多读作唇齿擦音 f。晓组开口字主要读作 h，如"虾 ha¹｜孝 hau⁴｜吓 hak⁵｜夏 ha⁴｜行 haŋ²｜学 hɔk⁶"；只有个别字在一些方言点读作 f，如"贺梅西 fɔ⁴｜衡三角 fɛn²"，或读作 ʃ 或 kʰ，如"喜三角 hi³｜喜湖寮 ʃi³｜喜三河 kʰi³""戏三角 hi⁴｜戏湖寮 ʃi⁴｜戏三河 kʰi⁴"。晓组合口字以读 f 为主，如"花 fa¹｜虎 fu³｜烘 fuŋ¹‖华 fa²｜怀 fai²｜环 fan²"；另有部分合口字读作 h 或 ʃ/s 的因方言点而异，如"兄三角 hiuŋ¹｜兄畲江 ʃiuŋ¹｜兄仁居 siuŋ¹"。匣母开口一、二等字主要读作 h，如"贺 fɔ⁴｜狭 hap⁶"；合口字主要读作 f，如"胡 fu²｜还 fan²"；也有个别读作 v，如"黄 vɔŋ²｜划 vak⁶"，或读作 k，如"汞 kuŋ³"，还有读作零声母 ø 或 ʒ/ʃ 的，如"丸三角 ien²｜丸汤坑 ʒen²‖县松口 ien⁴｜县湖寮 ʃien⁴"。晓、匣母的读音情况较为复杂，下文拟做专题研究。

（8）梅州客家方言日母、影母、云母、以母中广泛存在零声母 ø、ŋ、j、ʒ 或 v 声母，应与高元音 i 及 u 的摩擦化有关。日母字只有三等字，在梅州客家方言例字在各县主要读作 ŋ，如"二 ŋi⁴｜肉 ŋiuk⁵"，也有例字在各县区表现为读作 j 或 ʒ 的，或是读作 ŋ、j、ʒ 的。梅州客家方言"然"字读音的地理分布如图 3-8 所示。

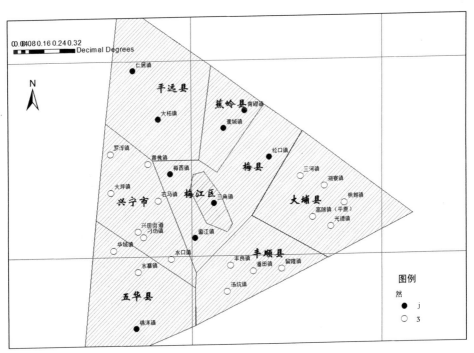

图 3-8 梅州客家方言"然"字读音的地理分布

梅州 27 个客家方言点中，除五华县棉洋镇同时有 j 与 ʒ 两类音外（这里 ʒ 只有一个例字"乳"），其他方言点均是有 j 无 ʒ，j 与 ʒ 在 27 个方言点日母字里呈互补状态的字除了"然"，还有"如""柔""扰""润""闰""绒""茸"。单从这些例字来看，这两个声母互补，ʒ 是 j 浊音化的结果，但是，还有一些例字，如"让""任"在梅州 27 个客家方言点里，除了读作 j/ʒ，还读作 ŋ。（如图 3-9 所示）

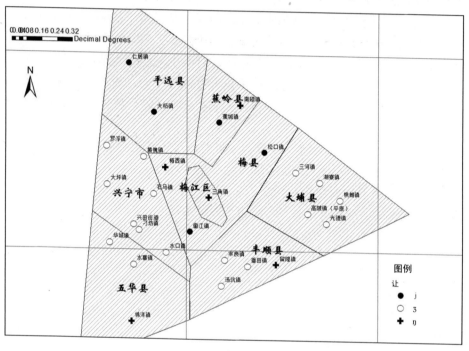

图 3-9　梅州客家方言"让"字读音的地理分布

从日母 ŋ、j、ʒ 3 个读音的分布情况看来，27 个方言点读作 ŋ 的多为口语常用字，读作 j/ʒ 的基本是文读音。因此，我们认为，日母读作 ŋ、j、ʒ 在梅州客家方言里应分为两个层次，其中，读作 ŋ 的属于白读层，读作 j/ʒ 的属于文读层。文读层又可分为旧文读层 j 和新文读层 ʒ。新、旧文读层应该都是受普通话直接影响的结果，因为日母字鼻音声母弱化为 Ø/j 在北方方言里较为普遍，如普通话的"二""儿""耳"，而读音 ʒ 则是 j 进一步浊化的结果，如普通话的"软""润""如"。如"让"存在 3 种读音：日母读作 ŋ 在梅州客家方言里呈零星分布状态；旧文读层在梅县区、蕉岭县、平远县得到较为完整的保留，应与普通话 Ø/j 浊音化前第一次影响有关；新文读层主要分布在五华县、兴宁市、大埔县及丰顺县，其存在与普通话 Ø/j 浊音化后的继续影响有关，也与这些方言点存在两套齿音声母有一定的关系。

影母开口一、二等字以读零声母 ø 为主，如"亚 a⁴｜澳 au⁴/ou⁴｜鸭 ak⁵/ap⁵"，"握"字读作 vɔk⁵，声母 v 实际上是高元音 u 的摩擦化。影母三、四等字因方言点而异，以 j 和 ʒ 为主，如"医三角 ji¹｜医枫朗 ʒɨ¹‖约松口 jiɔk⁵｜约湖寮 ʒɔk⁵""烟仁居 jien¹｜烟汤坑 ʒen¹‖燕梅西 jien⁴｜燕大坪 ʒen⁴"。实际上，这里的声母 j 是零声母 ø 在 i 的条件下由 ʔ 转为 j 的结果，j 与 ʒ 的对应关系与日母字相同。影母合口一、二等字以读 v 为主，如"碗 van³｜乌 vu¹｜屋 vuk⁵"；三等字除读作 v 的外，在不少方言点还有读作 ʒ 的，如"渊湖寮 ʒen¹｜于刁坊 ʒɨ¹"。

云母开口读作 j 或 ʒ，如"友梅西 jiu¹｜友石马 ʒu¹‖炎三角 jiam²｜炎汤坑 ʒam²"，合口读作 v，如"王 vɔŋ²｜位 vi⁴/vui⁴"，也是零声母 ø 在 u 的条件下演化的结果，或读作 j/ʒ，如"云松口 jiun²｜云枫朗 ʒun²‖永三角 jiuŋ³｜永湖寮 ʒuŋ³"。此外，"熊""雄"二字有读作 h 和 ʃ 的区别，如"雄梅西 hiuŋ²｜雄湖寮 ʃiuŋ²"，我们认为，这两个特例字的演变可能与晓、匣母的类化有关。

以母除个别字读作 v（如"维 vui²/vi²"）外，其他因方言点不同分别读作 j 或 ʒ，如"爷畲江 jia²｜爷枫朗 ʒa²‖油蕉城 jiu²｜油湖寮 ʒiu²"，有些方言点将"允""淫""样"读为 ŋ 声母，如"允三角 ŋiun¹｜淫三角 ŋim²｜样光德 ŋiɔŋ⁴"。影组字读作 ʒ 的主要集中在梅州市的边缘县区，我们以"盐"字为例来观察客家方言影组字声母读音类型的分布情况。（如图 3-10 所示）

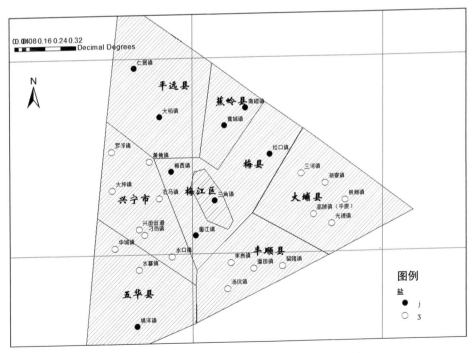

图 3-10 梅州客家方言"盐"字读音的地理分布

与梅州客家方言有接触关系的是河源客家方言、潮汕客家方言、潮州闽语、福建闽语，但这一地区的闽方言、客家方言影组"盐"字厦门闽语读作 iam，潮州闽语读作 iəm，福州闽语读作 ieŋ，河源客家话读作 jiam，揭西客家话读作 ʒam。若将影组读作 ʒ 看作受揭阳客家话的影响，则难以解释兴宁市大片读 ʒ 的现象。因此，我们更倾向于认为梅州客家方言影组读作 ʒ 不是受粤语、闽语或周边客家方言等影响的结果，更可能是声母 j 进一步擦化的结果，是一种平行音变。

第二节　精、知、庄、章母的分布及演化

由上文可知，梅州客家方言各县区声母最显著的差异是古精、知、庄、章 4 组的分合情况，刘涛（2003）曾以古精、知、庄、章 4 组的分合情况为梅州客家方言分片的声母依据。本节试图从讨论梅州客家方言精、知、庄、章 4 组声母入手。

精组包括精、清、从、心、邪五母，知组包括知、彻、澄三母，庄组包括庄、初、崇、生四母，章组包括章、昌、船、书、禅五母。《方言调查字表》（简称《字表》）兼顾了中古前期音及中古后期音的特征。实际上，中古知组包括知组二等和知组三等，照二组包括庄组大部分例字，照三组包括章组及庄组三等，在梅州客家方言里，知系二等（知二、照二/照三）和知系三等（知三、照三）有不同的演化方向。讨论时，我们以《字表》称谓为依据，把知组二等称为"知二"，知组三等称为"知三"，按中古前期庄组（照二）、章组（照三）称谓，并称这 4 组声母为"精、知、庄、章"。

一、精、知、庄、章母的地理类型

精、知、庄、章 4 组声母的演变在客家方言中的表现形式不一，通过对调查材料的全面分析，我们可以将本书梅州客家方言 27 个方言点分成 3 个类型。

第一类是知三、章组念作 tʃ、tʃʰ、ʃ，精、庄、知二念作 ts、tsʰ、s，这里称作"两分型"。这是梅州客家方言的最主要类型。这类方言点包括兴宁市（兴田街道、罗浮镇、黄槐镇、大坪镇、刁坊镇、水口镇）、五华县（水寨镇、华城镇、棉洋镇）、大埔县（湖寮镇、三河镇、枫朗镇、光德镇、高陂镇）、丰顺县（汤坑镇、丰良镇、潘田镇、留隍镇）。

第二类是半混型，指含有两套擦音、塞擦音且两套擦音、塞擦音声母同时出现在精、知、庄、章四母中。发音人认为两套声母是有对立的，为此，笔者认为按照宽式处理办法，也可以将其归为第一类"两分型"。这类方言在本书的调查点中仅有兴宁市石马镇一处。

第三类是四组合流念作 ts、tsʰ、s，这里称为"合流型"。这类方言点包括梅江区（三角镇）、梅县区（梅西镇、畲江镇、松口镇）、蕉岭县（蕉城镇、南磜镇）、平远县（大柘镇、仁居镇）。

从图3-11梅州客家方言精、知、庄、章类型的地理分布来看，似乎以同言线"兴宁—梅县—大埔"为界，我们称之为"兴梅大"界线，该线以北为合流型，该线以南为两分型，位于线界附近的石马镇为半混型。由于人力、物力限制，未能更细密分布调查点，本书认为在此"兴梅大"界线上理应不止石马镇这一个半混型方言点。

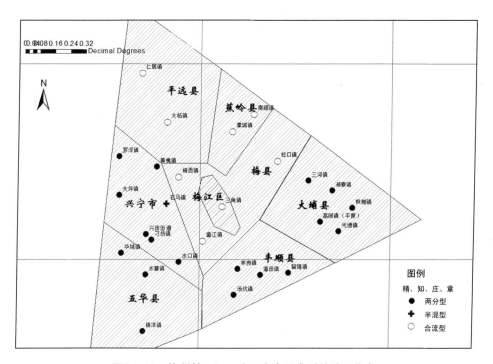

图3-11 梅州精、知、庄、章声母类型的地理分布

由图3-11可知，精、知、庄、章、四母的读音类型在梅州客家方言上的界线与《中国语言地图集》分片情况一致：《中国语言地图集》（1987）将梅州客家方言分为嘉应小片（梅县、蕉岭、平远）和兴华小片（兴宁、五华、大埔、丰顺）。

关于精、知、庄、章四母在梅县客家方言的早期分合状态，庄初升、刘镇发（2002），谢留文（2003），马洁琼（2010），田志军（2011）均有所论及。其中，马洁琼以《客英大词典》（1926）为据，认为其代表的是当时的梅县客家方言。田志军却认为《客英词典》（1905）代表五华县客家方言，而《客法词典》（1901）才是梅县客家方言的代表。虽然学者们对历史记载对应方言点的考证有所出入，但均认为早期梅江区、梅县方言有两套齿音声母，且精、知二、庄合流为一套，知三、章合流为另一套，而现梅江区、梅县方言已合流为一套齿音声母，即从演化语言学角度看，兴宁市石马镇应属精、知、庄、章演化的中间过渡阶段，梅州客家方言精、知、庄、章4组声母的演变正好构成3个依次相承的历史阶段。姑且先不考虑早期历史记载的方言对应是否正确，张双庆、庄初升（2003）在对香港新界客家方言老、中、青三代进行社会语言学调查时发现，知三、章组在老派一般读为舌叶音 tʃ、tʃʰ、ʃ，还有部分中老年人读 tʃ、tʃʰ 及 s，青派则一般读为舌尖前音 ts、tsʰ、s。而深圳的精、知、庄、章则已经完全合流读为 ts、tsʰ、s。由此可见，梅州客家方言精、知二、庄与知三、章从两分到合并的演化方向并不是孤立的语言现象。

陈秀琪（2002）据袁家骅整理的客家迁徙分期，认为两种类型的形成与迁徙时期相关，第二次迁徙到的闽西、漳州、部分粤东等地以读两分型为主，第三、第四次迁徙到的梅县、蕉岭、粤西等则呈现较后期精、知、庄、章合流的状态。袁家骅（1960：149）则认为，唐末到宋的第二次迁徙远者达循州、惠州、韶州，近者达福建宁化、汀州、上杭、永定，更近者到达江西中部和南部，宋末到明初的第三次迁徙到达地点才是广东东部和北部，即梅州各县区应属同时期移民。

对此，陈秀琪认为，除了内部演变机制外，外部环境也起了至关重要的作用，即从空间分布来看，地理接触是音变例外的原因之一，梅县为梅州客家方言的代表点，与广东三大方言中的粤语有较多接触，齿音合流与粤语仅有一套齿音声母有关，另石马镇亦可认为是合流型和两分型在地缘上的接触产物。

温昌衍、侯小英（2018）认为，梅州精、知、庄、章合流型方言点不太可能是后来演变中精、知二、庄和知三、章两套声母平行演变的结果，更可能的是这些方言点早期就合流了。

从地理接触来看，梅州市与福建省龙岩市（武平县、上杭县、永定区、平和县、诏安县），广东省潮州市（饶平县、潮安区）、揭阳市（揭东县、揭西县）、汕尾市（陆河县）、河源市（紫金县、东源县、龙川县），江西省赣州市（寻乌县）接壤，为更全面地从地理语言学视角审视梅州客家方言精、知、庄、章组声母读音的地理分布，这里结合前贤对以上县市客家方言的研究成果，展示以广东省为主，兼顾江西省、福建省的舌齿音读音情况。（见表3-1）

表3-1 梅州及周边客家方言精、知、庄、章声母读音类型

地域			类型	地域			类型
福建省	龙岩市	武平县	岩前镇① 合流型②	广东省	河源市	紫金县⑧ 柏埔镇	两分型
		上杭县	蓝溪镇③ 合流型			乌石镇	合流型
		永定区	下洋镇④ 合流型			蓝塘镇	两分型
		平和县				龙窝镇	两分型
		诏安县	秀篆镇⑤ 两分型			古竹镇	合流型
广东省	潮州市	饶平县	东山镇⑥ 两分型			东源县 船塘镇	合流型
		潮安区				佗城镇	两分型
	揭阳市	揭东县				老隆镇	两分型
		揭西县	河婆镇 两分型			鹤市镇	两分型
						通衢镇	两分型
			灰寨镇 两分型			铁场镇	两分型
	汕尾市	陆河县	河田镇 两分型			龙川县⑨ 龙母镇	两分型
			新田镇 两分型			岩镇镇	两分型
江西省	赣州市	寻乌县⑦	合流型			细坳镇	合流型
						麻布岗镇	合流型
						车田镇	合流型
						四都镇	合流型
						上坪镇	合流型

由表3-1可以看出，梅州客家方言精、知、庄、章4组声母中两分型与合流型在周边客家方言中均存在。北部与平远县、蕉岭县、梅县区松口镇接壤的福建武平县岩前、上杭蓝溪、永定下洋类型一致，均为合流型；大埔县、丰顺县与潮州市、揭阳市毗邻，其精、知、庄、章四母的类型也一致，均为两分

---

① 参见李如龙、张双庆《客赣方言调查报告》，厦门大学出版社1992年版。
② 这里标记的合流型方言点实际有部分在细音前腭化为两套舌齿音。
③ 参见邱锡凤《上杭客家话研究》，福建师范大学2007年硕士学位论文。
④ 参见黄雪贞《福建永定（下洋）方言语音构造的特点》，载《方言》1985年第3期。
⑤ 参见李如龙、张双庆《客赣方言调查报告》，厦门大学出版社1992年版。
⑥ 东山镇、河婆镇、惠来镇、灰寨镇、河田镇、新田镇、船塘镇语料来自国家社科基金项目"粤、闽、客诸方言地理信息系统的建设与研究"。
⑦ 参见刘纶鑫《客赣方言比较研究》，中国社会科学出版社1999年版。
⑧ 参见杨慧娟《紫金客家方言语音研究》，广西大学2016年硕士学位论文。
⑨ 参见侯小英《东江中上游本地话研究》，厦门大学2008年博士学位论文。

型；五华县、兴宁市与紫金县、龙川县相接，其接触带类型亦相同为两分型；同为龙川县，与兴宁市相背的南部则出现合流型。从地理语言学角度看，梅州市各方言点与直接接触的边缘客家方言点精、知、庄、章类型一一对应，而梅州市内部却有相对清晰的类型界限。

具体到梅州客家方言精、知、庄、章的类别，是内部机制还是外在环境的作用占主导位置还有待商榷。为更清楚地理解梅州客家方言精、知、庄、章声母的演化机制，我们在地理分类的基础上，对精、知、庄、章四母的演化进行了细致的研究。

二、精、知、庄、章母的演化机制

赵元任（1980）认为，"原则上看得见的差别，往往也代表历史演变的阶段。所以横里头的差别，往往就代表竖里头的差别"①，即地理平面上的空间差异往往可以反映历史纵面的语音演变。由上文精、知、庄、章声母的地理分类可知，梅州客家方言舌齿音声母合流型和两分型的关系属于一对多的对应关系，以合流型梅江区方言点和两分型兴宁市兴田街道方言点为例：

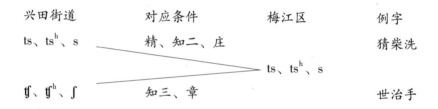

从历时演变角度看，一对多意味着语言在演变过程中其音类经历了分化和合流两种可能，即有可能祖语的一个音类在某些后代语中分化为两类，而在另一些后代语中没有分化；或者在某些后代语中将祖语的两个音类合为一个音类，而另一些后代语并没有发生这样的演变。又，梅州客家方言分成3种类型，并以两分型和合流型为主，所以在探讨三大类型精、知、庄、章演化机制前，我们应该厘清这几种类型之间的关系。

两分型的方言点在本书调查点中共有 18 个，具有举足轻重的地位，在这 18 个方言点中，无一例外地表现为精、知二、庄读作 ts、ts^h、s，知三、章读作 tʃ、tʃ^h、ʃ。（见表 3-2）

---

① 赵元任：《语言问题》，商务印书馆 1980 年版。

表3-2 两分型精、知、庄、章例字

方言点	才精	桌知二	师庄	展知三	臭昌	七精	摘知二	色庄	竹知三	失章
兴田	tsʰuɔi²	tsɔk⁵	sɿ¹	tʃen³	tʃʰu⁴	tsʰit⁵	tsak⁵	siɛt⁵	tʃuk⁵	ʃət⁵
罗浮	tsʰuɔi²	tsɔʔ⁵	sɿ¹	tʃen³	tʃʰu⁵	tsʰiʔ⁵	tsaʔ⁵	sɛʔ⁵	tʃuʔ⁵	ʃɿʔ⁵
黄槐	tsʰuɔi²	tsɔk⁵	sɿ¹	tʃein³	tʃʰu⁴	tsʰiʔ⁵	tsaʔ⁵	siɛʔ⁵	tʃuʔ⁵	ʃɿʔ⁵
大坪	tsʰɔi²	tsɔʔ⁵	sɿ¹	tʃen³	tʃʰu⁴	tsʰiʔ⁵	tsaʔ⁵	siɛʔ⁵	tʃuʔ⁵	ʃə⁵
刁坊	tsʰɔi²	tsɔʔ⁵	sɿ¹	tʃain³	tʃʰu⁴	tsʰiʔ⁵	tsaʔ⁵	siɛʔ⁵	tʃuʔ⁵	ʃɿʔ⁵
水口	tsʰɔi²	tsɔʔ⁵	sɿ¹	tʃen³	tʃʰu⁴	tsʰit⁵	tsak⁵	sieʔ⁵	tʃuʔ⁵	ʃɿʔ⁵
水寨	tsʰɔe²	tsɔk⁵	sɿ¹	tʃen³	tʃʰu⁴	tsʰit⁵	tsak⁵	siɛt⁵	tʃuk⁵	ʃit⁵
华城	tsʰɔi²	tsɔk⁵	sɿ¹	tʃen³	tʃʰiu⁴	tsʰit⁵	tsak⁵	sɛʐ	tʃuk⁵	ʃit⁵
棉洋	tsʰɔi²	tsɔk⁵	sɿ¹	tʃen³	tʃʰiu⁴	tsʰit⁵	tsak⁵	sɛk⁵	tʃuk⁵	ʃit⁵
湖寮	tsʰai²	tsɔk⁵	sɿ¹	tʃen³	tʃʰiu⁴	tsʰit⁵	tsak⁵	sek⁵	tʃuk⁵	ʃit⁵
三河	tsʰai²	tsɔk⁵	sɿ¹	tʃen³	tʃʰiu⁴	tsʰit⁵	tsak⁵	set⁵	tʃuk⁵	ʃit⁵
枫朗	tsʰai²	tsɔk⁵	sɿ¹	tʃen³	tʃʰeu⁴	tsʰit⁵	tsak⁵	set⁵	tʃuk⁵	ʃət⁵
光德	tsʰɔi²	tsɔk⁵	sɿ¹	tʃen³	tʃʰiu⁴	tsʰit⁵	tsak⁵	sek⁵	tʃuk⁵	ʃit⁵
高陂	tsʰɔi²	tsɔk⁵	sɿ¹	tʃan³	tʃʰiu⁴	tsʰit⁵	tsak⁵	sɛt⁵	tʃuk⁵	ʃɨt⁵
汤坑	tsʰɔi²	tsɔk⁵	sɿ¹	tʃen³	tʃʰiu⁴	tsʰit⁵	tsak⁵	sɛp⁵	tʃuk⁵	ʃit⁵
丰良	tsʰɔi²	tsɔk⁵	sɿ¹	tʃan³	tʃʰiu⁴	tsʰit⁵	tsak⁵	sek⁵	tʃuk⁵	ʃit⁵
潘田	tsʰɔi²	tsɔk⁵	sɿ¹	tʃen³	tʃʰiu⁴	tsʰit⁵	tsak⁵	set⁵	tʃuk⁵	ʃit⁵
留隍	tsʰɔi²	tsɔk⁵	sɿ¹	tʃen³	tʃʰiu⁴	tsʰit⁵	tsak⁵	set⁵	tʃuk⁵	ʃit⁵

又,合流型方言点精、知、庄、章均读作 ts、tsʰ、s,从演变原理来看,两分型必是半混型和合流型的早期阶段,因为精、知二、庄与知三、章一旦合流,就不可能再实现以中古音韵为条件的整齐对应。为了进一步证明合流型是由半混型和两分型发展而来的,我们以客家方言代表点梅江区三角镇为例,试图寻觅合流型中的分立踪迹。

1. 假摄开口三等麻韵

精组韵母读作 ia,例如:姐精 tsia³、借精 tsia⁴、且清 tsʰia³、藉从 tsia⁴、些心 sia¹、写心 sia³、泻心 sia⁴、卸心 sia⁴、邪邪 tsʰia²、谢邪 tsʰia⁴;章组韵母读作 a,例如:遮章 tsa¹、者章 tsa³、蔗章 tsa⁴、车昌 tsʰa¹、扯昌 tsʰa³、蛇船 sa²、射船 sa⁴、赊书 tsʰa¹、舍书 sa³、社禅 sa¹。

2. 遇摄合口三等鱼韵

精组韵母读作 i,例如:絮心 si⁴、徐邪 tsʰi²、序邪 si⁴;知三组声母读作 u,例如：猪$_{知}$tsu¹、着$_{知}$tsu⁴、除$_{澄}$tsʰu²、储$_{澄}$su²、箸$_{澄}$tsʰu¹；庄组声母读作ɿ，例如：阻$_{庄}$tsɿ³、初$_{初}$tsʰɿ³、楚$_{初}$tsʰɿ³、锄$_{崇}$tsɿ²、助$_{崇}$tsʰɿ⁴、梳$_{生}$sɿ¹、蔬$_{生}$sɿ¹；章组声母读作 u，例如：诸$_{章}$tsu¹、煮$_{章}$tsu³、处$_{昌}$tsʰu³/tsʰu⁴、书$_{书}$su¹、暑$_{书}$tsʰu³、庶$_{书}$su⁴、署$_{禅}$su²、薯$_{禅}$su²。

3. 遇摄合口三等虞韵

精组韵母读作 i，例如：趋$_{清}$tsʰi¹、取$_{清}$tsʰi³、趣$_{清}$tsʰi⁴、聚$_{从}$tsʰi⁴、须$_{心}$si¹、续$_{邪}$sip⁶；知组韵母读作 u，例如：蛛$_{知}$tsu¹、驻$_{知}$tsu⁴、注$_{知}$tsu⁴、橱$_{澄}$tsʰu²、柱$_{澄}$tsʰu¹、住$_{澄}$tsʰu⁴；庄组韵母读作ɿ，例如：雏$_{崇}$tsʰɿ¹、数$_{生}$sɿ⁴；章组韵母读作 u，例如：朱$_{章}$tsu¹、主$_{章}$tsu³、注$_{章}$tsu⁴、枢$_{昌}$su¹、输$_{书}$su¹、戍$_{书}$su³、殊$_{禅}$su²、竖$_{禅}$su⁴。

4. 蟹摄开口三等祭韵

精组韵母读作 i，例如：祭$_{精}$tsi⁴、际$_{精}$tsi⁴；章组韵母读作ɿ，例如：制$_{章}$tsɿ⁴、世$_{书}$sɿ⁴、势$_{书}$sɿ⁴、誓$_{禅}$sɿ⁴、逝$_{禅}$sɿ⁴。

5. 效摄开口三等宵韵

精组韵母读作 iau，例如：蕉$_{精}$tsiau¹、椒$_{精}$tsiau¹、剿$_{精}$tsiau³、醮$_{精}$tsiau⁴、悄$_{清}$tsʰiau³、俏$_{清}$tsʰiau⁴、樵$_{从}$tsʰiau²、消$_{心}$siau¹、宵$_{心}$siau¹、小$_{心}$siau³、笑$_{心}$siau⁴；知组韵母读作 au，例如：朝$_{知}$tsau¹/tsʰau²、超$_{彻}$tsʰau¹、潮$_{澄}$tsʰau²、赵$_{澄}$tsʰau⁴、召$_{澄}$sau⁴；章组韵母读作 au，例如：招$_{章}$tsau¹、沼$_{章}$tsʰau⁴、照$_{章}$tsau⁴、烧$_{书}$sau¹、少$_{书}$sau³/sau⁴、韶$_{禅}$sau²、绍$_{禅}$sau⁴。

6. 流摄开口三等尤韵

精组韵母读作 iu，例如：揪$_{精}$tsiu¹、酒$_{精}$tsiu³、秋$_{清}$tsʰiu¹、就$_{从}$tsʰiu⁴、修$_{心}$siu¹、秀$_{心}$siu⁴、囚$_{邪}$tsʰiu²；知组韵母读作 u，例如：昼$_{知}$tsu⁴、抽$_{彻}$tsʰu¹、丑$_{彻}$tsʰu³、筹$_{澄}$tsʰu²、宙$_{澄}$tsʰu⁴；庄组韵母读作 εu，例如：邹$_{庄}$tsεu¹、愁$_{崇}$sεu²、骤$_{崇}$tsʰεu³、搜$_{生}$sεu¹、瘦$_{生}$sεu⁴；章组韵母读作 u，例如：周$_{章}$tsu¹、州$_{章}$tsu¹、帚$_{章}$tsu³、咒$_{章}$tsu⁴、丑$_{昌}$tsʰu³、臭$_{昌}$tsʰu⁴、收$_{书}$su¹、手$_{书}$su³、兽$_{书}$tsʰu⁴、仇$_{禅}$tsʰu²、酬$_{禅}$su²、受$_{禅}$su⁴。

7. 咸摄开口三等盐叶韵

精组韵母读作 iam/iap，例如：尖$_{精}$tsiam¹、签$_{清}$tsʰiam¹、潜$_{从}$siam²、接$_{精}$tsiap⁵、渐$_{从}$tsʰiam⁴；知组韵母读作 am，例如：沾$_{知三}$tsam¹；章组韵母读作 am/ap，例如：占$_{章}$tsam⁴、陕$_{书}$sam³、蟾$_{禅}$tsʰam²、涉$_{禅}$sap⁶。

8. 山摄开口三等仙薛韵

精组韵母读作 iεn/iεt，例如：煎$_{精}$tsiεn¹、剪$_{精}$tsiεn³、箭$_{精}$tsiεn⁴、迁$_{清}$

tsʰiɛn¹、浅₍清₎tsʰiɛn³、钱₍从₎tsʰiɛn²、践₍从₎tsʰiɛn⁴、鲜₍心₎siɛn¹、癣₍心₎siɛn³、线₍心₎siɛn⁴、薛₍心₎siɛt⁵；知组韵母读作 an/at，例如：展₍知₎tsan³、哲₍知₎tsat⁵、彻₍彻₎tsʰat⁶、缠₍澄₎tsʰan²；章组韵母读作 an/at，例如：毡₍章₎tsan¹、战₍章₎tsan⁴、折₍章₎tsat⁵、扇₍书₎san¹/san⁴、设₍书₎sat⁵、禅₍禅₎tsʰan²、善₍禅₎san⁴。

9. 山摄合口三等仙薛韵

精组韵母读作 iɛn/iɛt，例如：全₍从₎tsʰiɛn²、宣₍心₎siɛn¹、选₍心₎siɛn³、雪₍心₎siɛt⁵、旋₍邪₎siɛn²；知组韵母读作 ɔn/ɔt，例如：转₍知₎tsɔn³、传₍澄₎tsʰɔn²/tsʰɔn⁴；章组韵母读作 ɔn/ɔt，例如：专₍章₎tsɔn¹、拙₍章₎tsɔt⁵、穿₍昌₎tsʰɔn¹、喘₍昌₎tsʰɔn³、串₍昌₎tsʰɔn⁴、船₍船₎sɔn²。

10. 曾摄开口三等蒸韵

精组韵母读作 it，例如：鲫₍精₎tsit⁵、息₍心₎sit⁵；知组韵母读作 ən/ək，例如：征₍知₎tsən¹、惩₍澄₎tsʰən³、直₍澄₎tsək⁶；庄组韵母主要元音读作 ɛ，例如：侧₍庄₎tsɛk⁵、测₍初₎tsʰɛk⁵、色₍生₎sɛk⁵；章组韵母读作 ən/ək，例如：蒸₍章₎tsən¹、拯₍章₎tsən³、证₍章₎tsən⁴、织₍章₎tsək⁵、称₍昌₎tsʰən¹、乘₍船₎sən¹、绳₍船₎sən²、升₍书₎sən¹、胜₍书₎sən⁴、识₍书₎sək⁵、承₍禅₎sən²。

从以上 10 条材料看来，即便是精、知、庄、章 4 组声母完全合流的客家方言代表点梅江区三角镇，也仍然存在成系统而非个别例字且相当规整的分读踪迹。可见，梅州客家方言合流型无疑是后起类型，但这并不代表梅州合流型是由梅州两分型演化的结果。

半混型方言点在调查点中只有兴宁市石马镇。对于石马镇精、知、庄、章四母混读现象已有相关文章论及。陈苏方（2016）指出，"部分精庄知二组读成舌叶音 ʧ、ʧʰ、ʃ，其出现的条件是：在细音前读 ts、tsʰ、s，在洪音前读 ʧ、ʧʰ、ʃ，主要体现在臻摄、宕摄、通摄"，"部分知三章组读 ts、tsʰ、s，主要体现在假摄、止摄、效摄、咸摄、山摄、梗摄"。而笔者发现：①精组声母以读作 ts、tsʰ、s 为主，不论洪细，舌叶音 ʧ、ʧʰ、ʃ 只与通摄韵母 uŋ、uʔ 相拼；②知组二等声母字不论洪细，均读作 ts、tsʰ、s；③庄组声母主要读作 ts、tsʰ、s，不论洪细，舌叶音 ʧ、ʧʰ、ʃ 与江、宕、通摄韵母 uŋ、uʔ、ɔŋ 相拼。

从精组声母读作舌叶音 ʧ、ʧʰ、ʃ 的声韵搭配情况来看，只与韵母 uŋ 和 uʔ 相拼。在石马镇韵母 u - 中，uŋ、uʔ 中的 u 因受后位辅音影响，舌位更是偏后；舌尖前音 ts、tsʰ、s 与舌叶音 ʧ、ʧʰ、ʃ 发音方法相同，发音部位相近；两套擦音、塞擦音在语音相似性及后接偏后元音的牵动下，使得精组声母产生 ʧ、ʧʰ、ʃ 读音。同时，我们发现，石马镇韵母 uŋ 和 uʔ 只与舌叶音 ʧ、ʧʰ、ʃ 相拼，与舌尖前音 ts、tsʰ、s 不构成对立，即精组声母读作舌叶音 ʧ、ʧʰ、ʃ 与后接元音有关，是更晚期的变化。这里的舌叶音与之前知三、章组的舌叶音声母不是一个层次，应是与历史音变无关的语音变异。

再看庄组声母，庄组声母主要归入精组，读作 ts、tsʰ、s，少部分读作舌叶音 tʃ、tʃʰ、ʃ 的仅与 uŋ、uʔ、ɔŋ 相拼。就韵母 uŋ、uʔ 而言，精组通摄和庄组通摄同声类、同韵母，可见是与精组合流后发生的音变。同时，韵母 uŋ、uʔ、ɔŋ 的共同特点是元音 u、ɔ 均为圆唇后元音，韵尾 ŋ、ʔ 也都处于舌后位，从庄组声母的整体读音趋势及 uŋ、uʔ、ɔŋ 韵母的特点来看，这里的舌叶音声母也是因后接韵母的作用形成，此外，庄组没有其他读作 tʃ、tʃʰ、ʃ 的踪迹，即庄组读 tʃ、tʃʰ、ʃ 也是更晚期的变化，也有别于知三、章组的舌叶音声母。笔者发现：①知组三等声母字以读作 tʃ、tʃʰ、ʃ 为主，声母读作舌尖前音 ts、tsʰ、s 的例字数量约占知组三等字数量的 2/3；②章组声母字以读作 tʃ、tʃʰ、ʃ 为主，声母读作舌尖音 ts、tsʰ、s 的例字数量约占章组字数量的 2/3。总体来看，这个半混型石马镇的精、知、庄、章四母还是相对分明的，精、知二、庄组以读舌尖前音 ts、tsʰ、s 为主，舌叶音 tʃ、tʃʰ、ʃ 属后期演变；知三、章组以读舌叶音 tʃ、tʃʰ、ʃ 为主，同时伴随 2/3 的舌尖音 ts、tsʰ、s 化，即石马镇属两分型向合流型之间的过渡阶段。

由上文可知，两分型必定是合流型的前身，但梅州合流型未必是梅州两分型的演化产物。即便如此，我们还是想要通过所持材料探讨导致 3 种类型演化的语言因素。

梅州客家方言两分型与合流型的主要差异在于知三、章组声母读作舌尖前音 ts、tsʰ、s 还是舌叶音 tʃ、tʃʰ、ʃ。据万波、庄初升（2014）对大埔县、兴宁市及五华县客家方言中古知三、章组声母具体音值的实验语音学结果显示，除大埔高陂、枫朗外均为舌叶音 tʃ、tʃʰ、ʃ，笔者校对大埔高陂平原和大埔枫朗大埔角的调查材料时发现，其知三、章声母与大埔湖寮并没有差异，可惜万波、庄初升文章没有具体指出其属高陂或枫朗哪个村的语音。

舌尖前音 ts 组声母和舌叶音 tʃ 组声母都是齿音，一前一后，根据上文可知，两分型、半混型均是往合流型发展的，即齿音声母实现从舌叶音发展到舌尖前音的"前化运动"。在这个"前化运动"中，介音 i 扮演着重要的角色，不少学者认为是介音 i 的前趋特征导致声母前化，同时，也有不少学者认为客家方言从 tʃ 发展到 ts 都经历了舌尖后音 tʂ 阶段，并以客家方言的某些方言点（如兴宁、五华）知三、章有舌尖后音读音为印证。

笔者认为，介音 i 有使声母前化的可能，介音 i 亦有可能因主要元音作用而发生不同的变化，从而失去制约声母前化的动力。从舌叶音声母 tʃ 演化到舌尖前音声母 ts 是一项前化运动，但促使这个运动得以实现并完成并非完全得益于介音 i 的前趋作用。

元音 i 向声母部分的转移有使声母前化的可能，若转移前韵母主要元音为单元音，如表 3-2 深摄开口三等侵缉韵 im（华城），在 i 前移后其主元音地位将由主元音与韵尾之间的流音充当变成 əm（梅江区三角镇）；若转移前韵母是非单元音韵母，如流摄开口三等尤韵 iu（华城），i 元音前移后，u 元音充当主要元音，变成 u（梅江区三角镇），这里实现了声母的前化。同时，两分型知三、章声母在介音 i 消失后，仍有读作舌叶音 ʧ 的，如"周$_{水寨}$ʧu¹、昼$_{兴城}$ʧu⁴、汁$_{三河}$ʧəp⁵"等。若介音 i 是必备条件，那么，两分型将就此失去舌尖前音化的动力。显然，两分型向合流型发展的趋势仍在继续，且合流型知三、章声母读作 ts 组的也不乏保留介音 i 的存在，可见介音 i 不是导致两组声母合流的决定性因素。

协同发音现象在语言中普遍存在，它会因左右相邻语音的差异带动彼此语音发生中和作用，但往往会因为音位化的处理而不标出音位变体。梅州客家人学习普通话存在一些常见错误，其中舌尖后音 tʂ 及舌面音 tɕ 总是发得不到位，因为据梅州客家人反映的感知理解，声学上有差别的 tʂ 组和 ʧ 组、ʧ 组和 tɕ 组分别在与洪音和细音相拼时在语感上是没有差异的。"字音的对立总是最根本的，而音位处理宽严的差别，却是可以因研究或实用目的的不同而不同，没有绝对的对错之分。"① 综观梅州客家方言舌齿音声母，我们发现均记作舌叶音 ʧ 的两分型方言点知三、章声母中，当与细音相拼时音色近似 tɕ 组，当与洪音相拼时音色近似 tʂ 组，即 ʧ 组在两分型知三、章声母中处于可替代位置但又具有普适性。据马洁琼（2010）对梅州客家方言舌齿音进行的平面调查可知，合流型中知三、章组声母与洪音相拼时还不同程度地保留有不稳定的舌叶音。

为此，笔者认为，舌齿音最终实现舌尖音合流是介音 i 趋前化与发音省力原则和感知距离相近原理的共同作用下造就的演变（不只由介音 i 独自决定），这也是在两分型方言点中仍有不少年轻人在学习普通话时 ts 组与 ʧ 组不分，全部读为 ts 组的原因。同时，这也与汉语方言演变的大趋势一般，从古至今，不论声韵调，成一系统性的发展。

我们知道，引起语言变化的原因是多种多样的，甚至可能是多重因素叠置导致的，在讨论完语言内部因素对语言造成变化的机制后，我们认为语言之外的因素也有必要加以考虑，尤其是诸如梅州客家方言精、知、庄、章这样如此界线分明的语音特征。

下面首先来看看两分型与合流型接触地带的半混型石马镇精、知、庄、章的读音特点。（见表 3-3、表 3-4）

---

① 王洪君：《历史语言学方法论与汉语方言音韵史个案研究》，商务印书馆 2013 年版，第 80 页。

表3-3 精、知、庄、章声母读作舌尖前音声母 ts、tsʰ、s 和舌叶音声母 tʃ、tʃʰ、ʃ 的拼合关系（1）

	a	ai	an	aŋ	au	aʔ	ɔ	nic	ɔk	uŋ	ɔt	ʃɔ	tɔ	ɛ	ne	ɛt	ɛʔ	i	ia
ts 组	+	+	+	+	+	+	+	+	+	+	+	+	+	+	—	—	+	—	+	+
tʃ 组	—	—	—	+	—	+	—	+	—	+	+	—	—	+	+	—	+	—	—

表3-4 精、知、庄、章声母读作舌尖前音声母 ts、tsʰ、s 和舌叶音声母 tʃ、tʃʰ、ʃ 的拼合关系（2）

	iaŋ	iau	iaʔ	iɔŋ	iɔʔ	ie	ien	ieʔ	ɜi	in	iu	iuŋ	iuʔ	iʔ	ɿ	u	ui	uin	uiʔ	uŋ	uʔ
ts 组	+	+	+	+	+	+	+	+	+	+	+	+	+	+	+	—	+	+	+	+	+
tʃ 组	—	—	—	—	—	—	—	—	—	—	—	—	—	—	—	+	+	+	+	+	+

　　从共时层面可以看到，韵母 i- 只与舌尖前音 ts 组声母相拼，其余并没有明显的规律性。再从历时层面看，发现知三组声母在假、蟹、效、咸摄中均读作 ts 组，在遇、深、曾、通摄中均读作 tʃ 组，但在止、流、山、臻、宕、梗摄中既有读作 ts 的，也有读为 tʃ 的；同样，章组声母在假、效、咸摄中读作 ts，在遇、流、深、曾、通摄中读作 tʃ，在蟹、止、山、臻、宕、梗摄中既有读作 ts 的，也有读为 tʃ 的。这种不成系统的演变以地理接触作用为多。即从石马镇舌齿音的读音特点来看，外部的地理因素在精、知、庄、章声母的演化过程中也占有举足轻重的地位。

　　石马镇地理接触产生的语言现象让我们不得不重新思考梅州客家方言精、知、庄、章4组声母中分合两大类在梅州地区的分布状态，据图3-11《梅州精、知、庄、章声母类型的地理分布》所示，即便两分型方言点与合流型方言点在地理位置上完全相连，精、知、庄、章类型还是如此界线分明。从其分布情况来看，我们认为合流型很有可能与梅州的行政区划有很大的关系。

　　温昌衍、侯小英（2018）认为，梅县话、蕉岭话、平远话及台湾地区的苗栗话同出一辙地读作舌尖前音声母不大可能是后来发生的平行演变，更可能是早期就已合流，并保留在由300年前迁到台湾地区的苗栗话里。同时，我们发现，田志军与马洁琼在《客英大词典》究竟是代表当时梅县客家方言还是五华客家方言的问题上存在争议，而精、知、庄、章四母在梅县和五华分属截然不同的两种类型。我们认为，田志军与马洁琼之所以认为梅县方言早期有两套齿音，很有可能是受历史文献的误导，先入为主地冠以其名。因为没有较全面的历史材料，我们无法深入探讨梅州合流型方言点形成的具体时间，但我们注意到相隔13.4千米，车程约21分钟的梅县畲江镇与兴宁水口镇分属两种类型，但相隔81.9千米，车程约86分钟的梅县畲江镇与梅县松口镇却同属合流型，亦即温昌衍与侯小英提到的这几个县区不太可能是后来发生的平行演变。

这不得不让人思考诸如行政区划这类非语言因素与精、知、庄、章四母分布的关系。

据《石窟一征（点校本）》记录，平远县、蕉岭县是明末由梅县分出来的。又由上文可知，中华人民共和国成立之后，梅县（梅江区）、兴宁、五华、大埔、丰顺、蕉岭、平远就已同属兴梅专区管辖，但1952年平远曾并入蕉岭直至1954年分县，1958年蕉岭曾与梅县合并到1961年分县而治。为此，老一辈梅州人认为，狭义的梅州包括梅县、蕉岭县及平远县。本书认为，梅州各县区行政区划的变更对今梅州方言格局的形成起到重要的作用，而各县方言之间的亲疏关系也同样可以从这个历史变更中找到解释。

合流型与早期的梅州行政区域存在相关性，从老一辈梅州人对狭义梅州的称谓与图3-11《梅州精、知、庄、章声母类型的地理分布》精、知、庄、章类型图对照可以发现其界线是完全吻合的。因此，我们认为，行政区划及其变更对梅州客家方言精、知、庄、章四母类型格局的形成具有重大影响，即梅州各县区精、知、庄、章的分布类型存在两种可能，一种可能是梅县方言在迁入时精、知、庄、章是两分型，因政治经济文化中心与粤语等交流密切的关系率先转变为合流型，而后又因行政区划与蕉岭县、平远县的关系，梅县（梅江区）、蕉岭县、平远县精、知、庄、章均发展为合流型；第二种可能是梅县方言在入迁时精知庄章就已经是合流型，蕉岭县与平远县不论当时是处于合流型还是两分型，在舌尖音演变机制作用下，以行政区划为界，演变为合流型方言点。

第三节　溪、晓、匣母的分布及演化

古溪、晓、匣母常被放到同个层面讨论，因为它们均有塞音及擦音的读法。其中，古溪母在客家方言中主要读作塞音，而古晓、匣母则以读擦音为主。对此，不少学者认为古晓、匣母在演变进程中先行一步，并用古晓、匣母的演变机制类比古溪母的演变。笔者不完全认同此观点，从梅州客家方言材料来看，古溪母有文白异读的，文读层读作塞音 k^h，白读层读作擦音，古匣母的塞音 k^h 却只保留在较为古老的读音层次，即虽然古溪母与古匣母在演变路径上有很多相似之处，但同样是塞音 k^h 与擦音，在古溪母与古匣母之间的性质应该是不一样的。为此，本节试图对梅州客家方言古溪、晓、匣母的分布及演化展开研究。

一、古晓母字的演化

对客家方言古晓、匣母特征的认识多数止于"古晓匣母与合口呼韵母相拼，各地客家话多读为唇齿擦音 f-"① 和 "合口字发生了由 h 向 f 的演变"等上。实际上，梅州客家方言古晓、匣母除了唇齿擦音 f-外，还有 k^h-、h-、ʃ-、v-、ʒ-及零声母等读法，且无论中古开合还是等之间，均表现出很大的区别。下面我们先来看梅州各县区客家方言古晓母字的读音情况。（见表3-5、表3-6）

表3-5 古晓母字读音（1）

方言点	花 假合二	许 遇合三	海 蟹开一	戏 止开三	喜 止开三	毁 止合三	嚣 效开三	晓 效开四	休 流开三	险 咸开三	宪 山开三	显 山开四
三角	fa¹	hi³	hɔi³	hi⁴	hi³	fi³	hiau¹	hiau³	hiu¹	hiam³	hian¹	hian³
梅西	fa¹	hi³	hɔi³	hi⁴	hi³	k^hui³	hiau¹	hiau³	hiu¹	hiam³	hian¹	hian³
畲江	fa¹	hi³	hɔi³	hi⁴	hi³	—	ʃiau¹	ʃiau³	hiu¹	sian³	hien¹	ʃien³
松口	fa¹	hi³	hɔi³	hi⁴	hi³	—	ʃeu¹	ʃeu³	ʃu¹	ʃiam³	ʃian¹	ʃien³
蕉城	fa¹	ʃi³	hɔi³	ʃi⁴	ʃi³	k^hvi³	ʃieu¹	ʃeu³	ʃiu¹	ʃiam³	ʃian¹	ʃian³
南礤	fa¹	hi³	hɔi³	hi⁴	hi³	—	—	ʃei³	ʃiu¹	ʃiam³	—	ʃian³
大柘	fa¹	hi³	hɔi³	hi⁴	hi³	k^hui³	siau¹	hiɛi³	hiu¹	hiam³	hian¹	hian³
仁居	fa¹	si³	hɔi³	si³	si³	k^hvi³	siei¹	sie³	siu¹	siam³	sian³	sien³
兴田	fa¹	ʃɿ³	huɔi³	ʃɿ⁴	ʃɿ³	fi³	ʃau¹	ʃau³	ʃu¹	ʃaŋ³	ʃen¹	ʃen³
罗浮	fa¹	ʃɿ³	huɔi³	ʃɿ⁴	ʃɿ³	fui³	ʃau¹	ʃau³	ʃu¹	ʃaŋ³	ʃɛn¹	ʃen³
黄槐	fa¹	ʃɿ³	huɔi³	ʃɿ⁴	ʃɿ³	—	siau¹	ʃau³	ʃu¹	ʃiaŋ³	ʃiɛn¹	ʃiɛn³
大坪	fa¹	ʃɿ³	hɔi³	ʃɿ⁴	ʃɿ³	fi³	ʃɔ¹	ʃɔ³	ʃu¹	ʃaŋ³	ʃen¹	ʃen³
石马	fa¹	ʃɿ³	hɔi³	sɿ⁴	ʃɿ³	fui³	sau¹	sau³	ʃu¹	saŋ³	siɛn¹	siɛn³
刁坊	fa¹	ʃɿ³	hɔi³	ʃɿ⁴	ʃɿ³	fi³	ʃau¹	ʃau³	ʃu¹	ʃaŋ³	ʃiɛn¹	ʃiɛn³
水口	fa¹	ʃɿ³	hɔi³	ʃɿ⁴	ʃɿ³	fui³	ʃau¹	ʃau³	ʃu¹	ʃaŋ³	ʃen¹	ʃen³
水寨	fa¹	ʃɿ³	hoe³	ʃɿ⁴	ʃɿ³	—	ʃau¹	ʃau³	ʃu¹	ʃam³	ʃen¹	ʃen³
华城	fa¹	ʃi³	hɔi³	ʃi⁴	ʃi³	fi³	ʃau¹	ʃau³	siu¹	ʃam³	ʃɛn¹	ʃen³
棉洋	fa¹	hi³	hɔi³	hi⁴	hi³	fui³	hiau¹	hiau³	hiu¹	hiam³	hiɛn¹	hiɛn³
湖寮	fa¹	ʃu³	hɔi³	ʃi⁴	ʃi³	fui³	ʃiau¹	ʃiau³	hiu¹	ʃiam³	ʃien¹	ʃien³
三河	fa¹	ʃu³	hɔi³	k^hi⁴	k^hi³	—	ʃau¹	ʃau³	siu¹	ʃam³	ʃen¹	ʃen³
枫朗	fa¹	hi³	hɔi³	hi⁴	hi³	—	—	hiau³	siu¹	hian³	—	hien³
光德	fa¹	ʃu³	hɔi³	hi⁴	hi³	—	hiau¹	hiau³	hiu¹	hiam³	hien¹	hien³
高陂	fa¹	ʃu³	hɔi³	ʃi⁴	ʃi³	fui³	hiau¹	hiau³	siu¹	hiam³	siɛn¹	hiɛn³

---

① 詹伯慧：《汉语方言及方言调查》，湖北教育出版社2001年版，第91页。

续表3-5

方言点	花 假合二	许 遇合三	海 蟹开一	戏 止开三	喜 止开三	毁 止合三	器 效开三	晓 效开四	休 流开三	险 咸开三	宪 山开三	显 山开四
汤坑	fa¹	hi³	hɔi³	hi⁴	hi³	kʰui³	hiau¹	hiau³	hiu¹	hiam³	hiɛn³	hiɛn³
丰良	fa¹	hi³	hɔi³	hi⁴	hi³	kʰvi³	hiau¹	hiau³	hiu¹	hiam³	hien³	hien³
潘田	fa¹	ʃi³	hɔi³	ʃi⁴	ʃi³	kʰui³	siau¹	ʃiau³	ʃiu¹	ʃiam³	ʃien³	ʃien³
留隍	fa¹	hⁱu³	hɔi³	hi⁴	hi³	—	—	hiau³	—	hiam³	—	hien³

表3-6 古晓母字读音（2）

方言点	血 山合四	欣 臻开三	训 臻合三	向 宕开三	藿 宕合一	兴 曾开三	亨 梗开二	兄 梗开三	蓄 通合三	胸 通合三
三角	hiat⁵	hiun¹	hiun⁴	hiɔŋ⁴	vɔk⁵	hin⁴	hɛn¹	hiuŋ¹	hiuk⁵	hiuŋ¹
梅西	hiɛt⁵	hiun¹	hiun⁴	hiɔŋ⁴	vɔk⁵	hin⁴	hɛn¹	hiuŋ¹	hiuk⁵	hiuŋ¹
畲江	ʃiet⁵	ʃiun¹	ʃiun⁴	ʃiɔŋ⁴	vɔk⁵	ʃin⁴	kʰen¹	ʃioŋ¹	ʃiok⁵	hiuŋ¹
松口	ʃiat⁵	ʃiun¹	ʃiun⁴	ʃiɔŋ⁴	fɔk⁵	ʃin⁴	kʰen¹	ʃiuŋ¹	ʃiuk⁵	ʃiuŋ¹
蕉城	ʃiat⁵	ʃiun¹	ʃiun⁴	ʃiɔŋ⁴	vɔk⁵	ʃin⁴	kʰen¹	ʃiuŋ¹	ʃiuk⁵	ʃiuŋ¹
南磜	ʃiat⁵	ʃiun¹	ʃiun⁴	ʃiɔŋ⁴	—	ʃin⁴	—	ʃiuŋ¹	ʃiuk⁵	—
大柘	hiat⁵	hiun¹	hiun⁴	hiɔŋ⁴	vɔk⁵	hin⁴	hɛn¹	hiuŋ¹	hiuk⁵	hiuŋ¹
仁居	siat⁵	ʃiun¹	ʃiun⁴	siɔŋ⁴	vɔk⁵	sin⁴	hen¹	siuŋ¹	siuk⁵	ʃiuŋ¹
兴田	ʃɛt⁵	ʃun¹	ʃun⁴	ʃɔŋ⁴	vɔk⁵	ʃən⁴	hiɛn¹	ʃuŋ¹	ʃuk⁵	ʃuŋ¹
罗浮	ʃɛʔ⁵	ʃuin¹	ʃuin⁴	ʃɔŋ⁴	vɔʔ⁵	ʃin⁴	huŋ¹	ʃuŋ¹	ʃuʔ⁵	ʃiuŋ¹
黄槐	ʃɛʔ⁵	ʃuin¹	ʃuin⁴	ʃiɔŋ⁴	fɔʔ⁵	ʃin⁴	hən¹	ʃɔŋ¹	ʃuʔ⁵	ʃuŋ¹
大坪	ʃe⁵	ʃun¹	ʃun⁴	ʃɔŋ⁴	vɔʔ⁵	ʃən⁴	kʰien¹	ʃuŋ¹	ʃuʔ⁵	ʃuŋ¹
石马	siɛʔ⁵	ʃuin¹	suin⁴	ʃɔŋ⁴	vɔʔ⁵	ʃən⁴	—	ʃuŋ¹	ʃuʔ⁵	ʃuŋ¹
刁坊	ʃiɛʔ⁵	ʃuin¹	ʃuin⁴	ʃɔŋ⁴	vɔʔ⁵	ʃin⁴	kʰiɛn¹	ʃuŋ¹	ʃuʔ⁵	ʃuŋ¹
水口	ʃiet⁵	ʃiun¹	ʃun⁴	ʃɔŋ⁴	vɔʔ⁵	ʃin⁴	hen¹	ʃuŋ¹	ʃuʔ⁵	ʃiuŋ¹
水寨	ʃɛt⁵	ʃiun¹	ʃiun⁴	ʃɔŋ⁴	kʰɔk⁵	ʃin⁴	—	ʃuŋ¹	ʃuk⁵	ʃuŋ¹
华城	ʃɛt⁵	ʃun¹	ʃun⁴	ʃɔŋ⁴	kʰɔk⁵	ʃin⁴	kʰɛn¹	ʃuŋ¹	ʃuk⁵	ʃuŋ¹
棉洋	hiɛt⁵	hiun¹	hiun⁴	hiɔŋ⁴	kʰɔk⁵	hin⁴	kʰɛn¹	hiuŋ¹	hiuk⁵	hiuŋ¹
湖寮	fiet⁵	ʃiun¹	ʃiun⁴	ʃiɔŋ⁴	vɔk⁵	ʃin⁴	hen¹	ʃiuŋ¹	ʃiut⁵	ʃiuŋ¹
三河	ʃet⁵	ʃun¹	ʃiun⁴	ʃɔŋ⁴	fɔk⁵	ʃin⁴	hen¹	ʃuŋ¹	ʃuk⁵	ʃiuŋ¹
枫朗	fiet⁵	hiun¹	hiun⁴	hiɔŋ⁴	—	hin⁴	—	hiuŋ¹	hiuk⁵	—
光德	ʃiet⁵	hiun¹	hiun⁴	hiɔŋ⁴	vɔk⁵	hin⁴	hen¹	hiuŋ¹	hiuk⁵	hiuŋ¹

续表 3-6

方言点	血 山合四	欣 臻开三	训 臻合三	向 宕开三	藿 宕合一	兴 曾开三	亨 梗开二	兄 梗合三	蓄 通合三	胸 通合三
高陂	hiɛt⁵	hiun¹	hiun⁴	ʃiɔŋ⁴	vok⁵	hin⁴	hɛn¹	hiuŋ¹	—	hiuŋ¹
汤坑	hiɛt⁵	hiun¹	hiun⁴	hiɔŋ⁴	kʰɔk⁵	hin⁴	hɛn¹	hiuŋ¹	hiuk⁵	hiuŋ¹
丰良	hiet⁵	hiun¹	hiun⁴	ʃiɔŋ⁴	kʰɔk⁵	hin⁴	hen¹	hiɔŋ¹	hiuk⁵	hiuŋ¹
潘田	ʃiet⁵	ʃiun¹	ʃiun⁴	ʃiɔŋ⁴	kʰuok⁵	ʃin⁴	hen¹	ʃiuŋ¹	ʃiuk⁵	ʃiuŋ¹
留隍	hiet⁵	hiun¹	hiun⁴	hiɔŋ⁴	—	hin⁴	—	hiuŋ¹	hiuk⁵	—

古晓母开口一、二等字读 h（除梗摄开口二等非常用字"亨"），晓母合口一、二等字读作 f 或 v（除宕摄合口一等非常用字"霍""藿"有个别方言点读作 kʰ），古晓母三、四等字有读作 ʃ、h、s、kʰ 的。

由表 3-5、在 3-6 可知，晓母读作 ʃ/s 的主要出现在三、四等字。我们认为，这与介音 -i- 有直接关系。这个现象张光宇（1996）就曾发现，"客家话的晓、匣两母在合口字变读为 f-、v-，在齐齿字变读为 ç-、ş-、s-"①。又根据表 3-5、表 3-6 中 h-ʃ/s 交替现象（如"许""戏""嚣"）的普遍存在，我们判断舌音 ʃ/s 是由擦音 h 演化而来的，且正在进行。

具体到舌化后读作 ʃ 和 s 的演变情况，由上文可知，梅州客家方言精、知、庄、章主要分为两大类型。其中，合流型方言点梅江区三角镇、梅县区梅西镇、畲江镇、松口镇、蕉城县蕉城镇、南礤镇、平远县大柘镇、仁居镇表现为仅有一套擦音、塞擦音 ts、tsʰ、s，但在畲江、松口、蕉城、南礤均出现晓母与精、知、庄、章的最小对立，如"香松口 ʃiɔŋ¹ ≠ 相松口 siɔŋ¹""休蕉城 ʃiu¹ ≠ 修蕉城 siu¹"，且在精、知、庄、章两分型的方言点里也存在晓母与精、知、庄、章的最小对立，如"休华城 siu¹ ≠ 收华城 ʃiu¹"。由此，我们认为，擦音的演变速度慢于塞擦音，或者擦音在演化过程中有所残留。

再看擦音 h 与擦音 f 的读音情况。我们发现，虽然不是所有合口字都读作 f，但合口洪音字必定读成 f（不排除介音脱落的例子），而开口洪音字则读作 h。这样几乎可以概括梅州客家方言古晓母字的演变情况（如图 3-12 所示），但晓母字"毁""藿""亨"在个别方言点中有读作 kʰ 的情况。我们认为，这些属于非口语常用字存在误读可能。另外，"戏""喜"在三河镇读作 kʰ，这些与误读、变异及类推有一定的关系，但并不影响晓母字的整体演变规律。

---

① 张光宇：《闽客方言史稿》，南天书局 1996 年版，第 255 页。

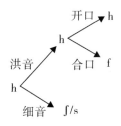

图 3-12　梅州客家方言古晓母字的演变

二、古匣母字的演化

再看古匣母字在各县区的读音，发现其较之古晓母字的规律没有那么强，总体上也表现为古匣母开口一、二等以读作 h 为主（除果摄开口一等字"贺"、咸摄开口二等字"狭"、臻摄开口一等字"很"及江摄开口二等字"项"外），合口一、二等以读作 f、v 为主（除山摄合口一等字"丸"、臻摄合口一等字"混"外）；古匣母没有三等字；四等字有读作 h、ʃ、s、kʰ、f、ʒ 及零声母的。下面先看看梅州各县区客家方言古匣母字的读音情况。（见表 3-7、表 3-8）

表 3-7　古匣母字读音（1）

方言点	贺 果开一	和~平 果合一	和~尚 果合一	霞 假开二	胡 遇合一	系 蟹开四	话笑~ 蟹合二	话说~ 蟹合二	狭~窄 咸开二	狭空间小 咸开二	嫌 咸开四
三角	fɔ⁴	fɔ²	vɔ²	ha²	fu²	hi⁴	fa⁴	va⁴	hap⁶	hap⁶	hiam²
梅西	fɔ⁴	fɔ²	vɔ²	ha²	fu²	hi⁴	fa⁴	va⁴	kʰiap⁶	kʰiap⁶	hiam²
畲江	fɔ⁴	fɔ²	—	ha²	fu²	hi⁴	fa⁴	va⁴	hiaʔ⁶	hiaʔ⁶	ʃiaŋ²
松口	fɔ⁴	fɔ²	—	ha²	fu²	hi⁴	fa⁴	va⁴	ʃiap⁶	hap⁶	ʃiam²
蕉城	fɔ⁴	fɔ²	vɔ²	ha²	fu²	ʃi⁴	fa⁴	va⁴	hap⁶	hap⁶	ʃiam²
南磜	fɔ⁴	—	—	ha²	fu²	—	fa⁴	va⁴	—	—	ʃiam²
大柘	hɔ⁴	fɔ²	vɔ²	ha²	fu²	hi⁴	fa⁴	va⁴	hiap⁶	kʰiap⁶	hiam²
仁居	hɔ⁴	fɔ²	vɔ²	ha²	fu²	si⁴	fa⁴	va⁴	siap⁶	hap⁶	siam²
兴田	fɔ⁴	fɔ²	—	ha²	fu²	ʃɿ⁴	va⁴	va⁴	ʃak⁶	kʰiak⁶	ʃaŋ²
罗浮	fɔ⁴	fɔ²	—	ha²	fu²	ʃɿ⁴	va⁴	va⁴	kʰiaʔ⁶	kʰiaʔ⁶	ʃaŋ²
黄槐	fɔ⁴	fɔ²	—	ha²	fu²	ʃɿ⁴	va⁴	va⁴	kʰiaʔ⁶	kʰiaʔ⁶	ʃaŋ²
大坪	fɔ⁴	fɔ²	—	ha²	fu²	ʃɿ⁴	va⁴	va⁴	kʰiaʔ⁶	kʰiaʔ⁶	ʃaŋ²
石马	fɔ⁴	fɔ²	—	ha²	fu²	ʃɿ⁴	va⁴	va⁴	kiaʔ⁶	kiaʔ⁶	saŋ²
刁坊	fɔ⁴	fɔ²	—	ha²	fu²	ʃɿ⁴	va⁴	va⁴	ʃaʔ⁶	kʰiaʔ⁶	ʃaŋ²
水口	fɔ⁴	fɔ²	—	ha²	fu²	ʃɿ⁴	va⁴	va⁴	ʃaʔ⁶	kʰiaʔ⁶	ʃaŋ²

续表3-7

方言点	贺 果开一	和~平 果合一	和~尚 果合一	霞 假开二	胡 遇合一	系 蟹开四	话笑~ 蟹合二	话说~ 蟹合二	狭~窄 咸开二	狭空间小 咸开二	嫌 咸开四
水寨	fɔ⁴	fɔ²	fɔ²	ha²	fu²	ʃi⁴	va⁴	va⁴	—	—	ʃam²
华城	fɔ⁴	fɔ²	fɔ²	ha²	fu²	ʃi⁴	va⁴	va⁴	ʃap⁶	ʃap⁶	ʃam²
棉洋	fɔ⁴	fɔ²	fɔ²	ha²	fu²	hi⁴	va⁴	va⁴	kʰiap⁶	kʰiap⁶	hiam²
湖寮	hou⁴	fou²	vou²	ha²	fu²	ʃi⁴	fa⁴	va⁴	het⁶	het⁶	ʃiaŋ²
三河	hou⁴	fou²	vou²	ha²	fu²	kʰi⁴	fa⁴	va⁴	hap⁶	hap⁶	ʃam²
枫朗	hou⁴	—	—	ha²	fu²	—	fa⁴	va⁴	—	—	hian²
光德	hou⁴	fou²	vou²	ha²	fu²	hi⁴	fa⁴	va⁴	hiap⁶	hep⁶	hiam²
高陂	hou⁴	fou²	vou²	ha²	fu²	hi⁴	fa⁴	va⁴	kiap⁶	kiap⁶	hiam²
汤坑	hɔ⁴	fɔ²	vɔ²	ha²	fu²	hi⁴	fa⁴	va⁴	hiap⁶	hap⁶	hiam²
丰良	hɔ⁴	fɔ²	vɔ²	ha²	fu²	hi⁴	fa⁴	va⁴	hap⁶	kʰiap⁶	hiam²
潘田	hɔ⁴	fɔ²	vɔ²	ha²	fu²	ʃi⁴	fa⁴	va⁴	ʃiap⁶	hap⁶	ʃiam²
留隍	hɔ⁴	—	—	ha²	fu²	—	fa⁴	va⁴	—	—	hiam²

表3-8 古匣母字读音（2）

方言点	贤 山开四	丸 山合一	还~原 山合二	还~钱 山合二	县 山合四	很 臻开一	混 臻合一	黄 宕合一	项 江开二	形 梗开四
三角	hian²	jian²	fan²	van²	jian⁴	hɛn¹	fun⁴	vɔŋ²	hɔŋ⁴	hin²
梅西	hian²	jian²	fan²	van²	jian⁴	hɛn¹	fun⁴	vɔŋ²	hɔŋ⁴	hin²
畲江	ʃien²	jien²	fan²	van²	jien⁴	hen¹	fun⁴	vɔŋ²	hɔŋ⁴	ʃin²
松口	ʃian²	jian²	fan²	van²	jian⁴	hen¹	fun⁴	vɔŋ²	hɔŋ⁴	ʃin²
蕉城	ʃan²	jian²	fan²	van²	jian⁴	hen¹	fun⁴	vɔŋ²	hɔŋ⁴	ʃin²
南礤	ʃian²	jian²	fan²	van²	jian⁴	—	—	vɔŋ²	—	ʃin²
大柘	hian²	jian²	fan²	van²	jian⁴	hɛn¹	fun⁴	vɔŋ²	hɔŋ⁴	hin²
仁居	sian²	jian²	fan²	van²	jian⁴	hen¹	fun⁴	vɔŋ²	hɔŋ⁴	sin²
兴田	ʃɛn²	ʒɛn²	fan²	van²	ʒɛn⁴	hiɛn¹	fun⁴	vɔŋ²	kʰɔŋ⁴	ʃɔn²
罗浮	ʃɛn²	ʒɛn²	fain²	vain²	ʒɛn⁴	hɛn¹	kʰuin⁴	vɔŋ²	kʰɔŋ⁴	ʃin²
黄槐	ʃien²	ʒain²	fain²	vain²	ʒɛn⁴	hiɛn¹	kʰuin⁴	vɔŋ²	kʰɔŋ⁴	ʃin²
大坪	ʃɛn²	ʒɛn²	fan²	van²	ʒɛn⁴	ʃien¹	kʰun⁴	vɔŋ²	kʰɔŋ⁴	ʃɔn²
石马	siɛn²	ʒiɛn²	fan²	van²	ʒiɛn⁴	ʃien¹	kʰuin⁴	vɔŋ²	kʰɔŋ⁴	ʃɔn²
刁坊	ʃien²	ʒien²	fain²	vain²	ʒien⁴	hiɛn¹	kʰun⁴	vɔŋ²	hɔŋ⁴	ʃin²

续表3-8

方言点	贤 山开四	丸 山合一	还~原 山合二	还~钱 山合二	县 山合四	很 臻开一	混 臻合一	黄 宕合一	项 江开二	形 梗开四
水口	ʃɛn²	ʒɛn²	fan²	van²	ʒɛn⁴	hien¹	kʰiun⁴	vɔŋ²	hɔŋ⁴	ʃin²
水寨	ʃɛn²	ʒɛn²	fan²	van²	ʒɛn⁴	hɛn¹	fun⁴	vɔŋ²	hɔŋ⁴	ʃin²
华城	ʃɛn²	ʒɛn²	fan²	van²	ʒɛn⁴	hɛn¹	fun⁴	vɔŋ²	hɔŋ⁴	ʃin²
棉洋	hien²	jiɛn²	fan²	van²	jiɛn⁴	hɛn¹	fun⁴	vɔŋ²	hɔŋ⁴	hin²
湖寮	ʃien²	vien²	fan²	van²	ʃien⁴	hen¹	fun⁴	vɔŋ²	hɔŋ⁴	ʃin²
三河	ʃɛn²	ʒɛn²	fan²	van²	ʒɛn⁴	hen¹	fun⁴	vɔŋ²	hɔŋ⁴	ʃin²
枫朗	hien²	vien²	fan²	van²	hien⁴	—	—	vɔŋ²	hɔŋ⁴	hin²
光德	ʃien²	ʒɛn²	fan²	van²	ʃien⁴	hen¹	fun⁴	vɔŋ²	hɔŋ⁴	hin²
高陂	hien²	jiɛn²	fan²	van²	hien⁴	hɛn¹	fun⁴	vɔŋ²	hɔŋ⁴	hin²
汤坑	hien²	ʒɛn²	fan²	van²	ʒɛn⁴	hɛn¹	fun⁴	vɔŋ²	hɔŋ⁴	hin²
丰良	hien²	ʒɛn²	fan²	van²	ʒɛn⁴	hɛn¹	fun⁴	vɔŋ²	hɔŋ⁴	ʃin²
潘田	ʃien²	ʒɛn²	van²	van²	ʒɛn⁴	hen¹	fun⁴	vɔŋ²	hɔŋ⁴	ʃin²
留隍	hien²	ʒɛn²	fan²	van²	ʒɛn⁴	—	—	vɔŋ²	—	hin²

由表3-7、表3-8可知,梅州客家方言匣母字读作塞音 k^h 只出现在少数例字中。严修鸿(2004)通过对11个客家话匣母本字的考释,认为南方方言如客家方言匣母字读同群母 k^h 是存古层次的读音,是《切韵》之前的语音层次。至于匣母读作擦音 h 是否由古形式塞音 k^h 演化而来,我们认为,少数字的残留难以带动大规模的演变,擦音 h 应与塞音 k^h 的演变没有直接关系。

匣母是晓母同部位的浊音,一般情况浊音清化后,晓、匣母应合流,但就梅州客家方言,如上晓、匣母字读音情况,匣母在清化过程中还有其他演变。一方面,匣母存在不同程度的脱落,音韵学上称之为"喻三古归匣"。中古的匣母字应是浊声母,这里所说的匣母脱落应是一种声母弱化现象。刘镇发(2008)认为,匣母声母脱落发生在浊音清化前,而仅根据本书方言点材料,无法证明匣母变读零声母是否经过清化阶段,但万波(2009)根据吴语、赣语等方言材料认为,"匣母变读零声母并没有经过清化阶段,即演变路径是 *ɦ->j->Ø 而不是 *ɦ->*h->j->Ø"①。零声母在这里又表现为介音 -u- 摩擦化形成的 v、介音 -i- 摩擦化形成的 j,及由边音 j 浊音化形成的 ʒ,梅州客家方言里仅表现在合口一、二等及四等字,且均为文白异读字中的白读层或口语常用字,与之对应的文读层一般读作 f-。这种叠置说明 f- 和 v- 有

---

① 万波:《赣语声母的历史层次研究》,商务印书馆2009年版,第196~197页。

不同的来源，也就是说，即便是存在音变关系，也不是条件音变。我们认为，擦音声母 f- 的形成与合口介音 -u- 的作用有关，即匣母清化为 h，又在后接圆唇元音 u 的作用下唇齿化，即 hu→f。这个演变应是在匣母清化后，如表 3-7、表 3-8 所示，匣母存在不少 h-ʃ/s 的交替现象，也就是匣母舌音化与晓母一样与介音 i 有直接关系，即匣母清化后的擦音 h 应发生与晓母相同的演变。梅州客家方言古匣母字的发展变化如图 3-13 所示。

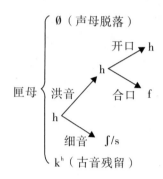

图 3-13 梅州客家方言古匣母字的演变

由以上推论及读音分布来看，梅州客家方言晓、匣母自身演变占主导地位，与其他非语言因素没有太大关系。让我们再看看可否直接将晓、匣母的演化路径套用在梅州客家方言古溪母字的演化中。

三、古溪母字的分布及演化

（一）古溪母字的读音分布

中古溪母字各家拟音均为 k^h，在梅州客家方言中除舌根送气塞音 k^h- 外，还有 4 种擦音读法：舌根擦音 h-、齿唇擦音 f-、舌叶擦音 ʃ- 和舌尖前擦音 s-。这一现象在客赣方言中的地理分布非常普遍，据刘泽民（2010），溪母擦音化是中古层次，是古南方汉语遗留下来的语音特征。发音机制上看，舌根送气塞音 k^h- 与舌根擦音 h- 发音部位相同，舌根擦音 h-、齿唇擦音 f-、舌叶擦音 ʃ- 和舌尖前擦音 s- 发音方法相同，在梅州客家方言中属于 5 个不同的音位。下面具体来看梅州客家方言 27 个方言点溪母字的读音情况（这里将 27 个方言点均读作塞音 k^h 的例字排除不列，见表 3-9、表 3-10）。

表3-9 溪母字读音情况（1）

方言点	苦 辛~ 遇合一	苦 ~味 遇合一	裤 遇合一	墟 遇合三	去 遇合三	楷 蟹开二	溪 蟹开四	盔 蟹合一	器 止开一	起 止开三
三角	kʰu³	fu³	fu⁴	hi¹	hi¹	kʰɔi³	hai¹	kʰui¹	hi⁴	hi³
梅西	kʰu³	fu³	fu⁴	hi¹	kʰi⁴	kʰɔi³	hai¹	fi¹	hi⁴	hi³
畲江	kʰu³	kʰu³	kʰu⁴	hi¹	kʰi⁴	hai³	hai¹	kʰui¹	hi⁴	hi³
松口	fu³	fu³	kʰu⁴	hi¹	hi¹	hai³	hai¹	fɔi¹	hi⁴	hi³
蕉城	kʰu³	kʰu³	kʰu⁴	ʃi¹	kʰi⁴	kʰɔi³	hai¹	fɔi¹	ʃi⁴	ʃi³
南礤	kʰu³	fu³	fu⁴	—	hi⁴	—	hai¹	—	hi⁴	hi³
大柘	kʰu³	fu³	fu⁴	hi¹	hi¹	kʰɔi³	hai¹	fɔi¹	hi⁴	hi³
仁居	kʰu³	kʰu³	kʰu⁴	si¹	si¹	kʰɔi³	hai¹	fɔi¹	si⁴	si³
兴田	kʰu³	fu³	fu⁴	ʃɿ¹	ʃɿ⁴	kʰai³	hai¹	kʰui¹	ʃɿ⁴	kʰi³
罗浮	kʰu³	fu³	fu⁴	ʃɿ¹	ʃɿ⁴	kai³	hai¹	kui¹	ʃɿ⁴	kʰi³
黄槐	kʰu³	kʰu³	fu⁴	ʃɿ¹	kʰi⁴	kʰai³	hai¹	kʰui¹	ʃɿ⁴	kʰi³
大坪	kʰu³	fu³	fu⁴	ʃɿ¹	kʰi⁴	kʰai³	hai¹	fɔi¹	ʃɿ⁴	kʰi³
石马	kʰu³	fu³	fu⁴	ʃɿ¹	kʰi⁴	kʰai³	hai¹	fɔi¹	ʃɿ⁴	kʰi³
刁坊	kʰu³	fu³	fu⁴	ʃɿ¹	ʃɿ⁴	kʰai³	hai¹	kʰui¹	ʃɿ⁴	kʰi³
水口	kʰu³	kʰu³	fu⁴	ʃɿ¹	kʰi⁴	hai³	hai¹	kui¹	ʃɿ⁴	kʰi³
水寨	kʰu³	fu³	fu⁴	ʃɿ¹	kʰi⁴	hai³	hai¹	kʰui¹	ʃɿ⁴	ʃɿ³
华城	kʰu³	kʰu³	fu⁴	ʃɿ¹	kʰi⁴	kai³	hai¹	fɔi¹	ʃɿ⁴	ʃi³
棉洋	kʰu³	kʰu³	fu⁴	hi¹	kʰi⁴	kʰai³	hai¹	kʰui¹	hi⁴	hi³
湖寮	kʰu³	kʰu³	kʰu⁴	ʃi¹	kʰi⁴	kʰɔi³	kʰei¹	kui¹	kʰi⁴	kʰi³
三河	kʰu³	kʰu³	kʰu⁴	ʃu¹	kʰi⁴	kʰɔi³	hei¹	kʰui¹	kʰi⁴	kʰi³
枫朗	kʰu³	kʰu³	kʰu⁴	—	kʰi⁴	—	kʰei¹	—	—	kʰi³
光德	kʰu³	kʰu³	kʰu⁴	hi¹	kʰi⁴	kʰɔi³	kʰei¹	kʰui¹	kʰi⁴	kʰi³
高陂	kʰu³	kʰu³	kʰu⁴	hi¹	kʰi⁴	kʰɔi³	kʰei¹	kui¹	kʰi⁴	kʰi³
汤坑	kʰu³	kʰu³	kʰu⁴	hi¹	kə⁴	kʰai³	kʰɛ¹	fɔi¹	kʰi⁴	kʰi³
丰良	kʰu³	kʰu³	kʰu⁴	hi¹	kʰi⁴	kʰɔi³	kʰei¹	fi¹	kʰi⁴	kʰi³
潘田	kʰu³	kʰu³	kʰu⁴	ʃi¹	kʰi⁴	kʰɔi³	kʰei¹	kʰui¹	kʰi⁴	kʰi³
留隍	kʰu³	kʰu³	kʰu⁴	—	hi⁴	—	kʰɛ¹	—	—	hi³

表3-10 溪母字读音情况（2）

方言点	汽 止开三	口~头 流开一	口量词 流开一	丘量词 流开三	丘姓 流开三	坎 咸开一	渴 山开一	阔 山合一	壳 江开二	客 梗开二
三角	hi⁴	kʰeu³	kʰeu³	kʰiu¹	hiu¹	kʰam³	hɔt⁵	fat⁵	hɔk⁵	hak⁵
梅西	hi⁴	kʰeu³	heu³	kʰiu¹	hiu¹	kʰam³	hɔt⁵	fat⁵	hɔk⁵	hak⁵
畲江	hi⁴	kʰeu³	heu³	kʰiu¹	hiu¹	kʰaŋ³	hɔt⁵	fat⁵	hɔk⁵	hak⁵
松口	hi⁴	kʰeu³	kʰeu³	ʃiu¹	ʃiu¹	kʰam³	hɔt⁵	fat⁵	hɔk⁵	kʰak⁵
蕉城	ʃi⁴	kʰeu³	kʰeu³	hiu¹	hiu¹	kʰam³	hɔt⁵	fat⁵	hɔk⁵	kʰak⁵
南礤	hi⁴	kʰei³	hei³	—	—	kʰam³	hɔt⁵	fat⁵	hɔk⁵	hak⁵
大柘	hi⁴	kʰei³	heu³	kʰiu¹	hiu¹	kʰam³	hɔt⁵	fat⁵	hɔk⁵	kʰak⁵
仁居	si⁴	kʰei³	kʰei³	kʰiu¹	siu¹	kʰam³	hɔt⁵	fat⁵	hɔk⁵	kʰak⁵
兴田	ʃɿ⁴	kʰiu³	kʰiu³	ʃu¹	kʰiu¹	kʰaŋ³	hɔt⁵	fat⁵	hɔk⁵	hak⁵
罗浮	ʃɿ⁴	kʰiu³	hiu³	kʰiu¹	ʃu¹	kʰaŋ³	huɔʔ⁵	fat⁵	hɔʔ⁵	haʔ⁵
黄槐	ʃɿ⁴	kʰiu³	hiu³	kʰiu¹	kʰiu¹	haŋ³	huɔiʔ⁵	fat⁵	hɔʔ⁵	haʔ⁵
大坪	ʃɿ⁴	kʰiu³	hiu³	ʃu¹	ʃu¹	kʰaŋ³	hɔʔ⁵	faʔ⁵	hɔk⁵	haʔ⁵
石马	ʃɿ⁴	kʰiu³	hiu³	ʃu¹	ʃu¹	kʰaŋ³	hɔʔ⁵	faʔ⁵	hɔʔ⁵	haʔ⁵
刁坊	ʃɿ⁴	kʰiu³	hiu³	ʃu¹	ʃu¹	kʰaŋ³	hɔiʔ⁵	faiʔ⁵	hɔʔ⁵	haʔ⁵
水口	ʃɿ⁴	kʰiu³	hiu³	kʰiu¹	ʃu¹	kʰaŋ³	hɔʔ⁵	kʰɔʔ⁵	hɔʔ⁵	kʰaʔ⁵
水寨	ʃi⁴	kʰeu³	hio³	ʃu¹	ʃu¹	kʰam³	hɔet⁵	fat⁵	hɔk⁵	kʰak⁵
华城	ʃi⁴	kʰeu³	kʰeu³	ʃiu¹	ʃiu¹	kʰam³	hɔt⁵	fat⁵	hɔk⁵	kʰak⁵
棉洋	hi⁴	kʰeu³	heu³	hiu¹	hiu¹	kʰam³	hɔt⁵	fat⁵	hɔk⁵	kʰak⁵
湖寮	kʰi⁴	kʰeu³	kʰeu³	kʰiu¹	hiu¹	kʰaŋ³	hɔt⁵	kʰuat⁵	kʰɔk⁵	kʰak⁵
三河	kʰi⁴	kʰeu³	kʰeu³	kʰiu¹	kʰiu¹	kʰam³	hɔt⁵	fat⁵	kʰɔk⁵	hak⁵
枫朗	kʰi⁴	kʰeu³	kʰeu³	—	—	kʰam³	kʰɔt⁵	kʰuat⁵	kʰɔk⁵	kʰak⁵
光德	kʰi⁴	kʰeu³	kʰeu³	kʰiu¹	kʰiu¹	kʰam³	kʰɔt⁵	kʰuat⁵	kʰɔk⁵	kʰak⁵
高陂	kʰi⁴	kʰeu³	kʰeu³	kʰiu¹	kʰiu¹	kʰam³	kʰɔt⁵	kʰuat⁵	kʰɔk⁵	kʰak⁵
汤坑	hi⁴	kʰeu³	kʰeu³	kʰiu¹	hiu¹	kʰam³	hɔt⁵	kʰuat⁵	kʰɔk⁵	kʰak⁵
丰良	kʰi⁴	kʰeu³	kʰeu³	kʰiu¹	hiu¹	kʰam³	hɔt⁵	kʰuat⁵	kʰɔk⁵	kʰak⁵
潘田	kʰi⁴	kʰeu³	kʰeu³	kʰiu¹	hiu¹	kʰam³	hɔt⁵	kʰuat⁵	kʰɔk⁵	kʰak⁵
留隍	kʰi⁴	kʰeu³	kʰeu³	—	—	kʰam³	hɔt⁵	kʰuat⁵	kʰɔk⁵	kʰak⁵

观察梅州客家方言溪母字 kʰ-、h-、f-、ʃ-、s- 5种读音的音韵分布情况，规律性不强，以读送气清塞音 kʰ- 为最多。读 kʰ- 和 h 的字开、合口一、二、三、四等均有，没有任何规律；有文白异读的，文读读作塞音 kʰ-，

白读读作擦音 f-，且擦音 h-/f- 只出现在合口字中，即塞音 k^h 与擦音应属于不同的层次；读擦音 ʃ- 的字开、合口均有，也没有明显的规律；读 s- 的只有方言点仁居的部分字音。不同方言点间存在 k^h—f、k^h—ʃ、k^h—h、h—ʃ/s 的对应，仅从上述梅州客家方言溪母字的读音情况，很难依照中古《切韵》音系找到音变规律。

在研究各地方言时，我们习惯性地以《切韵》或《广韵》的语音为谱系树理论中的单一祖语，且假定该方言是由古汉语单线演变过来的，进而引用原始构拟，因过于理想化而忽略了方言演变的复杂性。虽然从宏观视角上，这样做也可以大致构拟方言的历时音变轨迹，但也忽视了地理接触、族群互动及音系调整等微观作用对语音演化的影响。

下面试图从地图上看梅州客家方言溪母字读音在不同方言点的对应。（如图 3-14、图 3-15、图 3-16 所示）

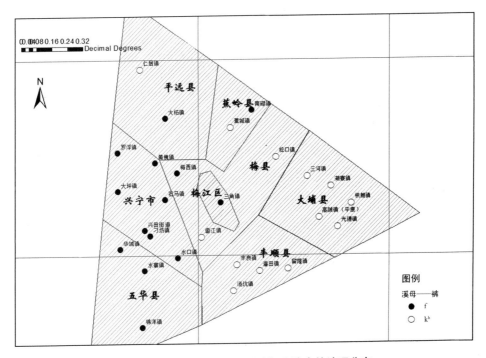

图 3-14　梅州客家方言"裤"字读音的地理分布

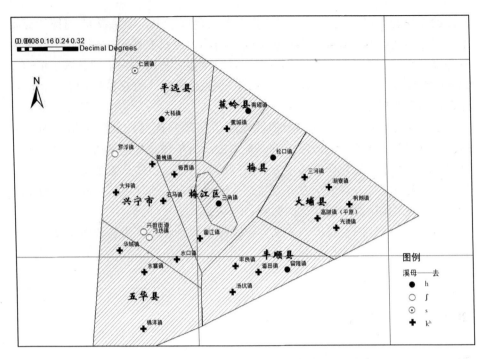

图3-15 梅州客家方言"去"字读音的地理分布

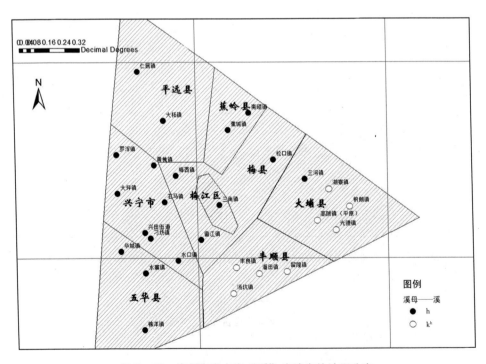

图3-16 梅州客家方言"溪"字读音的地理分布

我们发现，存在塞音—擦音交替现象的例字均表现为在中心地带读作擦音，在偏远山区读作塞音。从自然地理环境来看，梅州最高、最长的阴那—莲花山脉几乎直接将大埔县、丰顺县与梅州其他县区分隔开来，变成典型的交通不便的偏远山区。从地理语言学角度，一般认为同个方言内部，非中心城市或偏远山区总能保留较原始的语音面貌。由此可见，崎岖险峻的自然面貌对诸如大埔县、丰顺县其他县区较偏远的镇区话音的存古性起到了极其重要的屏障作用，致使有些点语音变得少，从而引起客家方言内部差异的形成。

（二）古溪母字的历史层次

目前，对南方方言溪母字的研究较多地集中在粤语且以广州粤语为多。王力早在1987年以前就关注到粤语溪母字的历史音变问题，将溪母开口字的音变路径拟为 $k^h > h$，而合口字又在开口字的基础上完成了到 f 的演变，即 $k^h > h > f$。对于读作 h 的合口字，王力认为，"大概是因为当时这些字读得不够圆唇"[①]。此观点得到李新魁（1996）、伍巍（1999）、刘镇发（2000）、董同龢（2001）等的支持，将溪母字拟音为 k^h-，并认为粤语 h、f、j、w 都是由 k^h 演变而来的。这种观点显然以《切韵》音系为出发点，并且认为这种演变得益于发音顺畅及省力原则，却没有很好地解释溪母文白异读时塞音和擦音的不同层次。

万波（2007）认为，粤方言溪母字读作 h 是与侗台语接触的结果。侍建国（2007）则认为，莞宝片粤方言擦音 h 的读法与客家话的接触影响相关，而其他粤语的擦音 h 只是过渡形式，不具备独立音位性质。郭沈青（2013）在各家研究的基础上认为，$h-$ 和 k^h- 不存在音变关系，应属于不同的历史层次，$h-$ 为粤语固有的白读层，k^h- 为中原移民带入的外来文读层。

再看关于客家方言溪母字读音的研究。项梦冰（2005）认为，客家话古溪母字在洪音韵母前均读作 k^h-，仅梅州"溪"字读作 hai^1，变异主要出现在细音，并构拟了古溪母字的音变路径（如图3-17所示）。

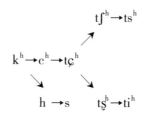

图 3-17　梅州客家方言古溪母字的音变路径

[①] 王力：《王力文集》（第十卷），山东教育出版社1987年版，第732页。

另外，刘泽民（2010）以群母为参照，同时比对粤语和平话，认为客家方言溪母字读擦音是浊音清化前的层次（因为群母并没有塞音擦化现象），可能是早期（或中古）南方汉语语音特征的遗留。我们认同刘泽民的观点，并试图在其研究基础上更深入地探讨梅州客家方言溪母字的演化机制。

由上文可知，溪母字读作 k^h - 在梅州客家方言具有较强的趋势，读擦音的多为客家方言白读常用字，读 k^h - 的多为文读字，有文白两读的，白读读作擦音，文读读作塞音。因此，我们推断塞音 k^h - 与擦音 h - 、f - 、ʃ - 、s - 为两个不同的历史层次。此外，由塞音—擦音交替现象的地理分布来看，塞音读法分布在偏远山区，即塞音应是擦音的存古表现。为此，我们认为，梅州客家方言溪母读作擦音应有两个读音层，其中大部分擦音应为客家方言原有的白读层，是一个相对较早的历史层次（当然，不排除擦音 h - 、f - 、ʃ - 、s - 的后续演化可能），这里相对应的塞音 k^h - 为后来的文读层；另有小部分塞音又实现擦音化，与原有白读层擦音相混。

关于溪母字读作塞音 k^h - 层次在客家方言中的形成，我们认为应是从中原带入的，是客家方言起源前便已存在的，属表层层次。对客家方言起源及形成，张光宇（1996）有过精辟论述："总而言之，客家话的起源是西晋末年的司豫方言，客家话是在司豫移民入闽粤赣交界地区转成客家人之后才成为族群标志出现的名称。"具体到客家方言溪母字的读音及分布，谢留文（2003）认为，见组无论韵母洪细均读舌根塞音声母是客家方言的主要类型，见于广东和福建；洪音韵母前读舌根塞音，细音韵母前腭化的主要分布在江西。由此可见，塞音 k^h - 在客家方言中分布面很广，从演化语言学角度看，不可能是后期自身演化的结果。综观客家方言见组字，其差异主要表现在细音前是否发生腭化。一般认为，没有发生腭化仍读作舌根塞音是承袭古音，如溪母读作舌根塞音 k^h - ，相应的腭化音应是由 k 组拼细音导致原来的舌根声母发音部位与韵母趋同而产生的变异，与官话方言相同，在各地客家方言中属平行演变。此外，谢栋元（2003）认为，"客方言中北方汉语（从时间上说是古代汉语、近代汉语）所占比例最大，土著的比例最小"[①]。为此，我们推测现在梅州客家方言溪母字送气清塞音 k^h - 应是对古代汉语和近代汉语的保存，是中原移民南下带来的。

田志军（2011）认为，"晚近粤东客家方言中的新安《新约》《客英词典》《客法词典》音系中均有部分溪母字（经统计约占全部溪母字的15%强）读[h]，同晓母，看不出其分化条件"[②]。从历史文献可知，早期客家方言便已有擦音 h - 。李新魁（1963）认为，"在魏晋以前，后代（如《切韵》时代）属

---

① 谢栋元：《客家话形成的三个阶段》，载《广东外语外贸大学学报》2003年第9期，第35页。
② 田志军：《近代晚期粤东客音研究》，南京大学2011年博士学位论文。

晓匣纽的字并不念为 [x] [ɣ]（或 [h] [ɦ]）的音，而是念成 [k] [kʰ] [gʰ] 的音，与见溪群纽没有区别"①。可知上古音晓系和见系本是合而不分，均读为舌根塞音。这在梅州客家方言中也有所表现，如"荷挑 kʰai¹"。同时也说明客家方言读作擦音 h，如晓、匣母的溪母字读音并不是上古的遗留，可能发生了如同晓母般由塞音 kʰ 到擦音 h 的演变。

学术界普遍将晓母字的演变路径构拟为 kʰ- 到 h- 或是进而到 f-，是因为从发音音理上看，kʰ->h->f- 的演变更为顺畅，且"从世界上各种语言语音的演变规律来看，一般的趋向是塞音变为擦音"②。为此，如同晓母字的演变，溪母字同样可以发生塞音擦化的演变，但类比必须考虑历时的先后和演化的进程问题。若溪母字开口音变 kʰ->h-、合口音变 kʰ->h->f- 成立，溪母字将进行与晓母一致的演化路径且与晓母字合并。而由溪母字仍保留大量的塞音 kʰ- 的事实来看，溪母字的演化应晚于晓母。这样的话，溪母开口字 h- 应与晓母开口字合并，合口字 f- 应与晓、匣合口字合并。但梅州客家方言今读 f- 的溪母合口字在各个方言点中存在不少 kʰ-、f- 的交替现象，而晓母极少有这种现象（仅"毁"字），即这些 kʰ-、f- 交替的溪母字并没有与晓母字合并。这与前面的假设相背，也就是说，以晓、匣母的演化类比溪母字并不合理。

具体到原有白读层的擦音 h 的形成时代，见组读作擦音 h- 的在梅州 27 个客家方言点里只出现在溪母字而没有出现在群母字。显然，h- 的形成是浊音清化后的演变，属于早期层次。关于客家方言的形成，邓晓华（1999）认为，"如果我们把客家话看作是一个多层装置的结构，那么，最底层的是壮侗语，中层的则是苗瑶语，最上层的是北方汉语"③。也就是说，擦音 h- 除了由塞音擦化而来外，还有更早期的层次。

研究客家方言，可以参照《切韵》，但又不能拘泥于《切韵》，因为客家方言中确实存在不少中古音之前的层次及少数民族语层次，"客家先民第一次大迁徙时，正是汉语从上古音过渡到中古音的时代，故北方移民带到长江中下游的语音有许多是中唐以上的古音。这些古音一直保存在客话里。如：唇音方面，保留了许多重唇音的读法；舌音方面，保留了许多舌头音的读法；韵母方面把中古一些哥戈韵的字读成上古音，韵母为 -ai 等"④。同时，"学界一般认为客家跟畲族发生族群互动，导致语言互动。所以客畲语言中相通成分很多，畲族甚至早在元明时就放弃本族语言而改操客家话"⑤。

---

① 李新魁：《上古音"晓匣"归"见溪群"说》，载《学术研究》1963 年第 2 期，第 92 页。
② 李新魁：《上古音"晓匣"归"见溪群"说》，载《学术研究》1963 年第 3 期，第 97 页。
③ 邓晓华：《客家话跟苗瑶壮侗语的关系问题》，载《民族语文》1999 年第 3 期，第 48 页。
④ 谢栋元：《客家话形成的三个阶段》，载《广东外语外贸大学学报》2003 年第 9 期，第 32 页。
⑤ 邓晓华：《客家话跟苗瑶壮侗语的关系问题》，载《民族语文》1999 年第 3 期，第 43 页。

（三）古溪母字的演化

由上文论证可知，梅州客家方言溪母字读作擦音 h- 在客家方言应分两个层次讨论，大部分擦音应为底层层次，塞音 k^h- 为中原移民带入的晚期层次，少部分擦音则为塞音擦化的结果。由表 3-9、表 3-10 可知，梅州 27 个客家方言点存在 k^h-～f-、h-～ʃ-/s-、k^h-～h-～ʃ-/s-、k^h-～h- 4 种交替形式，又因为溪母批量读擦音 f-、ʃ-、s- 在历史文献上找不到依据，因此，我们推测擦音 f-、ʃ-、s- 的形成与擦音 h-（原/擦化）有一定的关系。在这种认识的基础上，我们再来分析擦音 h-、f-、ʃ-、s- 之间的关系。

先看 h- 与 f- 的关系，比较梅州客家方言今读 f- 的方言点溪母字在梅州客家方言其他方言点的读音以及该方言点溪母今读 h- 在其他方言点的读音情况，可知擦音 h- 和 f- 不存在交替现象，即溪母字在梅州 27 个客家方言点中相同的字不同时存在 h- 和 f- 两种读音。那么，是否像王力先生说的，溪母开口字音变为 h-，合口字更进一步演变成 f-？我们发现并非如此，溪母开口字固然读作 h-，但合口字并非只读作 f-，如"墟""去"。仔细观察可以发现，梅州客家方言溪母字的音变并非仅以《切韵》开合口为依据，而是结合了后接元音的语音特征，也就是说，擦音 f- 只与合口洪音相拼，擦音 h- 与开口字及合口细音字相拼。对于读 h 的合口字，王力（1987：732）认为，"大概是因为当时这些字读得不够圆唇"，所以没有演变成 f-，也就是说，合口细音字读得不够圆唇，与圆齿擦音 f- 发音不协和，所以没变。

再看 ʃ- 和 s- 演变的确切原因，应是一种晚起的变化，并且这种变化应该至今还没有彻底完成，从溪母字在梅州 27 个客家方言点的读音及交替关系来看，应均为擦音 h- 演化的结果，与擦音 f- 没有必然联系。仔细分析读作擦音 ʃ- 和 s- 的例字"墟$_{遇合三}$""去$_{遇合三}$""弃器$_{止开三}$""起$_{止开三}$""气汽$_{止开三}$""丘$_{流开三}$"，可以发现这些字均为细音字且均与 h- 有交替，也就是说，与开口字及合口细音字相拼的擦音 h- 又再次演化，在开口合口细音字前演化为擦音 ʃ- 或 s-。再认真观察擦音 ʃ- 和 s- 的分布区域，会发现擦音 s- 仅出现在方言点仁居，而擦音 ʃ- 则主要分布在兴宁及五华地带，且伴随着舌面前高元音 i 擦音化为舌尖元音 ɿ 的现象。显然，以《切韵》等呼条件无法解释这一音变现象，从音理上看，梅州客家方言溪母 h- > ʃ-/s- 似乎没有直接音变动力，而又没有资料可以显示有其他中间音变阶段。因此，我们认为这与兴宁五华精、知、庄、章组声母的类化有关。

考察溪、晓两母字，发现读作擦音 ʃ- 和 s- 的条件与韵摄有一定的关系。由于上古音有晓、匣归见、溪、群的说法，又由上文可知，梅州客家方言现见、晓不分并非上古存留，而是已经分化出来的见、晓，但由于见晓组在上古的亲密关系，如徐通锵先生说的"语音变化的回归现象"，致使在后续的变化中，溪母再次产生与晓母类似的演化。

遇摄合口三等溪母字"墟""去"读作ʃɿ/ʃi/si，有同韵摄晓母字"虚""嘘""许"读作ʃɿ/ʃi/si；止摄开口三等溪母字"弃""器""起""气""汽"读作ʃɿ/ʃi/si，对应同韵摄晓母字"熙""喜""希""稀"读作ʃɿ/ʃi/si；流摄开口三等溪母字"丘"读作ʃu/siu，有同韵摄晓母字"休""朽"读作ʃu/siu（"嗅"字较少读）。溪母读作擦音ʃ‑和s‑的方言点均能在该点同韵摄晓母字中找到对应。

至此，我们可以得出结论，梅州客家方言溪母ʃ‑是类比同韵摄晓母字的读音，从h‑中分化出来的。由梅州其他方言点读音情况看来，这种类化应处在发展状态，还没有彻底完成。而仁居演化为擦音s‑则是上述类化作用及精、知、庄、章仅有一套擦音的系统下的综合结果。另有三等字介音i脱落的情况，致使擦音ʃ‑与非细音u相拼，我们认为这些都是在类化的基础上后起的演变。

这样，梅州客家方言中古溪母字的演变过程可以表示如下。（如图3‑18所示）

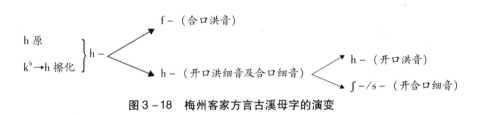

图3‑18　梅州客家方言古溪母字的演变

综上讨论，我们可以得出3点结论。①溪母字读作k^h‑与h‑存在两种层次关系，一方面，h‑为土著转说客家方言带入的，k^h‑为中原南下形成客家方言时带入的；另一方面，塞音k^h擦化再次产生擦音与原有擦音合流。②h‑与f‑为音变关系，h‑>f‑的音变严格以合口洪音为条件。③擦音ʃ‑/s‑为正在进行的音变，成因于类推，比同于同韵摄的晓母字。

梅州客家方言溪母字的历史层次及音变说明，客家方言历史演化研究不能拘泥于中古《切韵》音系，还应考虑地理接触、族群互动及音系调整等微观作用对语音演化的影响，否则很难对客家方言的历史演变做出客观的推断。

第四章　梅州客家方言韵母研究

第一节　梅州客家方言韵母的读音情况

梅州各县区客家方言韵母的一致性不如声母的一致性那么强。下面我们在从地理语言学角度探讨梅州客家方言韵母前，先梳理梅州客家方言韵母的读音及演化情况。

一、阴声韵的读音情况

（一）果摄

果摄分一等和三等，均有开合。果摄开口一等字以读作单元音韵母 ɔ 为主，大埔境内裂化为复合元音 ou，一等字歌韵有少数例字白读层读作 ai，果摄开口三等字只有一个例字"茄"，在各县区读音主要表现为加上介音 i 的对应的开口一等字读音，并伴随有更进一步裂化的现象，部分方言点读作 iau；果摄合口字与开口字相同，一等字以读作 ɔ 为主，大埔县读作复合元音 ou，只有少数方言点有合口介音 u，读为 uɔ。（见表 4-1）

表 4-1　果摄韵母对照

方言点	果开一						果开三	果合一		果合三
	多	他	大	个	我	茑/荷	茄	玻	果	靴
三角	ɔ	a	ai	ɛ	ai	ɔ/ai	iɔ	ɔ	uɔ	iɔ
梅西	ɔ	a	ai	ɛ	ai	ɔ/ai	iɔ	ɔ	ɔ	iɔ
畲江	ɔ	a	ai	ɛ	ai	ɔ/ai	iɔ	ɔ	ɔ	—
松口	ɔ	a	ai	ai	ei	ɔ/ai	iɔ	ɔ	ou	iɔ
蕉城	ɔ	a	ai	ɛ/ɔ	ai	ɔ/ai	iɔ	ɔ	uɔ	iɔ
南磜	ɔ	a	ai	ɛ	ai	ɔ/ai	iɔ	ɔ	ɔ	iɔ

续表4-1

方言点	果开一					果开三	果合一		果合三
	多	他	大	个	我	茄/荷	玻	果	靴
大柘	ɔ	a	ai	ɛ/ɔ	ai	ɔ/ai	ɕi	ɔ	ɔ	iɔ
仁居	ɔ	a	ai	ei/ɔ	ai	ɔ/ai	ɕi	ɔ	ɔ	ɕi
兴田	ɔ	a	ai	iɛ/ɔ	ai	ɔ/ai	ɕi	ɔ	ɔ	ɔ
罗浮	ɔ	a	ai	ɛ	ai	ɔ/ai	iu	ɔ	ɔ	ɔ
黄槐	ɔ	a	ai	ɛ	ai	ɔ/ai	iu	ɔ	ɔ	ɔ
大坪	ɔ	a	ai	ɛ/ɔ	ai	ɔ/ai	iu	ɔ	ɔ	—
石马	ɔ	a	ai	iɛ/ɔ	ai	ɔ/ai	ɕi	ɔ	ɔ	—
刁坊	ɔ	a	ai	ɔ/ɛ	ai	ɔ/ai	ɕi	ɔ	ɔ	ɔ
水口	ɔ	a	ai	ɛ	ai	ɔ/ai	iau	ɔ	ɔ	ɔ
水寨	ɔ	a	ai	ɛ/ɔ	ai	ɔ/ai	iu	ɔ	ɔ	ɔ
华城	ɔ	a	ai	ɛ/ɔ	ai	ɔ/ai	ɕi	ɔ	ɔ	ɔ
棉洋	ɔ	a	ai	ai/ɔ	ai	ɔ/ai	ɕi	ɔ	ɔ	ɕi
湖寮	ou	a	ai	ei	ai	ou/ai	uai	ou	ou	iau
三河	ou	a	ai	ei	ai	ou/ai	iau	ou	ou	iau
枫朗	ou	a	ai	ei	ai	ou/ai	iau	ou	ou	iau
光德	ou	a	ai	ai	ai	ou/ai	iau	ou	ou	iau
高陂	ou	a	ai	ei	ai	ou/ai	iau	ou	ou	iau
汤坑	ɔ	a	ai	ai	ai	ɔ/ai	iɔ	ɔ	uɔ	iɔ
丰良	ɔ	a	ai	ei	ai	ɔ/ai	ɕi	ɔ	uɔ	ɕi
潘田	ɔ	a	ai	ei/iɔ	ai	ɔ/ai	ɕi	ɔ	ɔ	ɕi
留隍	ɔ	a	ai	ei	ai	ɔ/ai	iau	ɔ	uɔ	iɔ

从历史层次来看，读音 ai 应属上古层，严修鸿（2004）认为，"客家话歌韵读 ai 者乃白读层次的存古读法"[①]，有白读层 "我" 及 "荷" 两个例字。

梅州客家方言 "多" 字读音的地理分布如图 4-1 所示。

[①] 严修鸿：《客家话匣母读同群母的历史层次》，载《汕头大学学报》（人文社会科学版）2004年第1期，第41页。

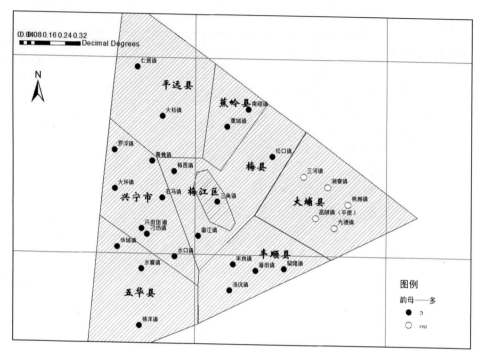

图 4-1　梅州客家方言"多"字读音的地理分布

与 ai 对应的文读层读作 ɔ，是梅州客家方言果摄字的主流读音，这里 ɔ 有记作 o 的（黄雪贞，1987；饶秉才，1989），应与记音的音位处理宽严有关，不影响对演变情况的分析。如图 4-1 可知，果摄主流层读作 ou 的在梅州客家方言中仅分布在大埔县各个方言点。李菲（2014）曾用实验手段证明 ou 的存在，我们认为，ou 的出现与果摄主流元音 ɔ 的高化裂变有关，不同方言区，如翁源、揭西、秀篆、武平等也都出现元音 ɔ 的高化裂变，从音理上看，应是从在 ɔ 后增生一个更高、更紧的滑音 u 开始。这类裂化在各方言中都有。

梅州客家方言"果"字读音的地理分布如图 4-2 所示。

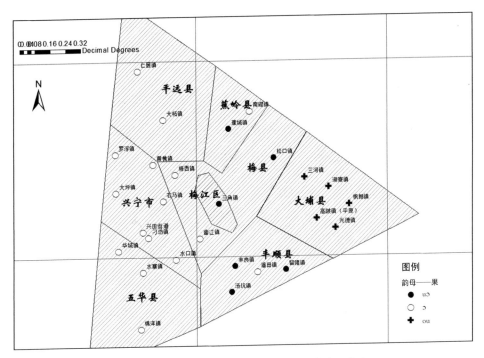

图4-2 梅州客家方言"果"字读音的地理分布

合口韵部分保留合口痕迹读成 uɔ，应属近代以后的层次，合口 u 介音及 i 介音的脱落与声母有一定的关系。刘涛（2003）为梅州客家方言分片时认为，梅县、蕉岭、平远一片与大埔、丰顺一片果摄合口一等韵一般读合口韵，由图4-2可知，这个合口现象在梅县、蕉岭、丰顺大致保留，在平远、大埔则已开口化，即核心区读 uɔ 是存古表现，西边读作 ɔ 是后期读法，东边读作 ou 是晚期演变的结果。

梅州客家方言"个"字、"茄"字读音的地理分布如图4-3、图4-4所示。

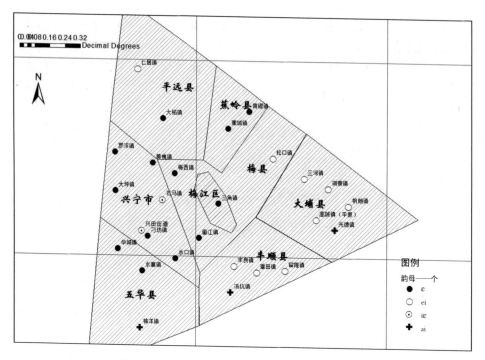

图 4-3 梅州客家方言"个"字读音的地理分布

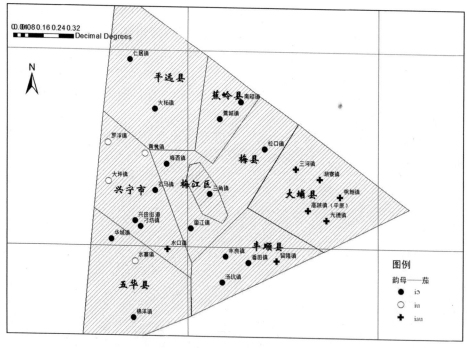

图 4-4 梅州客家方言"茄"字读音的地理分布

ε—ei 组、iɔ—iu—iau 组对应也是元音高化裂变的结果。ε—iε 组对应,这里 iε 的 i 实际上是非音位性的,应是韵母 i 与 e/ε 相拼时产生的衍音。只能说,大埔县客家方言果摄韵母的各个读音层面似乎在裂化过程中走得更快一步。

(二) 假摄

假摄无论开合口,韵母主要元音均为 a。三等字除章母外,带介音 i。合口字有介音 u,但合口介音 u 也已经出现不同程度的脱落,且表现出一定的地域性特征,兴宁市内各方言点的假摄合口二等字介音 u 已经脱落。(见表 4-2)

表 4-2 假摄韵母对照

方言点	假开二	假开三		假合二	
	巴	写	蛇	瓜	花
三角	a	ia	a	ua	a
梅西	a	ia	a	ua	a
畲江	a	ia	a	a	a
松口	a	ia	a	ua	a
蕉城	a	ia	a	ua	a
南礤	a	ia	a	ua	a
大柘	a	ia	a	ua	a
仁居	a	ia	a	ua	a
兴田	a	ia	a	a	a
罗浮	a	ia	a	a	a
黄槐	a	ia	a	a	a
大坪	a	ia	a	a	a
石马	a	ia	a	a	a
刁坊	a	ia	a	a	a
水口	a	ia	a	a	a
水寨	a	ia	a	a	a
华城	a	ia	a	ua	a
棉洋	a	ia	a	a	a
湖寮	a	ia	a	ua	a
三河	a	ia	a	ua	a
枫朗	a	ia	a	ua	a

续表 4-2

方言点	假开二	假开三		假合二	
	巴	写	蛇	瓜	花
光德	a	ia	a	ua	a
高陂	a	ia	a	ua	a
汤坑	a	ia	a	ua	a
丰良	a	ia	a	ua	a
潘田	a	ia	a	ua	a
留隍	a	ia	a	ua	a

假摄开合口读音在梅州客家方言里一致性非常强，差异仅表现在合口二等部分见组字，如"瓜"。如图 4-5 所示，假摄合口二等见组字在五华、兴宁主要读作开口韵，与其接壤的梅县区畲江镇也有别于梅县区其他方言点，改读作开口韵，这无疑是地缘关系的作用。

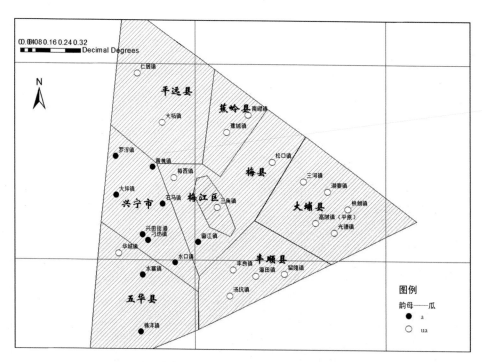

图 4-5 梅州客家方言"瓜"字读音的地理分布

(三) 遇摄

遇摄只有合口字。合口一等以读 u 为主，仅梅县区、梅江区、兴宁市、五华县、大埔县及平远县精组字读作舌尖音 ɿ；合口三等非组、知组、章组字各县区均读 u，泥组、精组、见组字各县区主要读作 i，其余各组读音不一致，梅江区、梅县区、大埔县一般读 ɿ，蕉岭县、平远县、丰顺县 u、ɿ 均有，兴宁市、五华县一般读 ɔ、ɿ。合口三等"所"字较为特殊，读同果摄。各县遇摄疑母字都有声化韵 m̩/ŋ̍ 读音。(见表 4-3)

表 4-3 遇摄韵母对照

方言点	遇合一			遇合三					遇合三		
	布	祖	五	猪	初	所	去	余	夫	取	数
三角	u	ɿ	m̩	u	ɿ	ɔ	i	i	u	i	ɿ
梅西	u	ɿ	m̩	u	ɿ	ɔ	i	i	u	i	ɿ
畬江	u	ɿ	m̩	u	ɿ	ɔ	i	i	u	ɿ	ɿ
松口	u	ɿ	m̩	u	ɿ	ɔ	i	i	u	i	ɿ
蕉城	u	u	m̩	u	ɿ	ɔ	i	i	u	i	u
南礤	u	u	m̩	u	ɿ	ɔ	i	i	u	i	—
大柘	u	ɿ	m̩	u	ɿ	ɔ	i	i	u	i	ɿ
仁居	u	ɿ	m̩	u	ɿ	ɔ	i	i	u	i	u
兴田	u	ɔ	m̩	u	ɔ	ɔ	i	ɨ	u	i	ɿ
罗浮	u	ɿ	ŋ̍	u	ɔ	ɔ	i	ɨ	u	i	ɿ
黄槐	u	ɿ	m̩	u	ɔ	ɔ	i	ɨ	u	i	ɿ
大坪	u	ɔ	ŋ̍	u	ɔ	ɔ	i	ɨ	u	i	ɿ
石马	u	ɿ	ŋ̍	u	ɔ	ɔ	i	ɨ	u	i	ɿ
刁坊	u	ɿ	ŋ̍	u	ɔ	ɔ	i	ɨ	u	i	ɿ
水口	u	ɔ	ŋ̍	u	ɔ	ɔ	i	ɨ	u	i	ɿ
水寨	u	ɿ	ŋ̍	u	ɔ	ɔ	i	ɨ	u	i	ɿ
华城	u	ɿ	m̩	u	ɔ	ɔ	i	i	u	i	ɿ
棉洋	u	ɿ	m̩	u	ɔ	ɔ	i	i	u	i	ɿ
湖寮	u	ɿ	m̩	u	ɿ	ou	i	u	u	i	ɿ
三河	u	ɿ	m̩	u	ɿ	ou	i	u	u	i	ɿ
枫朗	u	ɿ	m̩	u	ɿ	ou	i	u	u	i	ɿ
光德	u	ɿ	m̩	u	ɿ	ou	i	u	u	i	ɿ

续表 4-3

方言点	遇合一			遇合三					遇合三		
	布	祖	五	猪	初	所	去	余	夫	取	数
高陂	u	ɿ	m̩	u	ɿ	ou	i	u	u	i	ɿ
汤坑	u	u	m̩	u	u	ɔ	ə	ɨ	u	i	u
丰良	u	u	m̩	u	u	ɔ	i	ɨ	u	i	u
潘田	u	u	m̩	u	ɿ	ɔ	i	ɨ	u	i	u
留隍	u	u	m̩	u	u	ɔ	i	ɨ	u	i	—

梅州客家方言"祖"字读音的地理分布如图 4-6 所示。

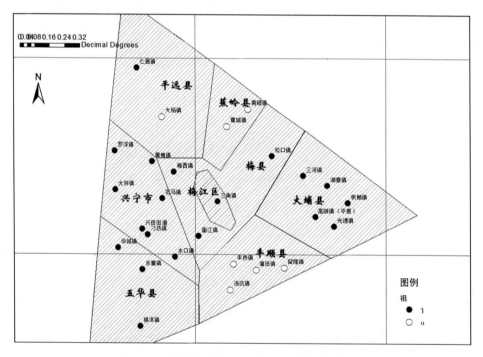

图 4-6 梅州客家方言"祖"字读音的地理分布

遇摄韵母读作 u 应是固有形式，如图 4-6 所示，遇摄合口一等精组字读作 u 仅保留在以丰顺县为主，兼及蕉岭县、平远县的个别方言点。由地理分布示意图可知，u→ɿ 的演变与地理分布应该没有太大的关系，而是由齿音声母引起的韵母舌尖化（前化出位）的结果。这个推论同样适用于遇摄合口三等字的齿音声母，如"初""数"。（如图 4-7、图 4-8 所示）

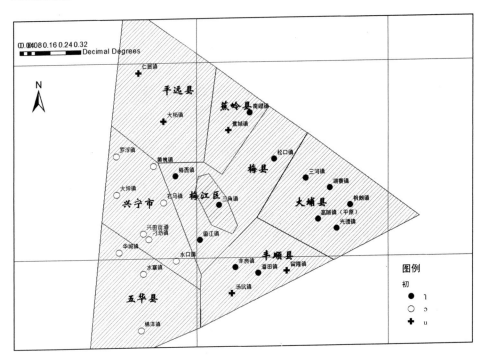

图4-7 梅州客家方言"初"字读音的地理分布

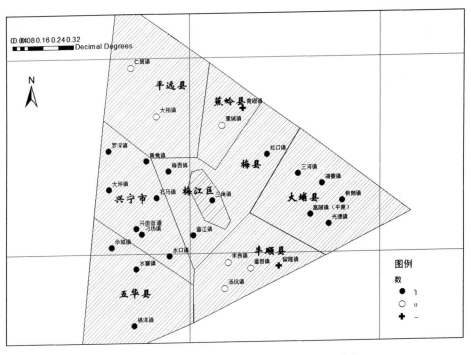

图4-8 梅州客家方言"数"字读音的地理分布

同时，由表 4-3 可知，合口三等泥组、精组、见组字主要读作 i，也是元音前化的结果。另外，由遇摄合口三等"初"在五华、兴宁等地读音 ɔ 的分布看来，原有韵母 u 在齿音声母前不只发生了前化运动，还有元音低化的演变。从元音韵母舌面化程度的地理分布来看，大埔县、梅县区、梅江区的演变较为彻底。

（四）蟹摄

蟹摄开口一等字韵母除帮组外主要读作 ai 和 ɔi，兴宁个别方言点读 uɔi，帮组读作 i/ui（大埔、丰顺）。蟹摄开口二等见组字在梅县区、梅江区、蕉岭县、平远县有介音 i（部分例字也有脱落趋势），读作 iai，"佳"字例外，读作 a，与假摄同；除见组外，主要读作 ai，个别字在大埔、丰顺读作 ei。蟹摄开口三等除章组字读 ɿ 和 ɨ 外，其他读作 i。蟹摄开口四等文读层读作 i，白读层有读作 ai 和 ei/ɛ 的。（见表 4-4）

表 4-4 蟹摄开口韵母对照

方言点	蟹开一			蟹开二		蟹开三		蟹开四	
	台	太	贝	介	鞋	币	制	鸡	溪
三角	ɔi	ai	i	iai	ai	i	ɿ	ɛ	ai
梅西	ɔi	ai	i	iai	ai	i	ɿ	ɛ	ai
畲江	ɔi	ai	i	ie	ai	i	ɿ	ai	ai
松口	ɔi	ai	i	iai	ai	i	ɿ	e	ai
蕉城	ɔi	ai	i	iai	ai	i	ɿ	e	ai
南礤	ɔi	ai	i	iai	ai	i	ɿ	ɛ	ai
大柘	ɔi	ai	i	iai	ai	i	ɿ	ɛ	ai
仁居	ɔi	ai	i	iai	ai	i	ɿ	ei	ai
兴田	uɔi	ai	i	ai	ai	i	ɨ	ai	ai
罗浮	uɔi	ai	i	ai	ai	i	ɨ	ai	ai
黄槐	uɔi	ai	i	ai	ai	i	ɨ	ai	ai
大坪	ɔi	ai	i	ai	ai	i	ɨ	ai	ai
石马	ɔi	ai	i	ai	ai	i	ɨ	ai	ai
刁坊	ɔi	ai	i	ai	ai	i	ɨ	ai	ai
水口	ɔi	ai	i	ai	ai	i	ɨ	ai	ai
水寨	ɔe	ai	i	ai	ai	i	ɨ	ai	ai
华城	ɔi	ai	i	ai	ai	i	i	ai	ai

续表4-4

方言点	蟹开一			蟹开二		蟹开三		蟹开四	
	台	太	贝	介	鞋	币	制	鸡	溪
棉洋	ɔi	ai	i	ai	ai	i	ɿ	ai	ai
湖寮	ɔi	ai	ui	ai	ei	i	ɨ	ei	ei
三河	ɔi	ai	ei	ai	ei	i	ɨ	ei	ei
枫朗	ɔi	ai	ui	ai	ei	i	ɨ	ei	ei
光德	ɔi	ai	ui	ai	ei	i	ɨ	ei	ei
高陂	ɔi	ai	ui	ai	ei	i	ɨ	ei	ei
汤坑	ɔi	ai	ui	ai	e	i	ɨ	ɛ	ɛ
丰良	ɔi	ai	i	ai	ei	i	ɨ	ei	ei
潘田	ɔi	ai	ui	ai	ei	i	ɨ	ei	ei
留隍	ɔi	ai	i	ai	e	i	i	e	e

蟹摄开口一等字在兴宁个别方言点读作 uɔi 实际上是声母在与元音 ɔ/o 结合时产生的过渡音，是语音层面的演变。而蟹摄开口一等字帮组、端系 ɔi 读音产生过渡音 u 后，主要元音 ɔ 发生弱化，变成 uəi/uei，再进一步变成 ui/ei，如 "贝"。（如图4-9所示）

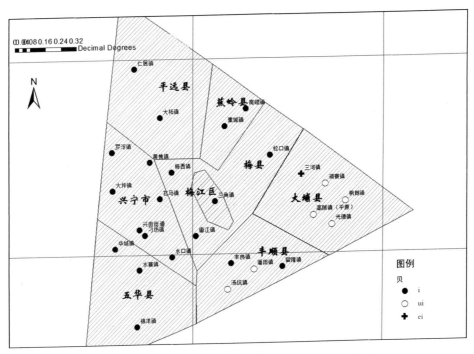

图4-9 梅州客家方言"贝"字读音的地理分布

开口字读如合口的情况在粤语和闽语中同样存在,据《汉语方言字汇》,广州粤语"贝"字读作 pui,福州闽语"贝"字读作 puei,蟹摄开口一等在梅州客家方言里主要读作 i。如图 4-9 所示,梅江区、梅县区、蕉岭县、平远县、兴宁市、五华县及丰顺县个别方言点均读作 i。我们推测,读如合口韵与闽语的地理接触有关。据《汉语方言字汇》,"贝"字厦门闽语读作 pue,潮州闽语读作 pue,福州闽语读作 puei。

此外,蟹摄开口二等与四等在梅州 27 个客家方言点中有 ai—ei 两个对应。下面我们从"鞋""鸡""溪"3 个例字来看这两种读音的分布及演变情况。(如图 4-10、图 4-11、图 4-12 所示)

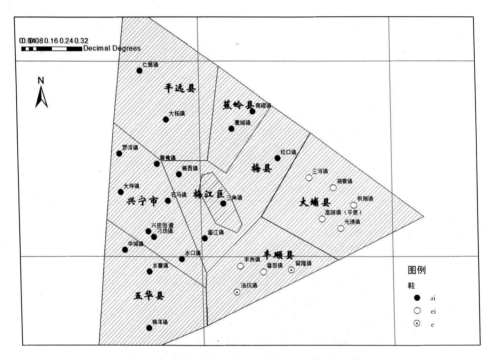

图 4-10 梅州客家方言"鞋"字读音的地理分布

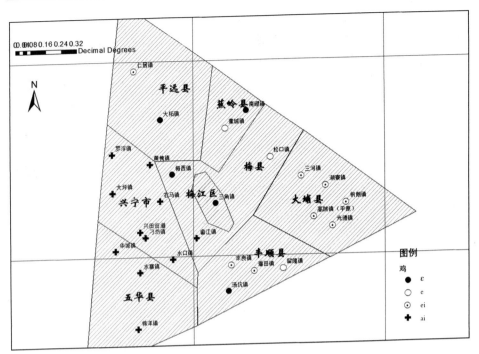

图4-11 梅州客家方言"鸡"字读音的地理分布

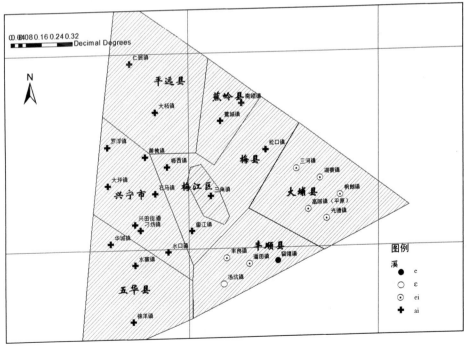

图4-12 梅州客家方言"溪"字读音的地理分布

大埔县、丰顺县帮组、端组、精组、见组、晓组后有读作 ei 的，梅江区、梅县区、兴宁市、五华县精组、见晓组后有读 ei，其他各组声母只有 ai 和 i。ei/ɛ 和 ai 类读音在不同组别的声母后出现互补分布状态，且梅州 27 个方言点在声母条件下，甚至在辖字上都表现得相当一致。也就是说，ei/ɛ 读音和 ai 读音应该是条件式音变的未变项和已变项，是由元音韵母 ei 到 ai 的主元音低化的音变结果。

蟹摄合口一等字主要读作 i/ɔi 和 ui/ɔi。梅县区等读 i 的在大埔丰顺一般读作 ui（三河读为 ei），读 ɔi 的多为常用字，各县区读音较统一，蟹摄合口一等灰韵字"块"和泰韵见组除兴宁及五华部分地区读作 ai 外，与蟹摄合口二等字相同，多读作 uai，蟹摄合口二等字"画""话"_{名词}韵母读作 a，与前接声母 f 有关。蟹摄合口三等字主要也读作 i/ɔi 和 ui/ɔi。精组"脆""岁"部分方言点有文白异读，一般文读读作 ui，白读读作 ɔi/ɛ。蟹摄合口四等字一般读为 ui，少数方言点见组字介音 –u– 有类似唇齿音 v 色彩，这与介音时长有关。（见表 4–5）

表 4–5　蟹摄合口韵母对照

方言点	蟹合一				蟹合二		蟹合三			蟹合四
	杯	块	灰	回	怪	画	脆	岁	肺	桂
三角	i	uai	ɔi	i	uai	a	ɔi	ui/ɛ	i	vi
梅西	i	uai	ɔi	i	uai	a	ɔi	ui/ɛ	i	vi
畲江	i	uai	ɔi	i	ai	a	ɔi	ɔi	i	vi
松口	i	uai	ɔi	i	uai	a	ɔi	ei	i	vi
蕉城	i	uai	ɔi	i	uai	a	ɔi	e	i	vi
南磜	i	uai	ɔi	i	uai	a	ɔi	—	i	vi
大柘	i	uai	ɔi	i	uai	a	ɔi	ui/ɛ	i	vi
仁居	i	uai	ɔi	i	uai	a	ɔi	ui	i	vi
兴田	i	ai	uɔi	i	ai	a	uɔi	uɔi	i	vi
罗浮	i	ai	uɔi	i	ai	a	uɔi	ɔi	i	vi
黄槐	i	ai	uɔi	i	ai	a	uɔi	uɔi	i	vi
大坪	i	ai	ɔi	i	ai	a	ɔi	ɔi	i	vi
石马	i	ai	ɔi	i	ai	a	ɔi	ɔi	i	vi
刁坊	i	ai	ɔi	i	ai	a	ɔi	ɔi	i	vi

续表 4-5

方言点	蟹合一				蟹合二		蟹合三			蟹合四
	杯	块	灰	回	怪	画	脆	岁	肺	桂
水口	i	ai	ɔi	i	ai	a	ɔi	ɔi	vi	vi
水寨	i	uai	ɔe	i	ai	a	ɔi	ɔe	i	vi
华城	i	uai	ɔi	i	uai	a	ɔi	ɔe	i	vi
棉洋	i	ai	ɔi	ui	ai	a	ɔi	ɔi	ui	vi
湖寮	ui	uai	ɔi	ui	uai	a	ui/ɔi	ui/ei	ui	ui
三河	ei	uai	ɔi	ei	uai	a	ɔi	ei	ei	ui
枫朗	ui	uai	ɔi	ui	uai	a	—	—	i	
光德	ui	uai	ɔi	ui	uai	a	ui/ɔi	ui/ei		
高陂	ui	uai	ɔi	ui	uai	a	ui/ɔi	ui/ei	i	
汤坑	ui	uai	ɔi	ui	uai	a	ui/ɛ	ui/ɛ		vi
丰良	i	ai	ɔi	i	uai	a	ei	ei	i	vi
潘田	ui	uai	ɔi	ui	uai	a	ui/ei	ui/ei	ui	vi
留隍	ui	uai	ɔi	ui	uai	a	—	—	ui	vi

蟹摄合口文读音 ui，在帮组、端系声母后介音 u 常脱落，读作 i，如表 4-5 "杯""回""肺"等字，但在部分方言点（如三河），介音 u 与前元音 i 组合后，发音时舌头进行从后往前的运动过程，为了保持发音的和谐度，发生增生 e/ɛ 等流音的音变，该流音又可以发展为主元音，读作 uei。同样，在帮组、端系声母后失落介音 u，读作 ei。

从例字"杯"i、ui、ei 的读音分布来看，仅大埔县、丰顺县的介音 u 保留得较完整，读音 ei 仅分布在大埔县腹地三河镇，应是语音自身演变的结果。（如图 4-13 所示）蟹摄合口字在梅州客家方言里的一致性还是比较强的，除了以上差异外，合口介音 u 在合口二等字中的存留还曾被作为方言分片的韵母依据，如例字"怪"。（如图 4-14 所示）

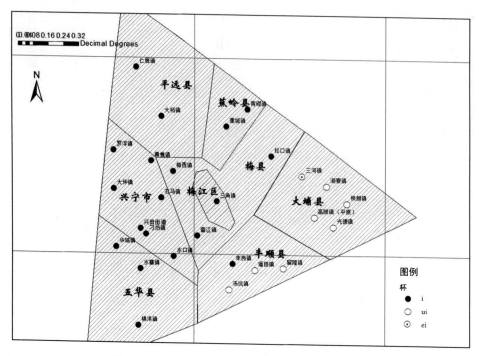

图 4-13 梅州客家方言"杯"字读音的地理分布

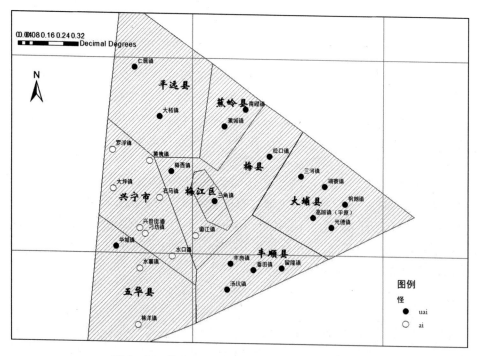

图 4-14 梅州客家方言"怪"字读音的地理分布

据蟹摄合口二等韵牙音字读音情况可以将梅州客家方言分成两类，兴宁市及五华县（水寨镇、棉洋镇）介音 u 失落读作开口韵，大埔县、丰顺县、梅江区、梅县区、蕉岭县、平远县及五华县（华城镇）介音 u 得到保留，读作合口韵 uai，即是刘涛（2003）的韵母分片依据，但从五华县（华城镇）的特例保留来看，介音 u 的失落应是语音的自身演变，强行以地理特征和行政区划为参照，这样概括出来的语音分片特征并不会太理想。

（五）止摄

止摄只有三等字，开口字主要读作 i 和 ɿ/ɨ，精、知、庄、章 4 组字主要读作 ɿ/ɨ，五华华城、水寨部分知、章组读作 i。另外，止摄开口脂韵精组"姊""死""四"各县均读 i，日母及见系在大埔、兴宁、丰顺主要读作 ɨ，其余读作 i。止摄开口三等支、脂、之韵的齿音字一般读 ɿ/ɨ。

止摄合口三等支韵各县主要读作 ui 和 ɔi，有文白异读的，读作 ɔi 的一般为白读层；脂韵各县区以读 ui 为主，少数方言点有读 ei 或 i；微韵非组晓、匣母字除大埔、丰顺读 ui，其余一般读 i。（见表 4-6）

表 4-6 止摄韵母对照

方言点	止开三				止合三				
	碑	迟	始	姨	吹	醉	水	非	贵
三角	i	ɿ	ɿ	i	ɔi	ui	ui	i	ui
梅西	i	ɿ	ɿ	i	ɔi	ui	ui	i	ui
畲江	i	ɿ	ɿ	i	ui	ui	vi	i	ui
松口	i	ɿ	ɿ	i	ɔi	ui	ui	i	vi
蕉城	i	ɿ	ɿ	i	i	ui	ui	i	vi
南礤	i	ɿ	ɿ	i	ɔi	ui	ei	i	vi
大柘	i	ɿ	ɿ	i	ui	ui	e	i	ui
仁居	i	ɿ	ɿ	i	ui	ui	ui	i	vi
兴田	i	ɿ	ɨ	ɨ	ui	ui	ui	i	ui
罗浮	i	ɿ	ɨ	ɨ	ui	i	ui	i	ui
黄槐	i	ɿ	ɨ	ɨ	ui	ui	ui	i	ui
大坪	i	ɿ	ɨ	ɨ	ui	ui	ui	i	ui
石马	i	ɿ	ɨ	ɨ	ui	ui	ui	i	ui
刁坊	i	ɿ	ɨ	ɨ	ui	ui	ui	i	ui
水口	i	ɿ	ɨ	ɨ	ui	ui	ui	i	ui

续表4-6

方言点	止开三				止合三				
	碑	迟	始	姨	吹	醉	水	非	贵
水寨	i	i	ɿ	ɿ	ui	i	ui	i	ui
华城	i	i	ɿ	ɿ	ui	ui	ui	i	ui
棉洋	i	ʅ	ɿ	i	ui	ui	ui	ui	ui
湖寮	i	ʅ	ɿ	ɿ	ɔi	ui	ui	ui	ui
三河	i	ʅ	ɿ	ɿ	ɔi	ei	ei	ei	ui
枫朗	i	ʅ	ɿ	ɿ	ɔi	ui	ui	—	ui
光德	i	ʅ	ɿ	ɿ	ɔi	ui	ui	ui	ui
高陂	i	ʅ	ɿ	ɿ	ɔi	ui	ui	ui	ui
汤坑	i	ʅ	ɿ	ɿ	ɔi	ui	ui	ui	ui
丰良	i	ʅ	ɿ	ɿ	ɔi	ui	ui	i	ui
潘田	i	ʅ	ɿ	ɿ	ɔi	ui	ui	ui	ui
留隍	i	ʅ	ɿ	i	ɔi	ui	ui	—	ui

梅州客家方言"迟"字读音的地理分布如图4-15所示。

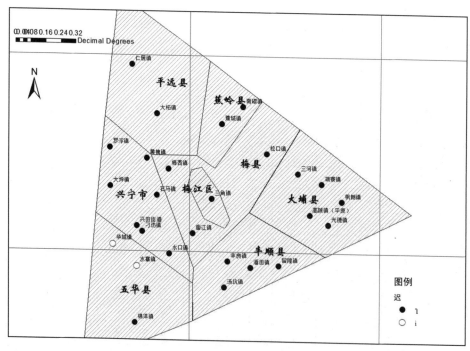

图4-15 梅州客家方言"迟"字读音的地理分布

止摄读作 i 应是客家方言的早期形式，在齿音声母前读作 ɿ/ɨ 是声韵竞争的结果。翘舌音声母 tʂ、tʂʰ、ʂ 与高元音韵母 i 不相容，五华县华城镇、水寨镇齿音声母前保留高元音韵母 i，可以进一步证明五华县两套齿音声母分别是舌尖前声母 ts、tsʰ、s 和舌叶音声母 ʧ、ʧʰ、ʃ。

梅州客家方言"姨"字读音的地理分布如图 4-16 所示。

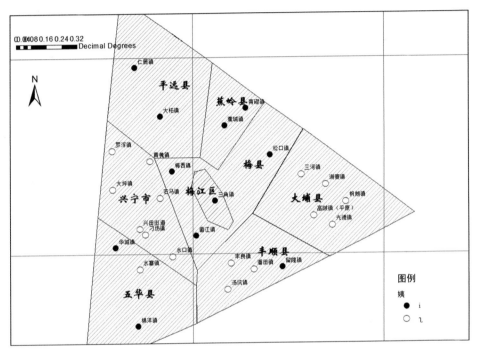

图 4-16 梅州客家方言"姨"字读音的地理分布

第三章第一节声母异同部分已讨论过声母 j 与 ʒ 的分布及演变关系，止摄开口日母及见系在大埔兴宁丰顺主要读作 ɨ，其余读作 i 的分布与声母的分布是相对应的，韵母 ɨ 的产生亦是声韵竞争的结果。

由表 4-6 可知，止摄合口三等非组在梅州 27 个客家方言点中存在 i—ei—ui 对应，精组字存在 i—ei/ui 对应，来母和知、章组字存在 i/ɔi—iɕ/ui—iɕ/ui—iɔi 对应。非组字在梅江区、梅县区、蕉岭县、平远县、兴宁市、五华县读作 i，在大埔县、丰顺县读作 ui，如例字"非"的地理分布，丰顺县丰良镇因为与梅县区接壤，也读作 i。(如图 4-17 所示)

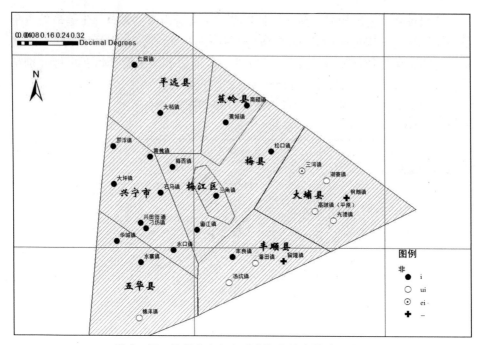

图 4-17　梅州客家方言"非"字读音的地理分布

精组字在梅江区、梅县区、平远县、兴宁市、大埔县、丰顺县主要读作 ui，在蕉岭县、五华县主要读作 i/ui，如例字"醉"。（如图 4-18 所示）

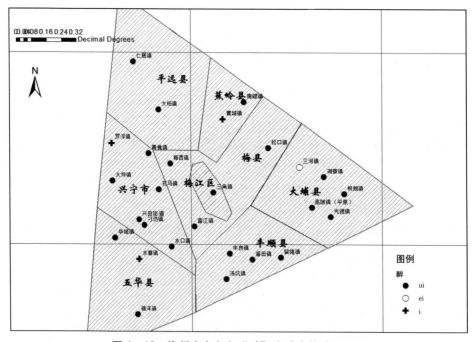

图 4-18　梅州客家方言"醉"字读音的地理分布

来母字和知、章组字在梅江区、梅县区、平远县、兴宁市、大埔县、丰顺县主要读作 ui/ɔi，在蕉岭县主要读作 i/ɔi，在五华县主要读作 ui/ɔi，如例字"吹"。（如图 4-19 所示）

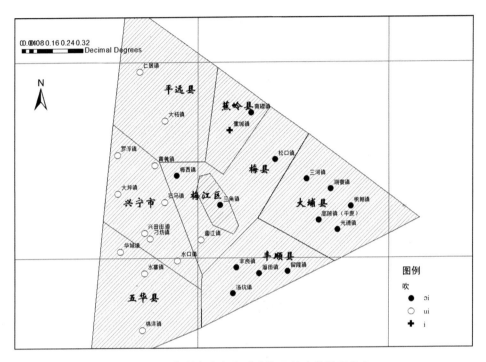

图 4-19　梅州客家方言"吹"字读音的地理分布

（六）效摄

效摄开口一等豪韵蕉岭平远汤坑主要读作 ɔ，大埔主要读作 ou，其他县区读 au；效摄开口二等各县区大部分读 au（大坪读 ɔ）；三等宵韵除知照组字外均有介音 i 读 iau，知照组字有读作 au、eu 和 ei 的；开口四等萧韵主要读作 iau。（见表 4-7）

表 4-7　效摄韵母对照

方言点	效开一		效开二	效开三		效开四
	毛	操	包	表	少	挑
三角	au	au	au	iau	au	iau
梅西	au	au	au	iau	au	iau

续表 4-7

方言点	效开一		效开二	效开三		效开四
	毛	操	包	表	少	挑
畲江	au	au	au	iau	au	iau
松口	ɔ	au	au	iau	eu	iau
蕉城	ɔ	au	au	iau	eu	iau
南礤	ɔ	au	au	iau	ei	iau
大柘	ɔ	au	au	iau	ei	iau
仁居	ɔ	au	au	iau	ei	iau
兴田	au	au	au	iau	au	iau
罗浮	au	au	au	iau	au	iau
黄槐	au	au	au	iau	au	iau
大坪	ɔ	ɔ	ɔ	iɔ	ɔ	iɔ
石马	au	au	au	iau	au	iau
刁坊	au	au	au	iau	au	iau
水口	au	au	au	iau	au	iau
水寨	au	au	au	iau	au	iau
华城	au	au	au	iau	au	iau
棉洋	au	au	au	iau	au	iau
湖寮	ou	au	au	iau	au	iau
三河	ou	au	au	iau	au	iau
枫朗	ou	au	au	iau	au	iau
光德	ou	au	au	iau	au	iau
高陂	ou	au	au	iau	au	εu
汤坑	ɔ	au	au	iau	eu	iau
丰良	ɔ	au	au	iau	eu	iau
潘田	ɔ	au	au	iau	eu	iau
留隍	ɔ	au	au	iau	eu	iau

梅州客家方言"毛"字读音的地理分布如图4-20所示。

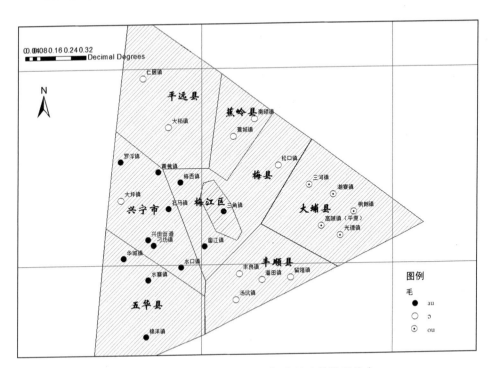

图4-20 梅州客家方言"毛"字读音的地理分布

粤语（如广州话）效摄开口一等也有读作 ou 的，且粤语效摄的 ou 与粤语遇摄的 ou 合流。梅州客家方言以大埔县、丰顺县为主的方言点效摄的 ou/ɔ 与果摄合流。而"歌豪合韵"一般认为是闽方言的特点。据《汉语方言字汇》，厦门闽语"毛"白读音为 mɔ̃，潮州闽语"毛"字白读音为 mõ，福州闽语读音为 mɔ。我们认为，效摄读音为 ou/ɔ 与闽语的接触有关。

梅州客家方言"少"字读音的地理分布如图 4-21 所示。

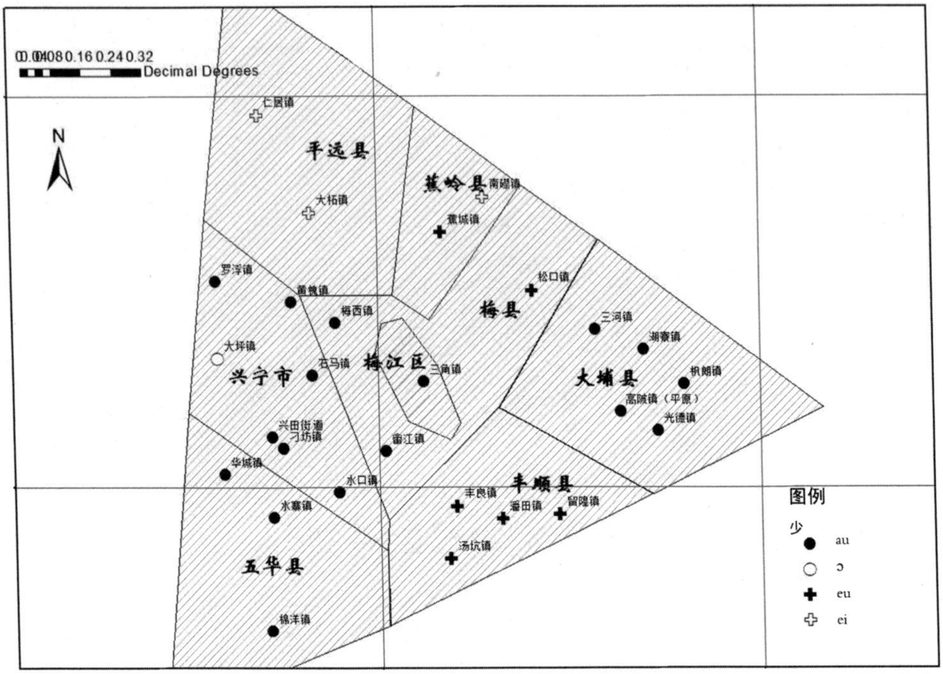

图 4-21 梅州客家方言"少"字读音的地理分布

效摄开口三等 au、eu、ei、ɔ 4 种读音应该属于语音层面的变化，读音 eu 应是韵母 iau 主元音 a 在前元音 i 和后元音 u 的影响下高化产生的，读音 ɔ 应是读音 au 弱化的结果，读音 ei 应是读音 eu 前化的结果。

（七）流摄

流摄只有开口韵。开口一等字蕉岭、平远主要读作 ei，兴宁、五华主要读作 iu，其他县区读作 eu；开口三等尤韵字主要读作 iu，非组字在梅县区、梅江区、蕉岭、五华、大埔、汤坑读成 eu/u，兴宁读作 iu/u，齿音字在五华、大埔、丰顺读作 iu/eu，其他县区读作 u；开口三等幽韵字帮母各县区读 iau，其他读 iu/u。（见表 4-8）

表 4-8 流摄开口韵母对照

方言点	流开一	流开三			流开三
	走	否	流	周	幼
三角	eu	eu	iu	u	iu

续表 4-8

方言点	流开一	流开三			流开三
	走	否	流	周	幼
梅西	eu	eu	iu	u	iu
畲江	iu	eu	iu	u	iu
松口	eu	eu	iu	u	iu
蕉城	eu	eu	iu	u	iu
南礤	ei	ei	iu	u	iu
大柘	ei	ei	iu	u	iu
仁居	ei	ei	iu	u	iu
兴田	iu	iu	iu	u	u
罗浮	iu	iu	iu	u	u
黄槐	iu	iu	iu	u	u
大坪	iu	iu	iu	u	u
石马	iu	iu	iu	u	u
刁坊	iu	iu	iu	u	u
水口	iu	iu	iu	u	u
水寨	ɔi	iu	iu	u	u
华城	ɛu	ɛu	iu	iu	iu
棉洋	ɛu	ɛu	iu	iu	iu
湖寮	eu	eu	iu	iu	iu
三河	eu	eu	iu	iu	iu
枫朗	eu	eu	iu	eu	iu
光德	eu	eu	iu	iu	iu
高陂	eu	eu	iu	eu	iu
汤坑	eu	ɛu	iu/au	iu	iu
丰良	eu	iau	iu	iu	iu
潘田	eu	iau	iu	iu	iu
留隍	eu	eu	iu	iu	iu

梅州客家方言"走"字、"周"字读音的地理分布如图 4-22、图 4-23 所示。

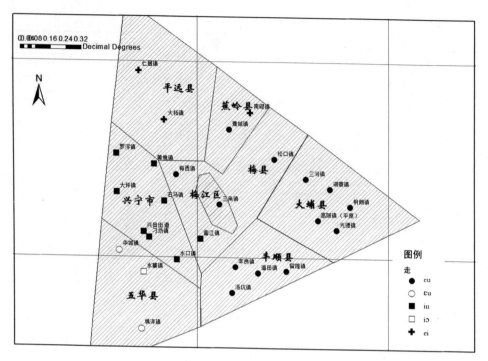

图4-22 梅州客家方言"走"字读音的地理分布

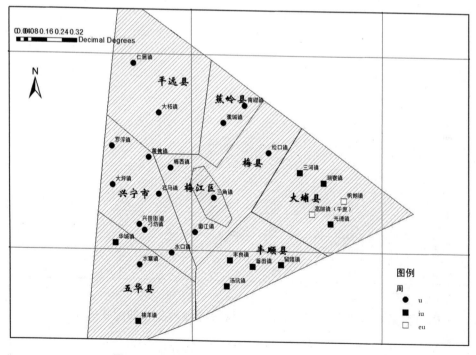

图4-23 梅州客家方言"周"字读音的地理分布

韵母 u 是由韵母 iu 演变而来，是知、章组声母失落介音 i 的结果，韵母 eu/ɯu 及韵母 iɔ 均是韵母 iu 元音低化的结果，eu 在舌尖前音的作用下又可以进一步前化，则可以变成韵母 ei，如平远县"走"字的读音。

二、阳声韵和入声韵的读音情况

（一）咸摄

咸摄开口字主要元音以 a 为主，三、四等字一般有 i 介音，四等字主要元音在大埔有读作 ε 的，韵尾情况各县区有差异，主要表现为韵尾 -m 演变为 -n 或 -ŋ，-p 演变为 -t、-k 或 -ʔ。（见表 4-9）

表 4-9 咸摄开口韵母对照

方言点	咸开一			咸开二		咸开三		咸开四		
	南	甘	答	陷	甲	验	接	欠	点	跌
三角	am	am	ap	am	ap	iam	iap	am	iam	iɛt
梅西	am	am	ak	am	ap	iam	iap	am	iam	εp
畲江	aŋ	aŋ	aʔ	aŋ	aʔ	iam	iaʔ	aŋ	iaŋ	ieʔ
松口	am	am	ap	am	ap	iam	iap	am	iam	iep
蕉城	am	am	ap	am	ap	iam	iap	am	iam	iek
南礤	am	am	ap	am	ap	iam	iap	am	iam	iet
大柘	am	am	ap	am	ap	iam	iap	am	iam	εt
仁居	am	am	ap	am	ap	iam	iap	am	iam	iet
兴田	aŋ	aŋ	ak	aŋ	ak	iaŋ	iak	aŋ	iaŋ	iɛt
罗浮	aŋ	aŋ	aʔ	aŋ	aʔ	iaŋ	iaʔ	aŋ	iaŋ	ɛʔ
黄槐	aŋ	aŋ	aʔ	aŋ	aʔ	iaŋ	iaʔ	aŋ	iaŋ	iɛʔ
大坪	aŋ	aŋ	aʔ	aŋ	aʔ	iaŋ	iaʔ	aŋ	iaŋ	iɛʔ
石马	aŋ	aŋ	aʔ	aŋ	aʔ	iaŋ	iaʔ	aŋ	iaŋ	iɛʔ
刁坊	aŋ	aŋ	aʔ	aŋ	aʔ	iaŋ	iaʔ	aŋ	iaŋ	iɛʔ
水口	aŋ	aŋ	aʔ	aŋ	aʔ	iaŋ	iaʔ	aŋ	iaŋ	iɛʔ
水寨	am	am	ap	am	ap	iam	iap	am	iam	iɛt
华城	am	am	ap	am	ap	iam	iap	am	iam	εt
棉洋	am	am	ap	am	ap	iam	iap	am	iam	iɛt
湖寮	aŋ	aŋ	ak	aŋ	ak	iaŋ	iak	εn	εk	
三河	am	am	ap	am	ap	iam	iap	am	iam	iek

续表 4-9

方言点	咸开一			咸开二		咸开三		咸开四		
	南	甘	答	陷	甲	验	接	欠	点	跌
枫朗	aŋ	aŋ	ak	aŋ	ak	—	—	aŋ	εn	et
光德	am	am	ap	am	ap	iam	iap	am	εm	ep
高陂	am	am	ak	aŋ	ap	εm	iap	am	εm	εt
汤坑	am	am	ap	am	ap	iam	iap	am	iam	iεt
丰良	am	am	ap	am	ap	iam	iap	am	iam	iet
潘田	am	am	ap	am	ap	iam	iap	am	iam	iep
留隍	am	am	ap	am	ap	—	—	am	iam	iet

梅州客家方言"南"字、"甲"字读音的地理分布如图 4-24、图 4-25 所示。

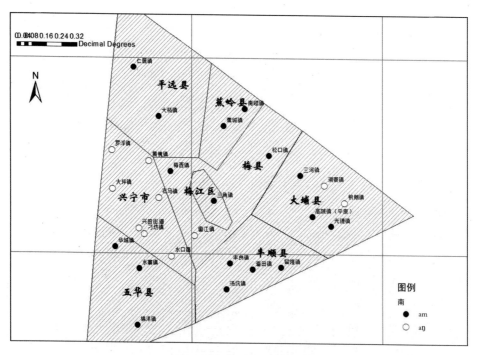

图 4-24 梅州客家方言"南"字读音的地理分布

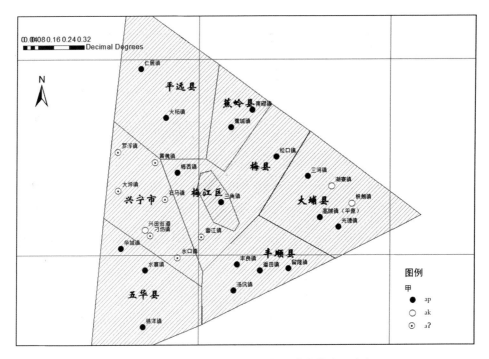

图4-25　梅州客家方言"甲"字读音的地理分布

由图4-24、图4-25可知，闭口韵尾 -m、-p 在梅州客家方言里的消变基本上是同步的，以兴宁为主兼及大埔县部分方言点的闭口韵尾已完全消变。相对阴声韵尾 -m 而言，入声韵尾 -p 在兴宁市似乎进行了两步演变，阳声韵及入声韵韵尾的演变情况下文将详细讨论。

（二）深摄

深摄只有开口三等字，阳声韵尾和入声韵尾各县区有不同程度的演变，主要元音以 i 为主，少数例字央化为 ə，或在舌叶音声母作用下读作 ɿ。兴宁各县主要元音较为特别，以 u/iu 为主，与之相邻的畲江镇也有类似的表现。（见表4-10）

表4-10　深摄韵母对照

方言点	深开三						
	品	心	参ʌ~	深	入	金	阴
三角	in	im	em	əm	ip	im	im
梅西	in	im	em	əm	ip	im	im
畲江	in	ioŋ	iəm	oŋ	iok	ioŋ	ioŋ

续表 4-10

方言点	深开三						
	品	心	参人~	深	入	金	阴
松口	in	im	em	əm	ip	im	im
蕉城	in	in	en	ən	ip	in	im
南礤	in	in	en	ən	it	in	in
大柘	in	in	en	ən	it	in	in
仁居	in	in	en	ən	it	in	in
兴田	un	iuŋ	iuŋ	uŋ	iuk	iuŋ	uŋ
罗浮	in	iuŋ	en	uŋ	iuʔ	iuŋ	uŋ
黄槐	in	iuŋ	ien	uŋ	iuʔ	iuŋ	uŋ
大坪	in	iuŋ	ien	uŋ	iuʔ	iuŋ	uŋ
石马	in	iuŋ	ien	uŋ	iuʔ	iuŋ	uŋ
刁坊	iun	iuŋ	iuŋ	uŋ	iuʔ	iuŋ	uŋ
水口	in	iuŋ	iuŋ	uŋ	iuʔ	iuŋ	uŋ
水寨	un	im	iem	im	ip	im	im
华城	un	im	em	im	ip	im	im
棉洋	in	im	em	im	ip	im	im
湖寮	in	in	en	in	it	in	in
三河	in	im	em	im	ip	im	im
枫朗	in	in	ən	ən	ip	in	ən
光德	in	im	em	im	ip	im	im
高陂	in	im	en	im	it	im	im
汤坑	in	im	em	im	ip	im	im
丰良	in	im	em	im	ip	im	im
潘田	in	im	em	im	ip	im	im
留隍	in	im	em	im	ip	im	im

这里重点讨论深摄主要元音的差异问题，阳声韵尾和入声韵尾的分布及演变情况将在下文专题讨论。深摄开口三等字精组声母除兴宁市外，元音主要读作 i，兴宁市及邻近方言点畲江镇读作 iu/io；知、章组声母较为复杂，在大埔县、丰顺县及五华县读作 i，在梅江区、梅县区（除畲江外）、蕉岭县、平远县读作 ə，在兴宁市及梅县畲江镇读作 u/o；庄组字除兴宁市外，主要读作 e，兴宁市有读作 iu 的，也有读作 ie 的；其他组别韵母除兴宁市外，主要读作 i，兴宁市读作 u/iu，如例字"心""金"的分布（如图 4-26、图 4-27 所示）。

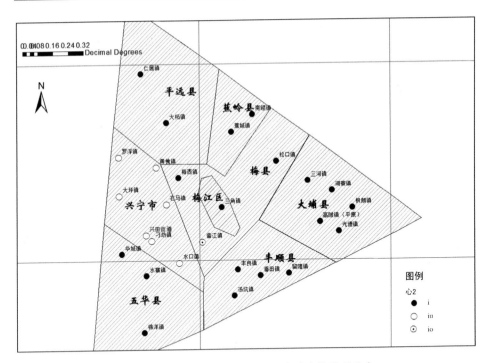

图 4-26　梅州客家方言"心"字读音的地理分布

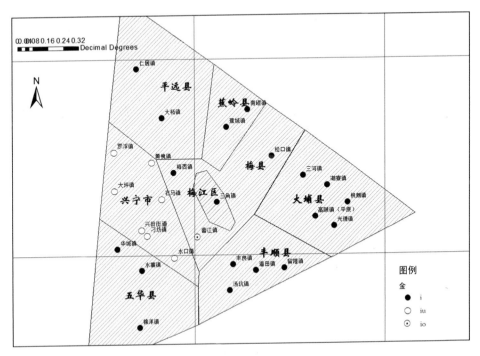

图 4-27　梅州客家方言"金"字读音的地理分布

深摄主要元音的演变与韵尾的演变有重要关系,中古深摄阳声韵尾收 -m,入声韵尾收 -p,现韵尾情况发生不同程度的演变。其中,梅江区、梅县区、五华县、丰顺县及大埔县个别方言点闭口韵尾得到较为完整的保留,兴宁市韵尾演变为 -ŋ/ -k/ -ʔ,其余方言点演变为 -n/ -t。我们认为,深摄主要元音在兴宁市有相当明显差异的主要原因,据饶秉才(1994)可知,实际上,兴宁方言点深摄主要元音 u 的舌位偏低、偏央,近 ə,若将兴宁市深摄主要元音按 ə 看,则与其他县区深摄主要元音的演变没有太大的差别。

深摄主要元音应读作 i,如例字"参ㄥ~""深"主要元音 e/ə 及 iu/u 的演变应是舌齿音使元音低化、央化的结果。(如图 4-28、图 4-29 所示)

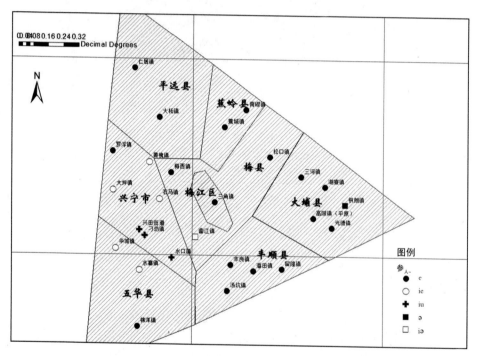

图 4-28 梅州客家方言"参"字读音的地理分布

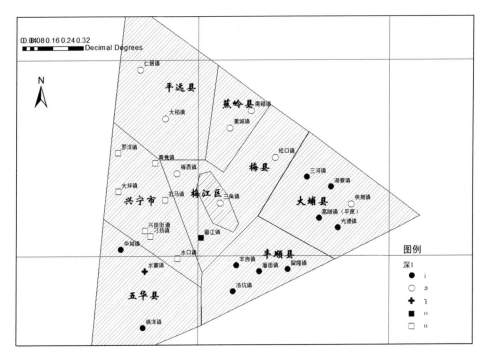

图4-29 梅州客家方言"深"字读音的地理分布

(三) 山摄

山摄开口一、二等在各县区差异不大,主要差异体现在见系字上。一等见系主要元音读作 ɔ,二等见系主要元音读作 ie/ia,五华及兴宁部分点主要元音为 a;其他组主要元音均为 a,阳声韵尾为 n,入声韵尾为 t/ʔ。另外,兴宁各镇主要元音出现裂化现象,部分例字 a 读成 ai,ɔ 读成 ɔi。

山摄开口三等除了知、章组字外普遍带 i 介音,主要元音多为 e/ɛ,开口三等元月韵在梅县区梅江区及蕉岭有部分主要元音读作 a;山摄开口四等韵母以 ien/iet/ieʔ 为主,仅除大埔县及五华、兴宁部分方言点端组、泥组、影母读为 ɛn/ɛt。(见表4-11)

表4-11 山摄开口韵母对照

方言点	山开一		山开二			山开三			山开四	
	丹	渴	班	间	瞎	便	哲	言	边	天
三角	an	ɔt	an	ian	at	ien	at	ian	iɛn	iɛn
梅西	an	ɔt	an	ian	at	ɛn	at	ian	ɛn	iɛn
畲江	an	ɔt	an	ian	at	ien	at	ien	ien	ien

续表4-11

方言点	山开一		山开二			山开三			山开四	
	丹	渴	班	间	瞎	便	哲	言	边	天
松口	an	ɔt	an	ian	at	ien	at	ian	ien	ien
蕉城	an	ɔt	an	ian	at	ien	at	ian	ien	ien
南礤	an	ɔt	an	ian	at	ien	—	ian	ien	ien
大柘	an	ɔt	an	ian	at	iɛn	at	ian	iɛn	iɛn
仁居	an	ɔt	an	ian	at	ien	at	ian	ien	ien
兴田	an	ɔt	an	an	at	iɛn	ɛt	iɛn	iɛn	iɛn
罗浮	an	uɔʔ	ain	ain	aiʔ	ɛn	ɛʔ	iɛn	ɛn	iɛn
黄槐	an	uɔiʔ	ain	ain	aiʔ	iɛn	ɛʔ	iɛn	iɛn	iɛn
大坪	an	ɔʔ	an	an	aʔ	iɛn	eʔ	ien	ien	ien
石马	an	ɔʔ	an	an	aʔ	iɛn	iʔ	iɛn	iɛn	iɛn
刁坊	ain	ɔiʔ	ain	ain	aiʔ	iɛn	iɛt	iɛn	iɛn	iɛn
水口	an	ɔʔ	an	an	aʔ	iɛn	ɛʔ	iɛn	iɛn	ien
水寨	an	ɔet	an	an	at	iɛn	ɛt	iɛn	iɛn	iɛn
华城	an	ɔt	an	an	at	ɛn	ɛt	iɛn	ɛn	ɛn
棉洋	an	ɔt	an	an	at	ɛn	ɛt	iɛn	ɛn	ɛn
湖寮	an	ɔt	an	ien	æt	ien	ɛt	ien	ien	ɛn
三河	an	ɔt	an	ien	at	ien	et	ien	ien	ien
枫朗	an	uɔt	an	ien	et	ien	—	ien	ien	en
光德	an	ɔt	an	ien	ɛt	ien	et	ien	ien	ɛn
高陂	an	ɔt	an	ien	ɛt	ien	at	iɛn	iɛn	ɛn
汤坑	an	ɔt	an	ien	at	ien	ɛt	iɛn	iɛn	iɛn
丰良	an	ɔt	an	ien	at	ien	at	ien	ien	ien
潘田	an	ɔt	an	ien	at	ien	et	ien	ien	ien
留隍	an	ɔt	an	ien	at	ien	—	ien	ien	ien

山摄开口二等字差异主要体现在见组和晓组。其中，见组在梅江区、梅县区、蕉岭县及平远县主要读作 ian/iat，这里的介音 i 实际音值也不是很典型；五华县、兴宁市主要读作 an/at（aiʔ），这里表现出介音 i 的彻底脱落，同时，入声韵里主要元音 a 有裂化趋势；大埔县、丰顺县则读作 iɛn/iɛt。例字"间"展示的是山摄开口二等见组阳声韵地理分布的差异。（如图 4-30 所示）

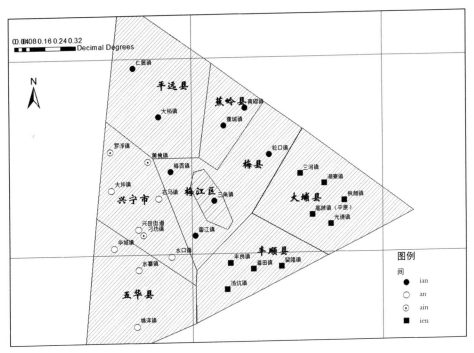

图 4-30 梅州客家方言"间"字读音的地理分布

山摄开口三等字日母、见组及晓、匣组还表现出 ian—iɛn/iɛn 的对应。比较音频会发现，读作 ian 的方言点介音 i 趋向弱化，读作 iɛn 的方言点介音 i 相当清晰。我们认为，元音韵母 iɛn 中有 e 是为保留完整介音，由元音 a 高化而来的。此外，山摄开口三等和四等均有介音 i 脱落的差异。这里以例字"天"为例进行地图展示，从地理分布可知，介音 i 以大埔县、五华县为主率先脱落。（如图 4-31 所示）

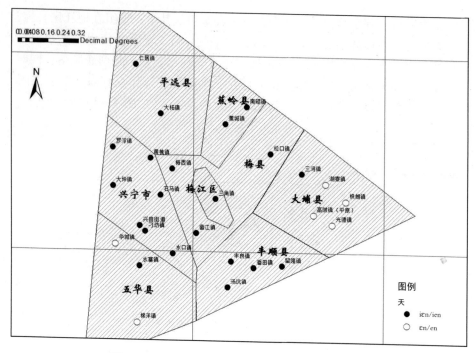

图 4-31 梅州客家方言"天"字读音的地理分布

山摄合口一等字帮组主要读作 an/at，端系字读作 ɔn/ɔt，见系字在各县区读音差异比较大，主要体现在五华、兴宁合口 u 介音普遍脱落，读成 ɔn/at，大埔、丰顺保留 u 介音但主要元音不同，读成 an/at；山摄合口二等庄组主要读作 ɔn/ɔt，见系主要读作 an/at。各县区的差异表现为合口 u 介音的有无，兴宁普遍脱落。

山摄合口三等仙薛韵除知、章组外，基本保留 i 介音。泥组、精母读作 ien/iet，在大埔有读作 iɔn/ɔt 的，见系读作 ien/iet，知、章组读作 ɔn/ɔt。山摄合口三等元月韵非组读作 an/at，见系同仙薛韵读作 ien/iet。山摄合口四等主要读作 ien/iet，蕉岭平远读作 ian/iat，介音 i 已有脱落趋势，五华县基本脱落。（见表 4-12）

表 4-12 山摄合口韵母对照

方言点	山合一			山合二		山合三			山合四	
	端	官	括	刷	刮	全	传	反	犬	血
三角	ɔn	uɔn	uat	ɔt	uat	iɛn	ɔn	an	ian	iat
梅西	ɔn	ɔn	uat	ɔt	uat	iɔn	ɔn	an	iɛn	iɛt
畲江	ɔn	uɔn	at	ɔt	uat	ien	ɔn	an	ien	iet

续表 4-12

方言点	山合一			山合二		山合三			山合四	
	端	官	括	刷	刮	全	传	反	犬	血
松口	ɔn	uɔn	uat	ɔt	uat	ien	ɔn	an	ian	iat
蕉城	ɔn	uɔn	uat	ɔt	uat	iɔn	ɔn	an	ian	iat
南礤	ɔn	uɔn	uat	ɔt	uat	ɔn	ɔn	an	ian	iat
大柘	ɔn	ɔn	uat	ɔt	uat	iɔn	ɔn	an	ian	iat
仁居	ɔn	ɔn	uat	ɔt	uat	ɔn	ɔn	an	ian	iat
兴田	ɔn	ɔn	at	uɔt	at	iɛn	ɔn	an	iɛn	ɛt
罗浮	uɔn	uɔn	aiʔ	uɔʔ	aiʔ	ɛn	uɔn	an	ɛn	ɛʔ
黄槐	ɔiŋ	ɔiŋ	aiʔ	uɔiʔ	aiʔ	ɔiŋ	ɔiŋ	an	iɛn	ɛʔ
大坪	ɔn	ɔn	aʔ	ɔʔ	aʔ	iɛn	ɔn	an	en	eʔ
石马	ɔiŋ	ɔiŋ	aʔ	ɔʔ	aʔ	iɛn	ɔiŋ	an	iɛn	iɛʔ
刁坊	ɔiŋ	ɔiŋ	aiʔ	ɔiʔ	aiʔ	iɛn	ɔiŋ	an	iɛn	iɛʔ
水口	ɔn	ɔn	aʔ	ɔt	at	ien	ɔn	an	ien	iet
水寨	ɔn	ɔn	at	ɔet	at	iɛn	ɔn	an	iɛn	ɛt
华城	ɔn	ɔn	uat	ɔt	uat	ɛn	ɔn	an	ɛn	ɛt
棉洋	ɔn	uɔn	uat	ɔt	uat	ɛn	ɔn	an	ɛn	iɛt
湖寮	ɔn	uan	uat	ɔt	uat	iɔn	ɔn	an	ien	iet
三河	ɔn	uan	uat	ɔt	uat	iɔn	ɔn	an	ien	et
枫朗	ɔn	uan	uat	ɔt	uat	iɔn	ɔn	an	ien	iet
光德	ɔn	uan	uat	ɔt	uat	iɔn	ɔn	an	ien	iet
高陂	ɔn	uan	uat	ɔt	uat	iɔn	ɔn	an	iɛn	iɛt
汤坑	ɔn	uan	uat	ɔt	uat	iɛn	ɔn	an	iɛn	iɛt
丰良	ɔn	uan	uat	ɔt	uat	ien	ɔn	an	ien	iet
潘田	ɔn	uan	uat	ɔt	uat	ien	ɔn	an	ien	iet
留隍	ɔn	uan	uat	ɔt	uat	iɔn	ɔn	an	ien	iet

山摄合口一等见系阳声韵不仅存在有无介音 u 的差异，还有主要元音 a—ɔ 之间的对应。见组字在梅江区、梅县区、蕉岭县、平远县主要读作 uɔn，在五华县、兴宁市 u 介音脱落，读作 ɔn（介音 u 脱落后元音 ɔ 在部分方言点出现裂化，变成 ɔin），但在大埔县、丰顺县却读作 uan，分布如例字"官"，大埔县、丰顺县主要元音读作 a（如图 4-32 所示）。我们认为，这与闽方言的地缘接触有一定的关系。据《汉语方言字汇》，厦门闽语读作 kuan，潮州闽语读作 kuã，福州闽语读作 kuaŋ。

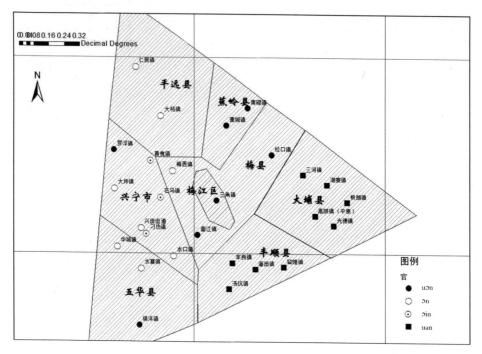

图 4-32 梅州客家方言"官"字读音的地理分布

山摄合口三等泥组、精组主要元音有 e/ɛ—ɔ 之间的对应，如例字"全"。（如图 4-33 所示）

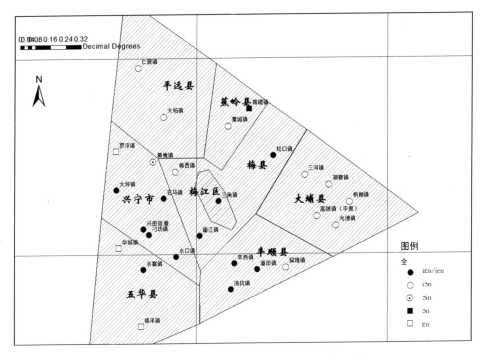

图 4-33 梅州客家方言"全"字读音的地理分布

在大埔县、平远县主要读作 iɔn，在蕉岭县介音 i 开始脱落，有读作 nɔ 和 ɔn 的，梅江区、梅县区、兴宁市、五华县、丰顺县主要元音为 e。由地理分布来看，这应是语音的自身演变，与闽语类似，同样有 e—a 对应（"全"字厦门闽语读作 tsuan，潮州闽语读作 tsueŋ），与地理接触没有直接关系。另外，山摄合口三等和四等见系与山摄开口三等类似，主要元音有 a—e 对应，如例字"犬"，地理分布与开口三等亦一致（如图 4-34 所示）。

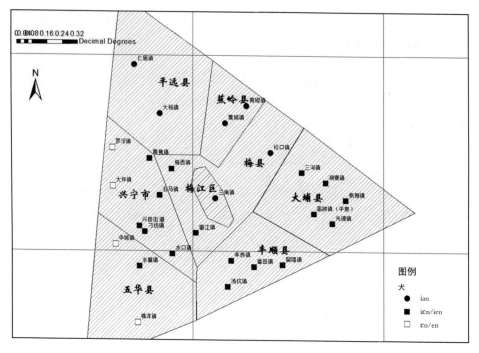

图 4-34 梅州客家方言"犬"字读音的地理分布

（四）臻摄、曾摄

梅州客家方言与其他地区客家方言相似，臻、曾摄基本合流。臻摄开口一等端组字各县区均读作 un；见系字读作 en，五华及兴宁部分例字读作 ien。曾摄开口一等字主要读作 en/et，五华及兴宁部分例字读作 ien/iet ieʔ，这里的介音 i 实际上是声母与中高元音 e/ɛ 相拼时产生的过渡音。

臻摄、曾摄开口三等除知照组外，主要读作 in/it。五华及兴宁部分地区帮组读 un/ut，大埔见组部分读作 iun；知照组在梅江区、梅县区、蕉岭县、平远县主要读作 ən/ət，大埔县、丰顺县、五华县读作 in/it，兴宁读作 ɨn/ɨʔ。曾摄开口三等"冰""凭"在各县区白读层读作 iɛn/ɛn。（见表 4-13）

表 4-13 臻、曾两摄开口韵母对照

方言点	臻开一	曾开一		臻开三			曾开三		
	跟	等	黑	彬	珍	近	冰	升	极
三角	en	en	et	in	ən	iun	en	ən	it
梅西	en	en	et	in	ən	iun	en	ən	it

续表 4-13

方言点	臻开一	曾开一		臻开三			曾开三		
	跟	等	黑	彬	珍	近	冰	升	极
畲江	ien	en	et	in	in	iun	ien	in	it
松口	en	en	et	in	ən	iun	en	ən	it
蕉城	en	en	et	in	ən	iun	en	ən	it
南磜	en	en	et	in	ən	iun	en	ən	it
大柘	en	en	et	in	ən	iun	en	ən	it
仁居	en	en	et	in	ən	iun	en	ən	it
兴田	iɛn	iɛn	iɛt	un	ən	in	iɛn	ən	it
罗浮	ɛn	ɛn	ɛʔ	in	ɨn	iun	ɛn	ɨn	iʔ
黄槐	iɛn	iɛn	ɛʔ	in	ɨn	in	iɛn	ɨn	iʔ
大坪	ien	iɛn	iɛʔ	in	ən	in	ien	ən	iʔ
石马	iɛn	iɛn	iɛʔ	in	ən	in	iɛn	ən	iʔ
刁坊	iɛn	iɛn	iɛʔ	un	ɨn	in	iɛn	ɨn	iʔ
水口	ien	ien	ieʔ	in	ən	iun	ien	ɨn	iʔ
水寨	iɛn	ɛn	ɛt	un	in	iun	iɛn	ɨn	it
华城	ɛn	ɛn	ɛt	un	in	iun	ɛn	in	it
棉洋	iɛn	ɛn	ɛt	un	in	iun	ɛn	in	it
湖寮	en	en	et	in	in	iun	en	in	it
三河	en	en	et	in	in	iun	en	in	it
枫朗	ən	ən	et	in	ən	iun	en	ən	it
光德	en	en	et	in	in	iun	en	in	it
高陂	en	en	et	in	ɨn	iun	ɛn	ɨn	it
汤坑	en	en	et	in	in	iun	en	in	it
丰良	en	en	et	in	in	iun	en	in	it
潘田	en	en	et	in	in	iun	en	in	it
留隍	en	en	et	in	in	iun	en	in	it

例字"彬"兴宁市兴田街道、刁坊镇与五华华城镇、水寨镇读作 un，在其他方言点读作 in。（如图 4-35 所示）我们认为，韵母 un 是韵母 in 的演变结果；韵母 un 中的 u 音值近 ə，应是由 in→iən→ən→un 演变的结果。

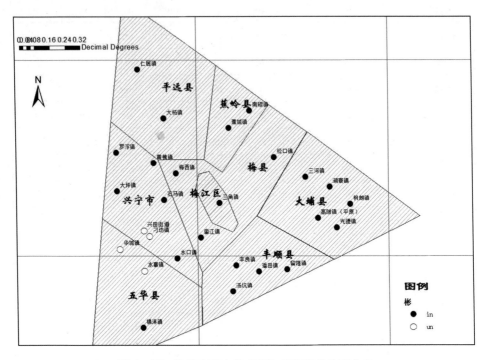

图 4-35 梅州客家方言"彬"字读音的地理分布

例字"近"在兴宁市兴田街道、黄槐镇、大坪镇、石马镇和刁坊镇读作 in，其他方言点读作 iun，水口镇韵母 iun 的介音较之其他方言点更为模糊，有弱化趋势，类似这样的见组字还有"巾""银""仅""斤"等。（如图 4-36 所示）我们认为这里的 in 和 un 是由 iun 分化而成的。

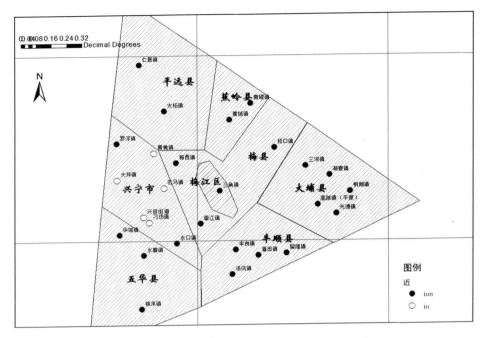

图4-36 梅州客家方言"近"字读音的地理分布

臻、曾摄各县差异主要体现在知、章组,以臻摄开口三等例字"珍"和曾摄开口三等例字"升"为例。(如图4-37、图4-38所示)

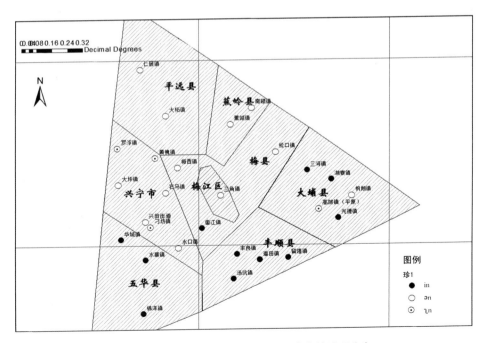

图4-37 梅州客家方言"珍"字读音的地理分布

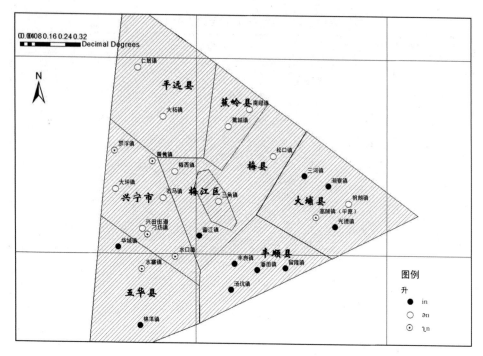

图 4-38 梅州客家方言"升"字读音的地理分布

由图 4-37、图 4-38 可知，梅江区、梅县区、蕉岭县、平远县主要元音为 ə，兴宁市主要元音有读作 ɨ 的，大埔县、丰顺县、五华县主要元音为 i，这正好与知三、章组声母读音相匹配。知三、章在梅江区、梅县区、蕉岭县、平远县读作舌尖前音声母 ts、tsʰ、s，在兴宁市、五华县、大埔县、丰顺县读作舌叶音 ʧ、ʧʰ、ʃ。学界对兴宁市知三、章声母的音值存在争议。不少学者认为，兴宁市知三、章的实际音值应有别于大埔县等，应为翘舌音声母，而万波、庄初升（2013）利用实验手段证明兴宁市知三、章组声母实际音值应该是舌叶音。我们认为之所以产生这些争议，与韵母的读音有关，兴宁市韵母较之大埔县等主要元音 i/ə 更高，因而极易将其知三、章声母误听为翘舌音。

臻摄合口一等字除兴宁市外基本读作 un/ut，兴宁市读作 uin/uiʔ 或 in/iʔ；臻摄合口三等字除见组读作 iun/iut 外，其余基本也读作 un/ut，兴宁市见组字读作 in/it，其他字读作 uin/uiʔ。曾摄合口一等字不同于臻摄合口一等。曾摄开口一等字多数方言点读作 en/uet，大埔县读作 uŋ/uet；合口三等仅"域"一个字，且该字客家方言几乎不说。（见表 4-14）

表4-14 臻、曾两摄合口韵母对照

方言点	臻合一 本	臻合一 骨	曾合一 弘	曾合一 国	臻合三 伦	臻合三 橘
三角	un	ut	ɛŋ	uɛt	un	it
梅西	un	ut	ɛŋ	uɛt	un	it
畲江	un	ut	en	eʔ	un	it
松口	un	ut	uŋ	tet	un	it
蕉城	un	ut	ian	uet	un	it
南磜	un	ut	en	uet	un	it
大柘	un	ut	ɛŋ	uɛt	un	it
仁居	un	ut	uŋ	tet	un	it
兴田	un	ut	iɛn	iɛt	un	it
罗浮	in	uiʔ	ɛŋ	ɛʔ	uin	iʔ
黄槐	in	uiʔ	iɛn	ɛʔ	uin	iʔ
大坪	in	uʔ	en	iɛʔ	un	iʔ
石马	in	uiʔ	iɛn	iɛʔ	uin	iʔ
刁坊	un	uiʔ	iɛn	iɛʔ	uin	iʔ
水口	un	uʔ	ɛŋ	ɛʔ	un	iʔ
水寨	un	ut	ɛŋ	iɛt	un	it
华城	un	ut	ɛŋ	uɛt	un	it
棉洋	un	ut	ɛŋ	ɛt	un	it
湖寮	un	ut	uŋ	uet	un	it
三河	un	ut	uŋ	tet	un	it
枫朗	un	ut	uŋ	ut	un	it
光德	un	ut	uŋ	uet	un	it
高陂	un	ut	uŋ	uet	un	it
汤坑	un	ut	ɛŋ	uɛt	un	it
丰良	un	ut	en	uet	un	it
潘田	un	ut	uŋ	uet	un	it
留隍	un	ut	en	uet	un	it

臻摄合口一等字"本"在梅州客家方言里主要读作 un，在兴宁市尤其特殊，有读作 in 的，还有读作 uin 的。（如图 4-39 所示）刁坊镇读作 uin，实际是韵母 un 主要元音 u 裂化的结果，读音 in 主要分布在兴宁市，由上文臻摄开口三等字"彬"来看，臻摄开合口读音在兴宁市有混合的趋势。

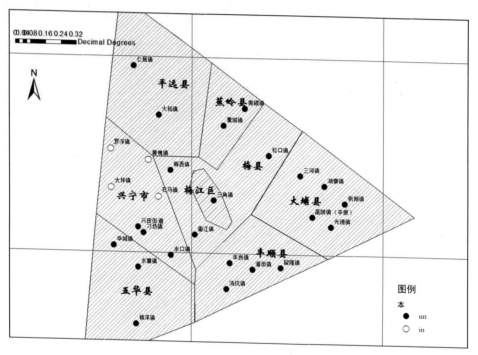

图 4-39 梅州客家方言"本"字读音的地理分布

曾摄合口一等字"弘"在客家方言中较少使用，读音 en/ɛn 应是固有读音，iɛn/iɛn 是声母与主要元音 e 相拼时产生的过渡音形成的介音，读音 uŋ 主要分布在大埔县，丰顺县、平远县也有零星分布。（如图 4-40 所示）虽然厦门闽语、潮州闽语中"弘"字韵母为 ɔng/ong，但与其说是受闽方言影响，不如说是受普通话影响的结果。

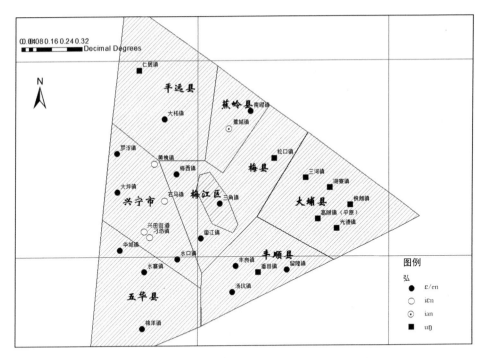

图4-40 梅州客家方言"弘"字读音的地理分布

(五) 宕摄、江摄

宕摄开口一等字读作 ɔŋ/ɔk（ɔʔ），江摄开口二等字也主要读作 ɔŋ/ɔk（ɔʔ），仅知、庄组部分例字，如"窗""双"读作 uŋ，并且在兴宁及五华有读作 iŋ/ɵŋ 的。宕摄开口三等知照组读 ɔŋ/ɔk（ɔʔ），其余组读作 iɔŋ/iɔk（iɔʔ）。另外，晓、影组字因声母不同，介音 i 有脱落现象。

宕摄合口一等字和合口三等字见系主要读作 uɔŋ/uɔk（uɔʔ），兴宁、五华、平远读作 ɔŋ/ɔk（ɔʔ），另有宕摄合口三等"匡""筐""眶""镤"字在除大埔外的方言点读作 iɔŋ/iɔk（iɔʔ），宕摄合口三等非组字读作 ɔŋ。（见表4-15）

表4-15 宕、江两摄韵母对照

方言点	宕开一		江开二		宕开三		宕合一		宕合三	
	帮	各	窗	学	张	约	光	郭	方	筐
三角	ɔŋ	ɔk	uŋ	ɔk	ɔŋ	iɔk	uɔŋ	uɔk	ɔŋ	iɔŋ
梅西	ɔŋ	ɔk	uŋ	ɔk	ɔŋ	iɔk	ɔŋ	ɔk	ɔŋ	iɔŋ
畲江	ɔŋ	ɔk	uŋ	ɔk	ɔŋ	iɔk	ɔŋ	ɔk	ɔŋ	iɔŋ

续表 4-15

方言点	宕开一		江开二		宕开三		宕合一		宕合三	
	帮	各	窗	学	张	约	光	郭	方	筐
松口	ɔŋ	ɔk	uŋ	ɔk	ɔŋ	iɔk	uɔŋ	uɔk	ɔŋ	iɔŋ
蕉城	ɔŋ	ɔk	ɯŋ	ɔk	ɔŋ	iɔk	uɔŋ	uɔk	ɔŋ	iɔŋ
南磜	ɔŋ	ɔk	uŋ	ɔk	ɔŋ	iɔk	uɔŋ	uɔk	ɔŋ	iɔŋ
大柘	ɔŋ	ɔk	uŋ	ɔk	ɔŋ	iɔk	ɔŋ	ɔk	ɔŋ	iɔŋ
仁居	ɔŋ	ɔk	uŋ	ɔk	ɔŋ	iɔk	ɔŋ	ɔk	ɔŋ	iɔŋ
兴田	ɔŋ	ɔk	uŋ	ɔk	ɔŋ	ɔk	ɔŋ	ɔk	ɔŋ	iɔŋ
罗浮	ɔŋ	ɔʔ	uŋ	ɔʔ	ɔŋ	iɔʔ	ɔŋ	ɔʔ	ɔŋ	iɔŋ
黄槐	ɔŋ	ɔʔ	ɨŋ	ɔʔ	ɔŋ	iɔʔ	ɔŋ	ɔʔ	ɔŋ	iɔŋ
大坪	ɔŋ	ɔʔ	əŋ	ɔʔ	ɔŋ	ɔʔ	ɔŋ	ɔʔ	ɔŋ	iɔŋ
石马	ɔŋ	ɔʔ	ɔŋ	ɔʔ	ɔŋ	ɔʔ	ɔŋ	ɔʔ	ɔŋ	iɔŋ
刁坊	ɔŋ	ɔʔ	ɨŋ	ɔʔ	ɔŋ	ɔʔ	ɔŋ	ɔʔ	ɔŋ	iɔŋ
水口	ɔŋ	ɔʔ	ɨŋ	ɔʔ	ɔŋ	ɔʔ	ɔŋ	ɔʔ	ɔŋ	iɔŋ
水寨	ɔŋ	ɔk	uŋ	ɔk	ɔŋ	ɔk	ɔŋ	ɔk	ɔŋ	iɔŋ
华城	ɔŋ	ɔk	ɨŋ	ɔk	ɔŋ	ɔk	ɔŋ	ɔk	ɔŋ	iɔŋ
棉洋	ɔŋ	ɔk	ɨŋ	ɔk	ɔŋ	iɔk	ɔŋ	ɔk	ɔŋ	iɔŋ
湖寮	ɔŋ	ɔk	uŋ	ɔk	ɔŋ	ɔk	uɔŋ	uɔk	ɔŋ	uɔŋ
三河	ɔŋ	ɔk	uŋ	ɔk	ɔŋ	ɔk	uɔŋ	uɔk	ɔŋ	uɔŋ
枫朗	ɔŋ	ɔk	uŋ	ɔk	ɔŋ	ɔk	uɔŋ	uɔk	ɔŋ	uɔŋ
光德	ɔŋ	ɔk	uŋ	ɔk	ɔŋ	ɔk	uɔŋ	uɔk	ɔŋ	uɔŋ
高陂	ɔŋ	ɔk	uŋ	ɔk	ɔŋ	ɔk	uɔŋ	uɔk	ɔŋ	uɔŋ
汤坑	ɔŋ	ɔk	uŋ	ɔk	ɔŋ	ɔk	uɔŋ	uɔk	ɔŋ	iɔŋ
丰良	ɔŋ	ɔk	uŋ	ɔk	ɔŋ	ɔk	uɔŋ	uɔk	ɔŋ	iɔŋ
潘田	ɔŋ	ɔk	uŋ	ɔk	ɔŋ	ɔk	uɔŋ	uɔk	ɔŋ	iɔŋ
留隍	ɔŋ	ɔk	uŋ	ɔk	ɔŋ	ɔk	uɔŋ	uɔk	ɔŋ	iɔŋ

江摄开口二等"窗"字在兴宁市、五华县部分方言点读作 əŋ/ɨŋ 与齿音声母有关，齿音声母使得主要元音 u 低化央化。实际上，兴宁市其他读作 uŋ 的方言点主要元音 u 音色也接近 ə。（如图 4-41 所示）

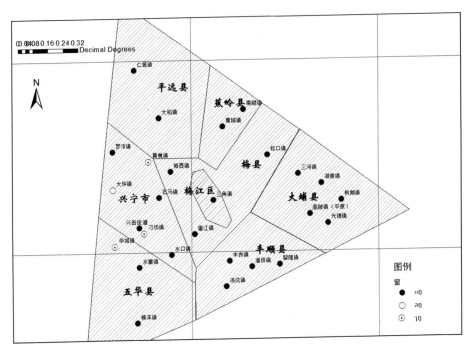

图 4-41 梅州客家方言"窗"字读音的地理分布

（六）梗摄

梗摄开口二等字白读字读作 aŋ/ak，文读字读作 en/et（eʔ）。梗摄开口三等常用字读作 iaŋ/iak（iaʔ），除知、章组外，非常用字读作 in/it，部分舒声有文白异读的，文读层读作 in，白读层读作 iaŋ。知、章组非常用字各县读音差异大，梅县区、梅江区、蕉岭县及平远县主要读作 ən/ət，大埔县、丰顺县、五华县读作 in/it，兴宁市读作 in/iʔ。梗摄开口四等帮组、精组常用字多读作 iaŋ/iak（iaʔ），端组在大埔丰顺多读作 en/et，其他县区多读作 aŋ/ak，文读字主要读作 in/it，白读读作 en/et。（见表 4-16）

表 4-16 梗摄开口韵母对照

方言点	梗开二			梗开三				梗开四		
	百	争~取	争相~	平~头	平~和	声	政	瓶	踢	激
三角	ak	en	aŋ	iaŋ	in	aŋ	ən	iaŋ	et	it
梅西	ak	en	aŋ	iaŋ	in	aŋ	ən	iaŋ	et	it
畲江	aʔ	en	aŋ	iaŋ	in	aŋ	in	iaŋ	et	it
松口	ak	en	aŋ	iaŋ	in	aŋ	ən	in	et	it

续表 4-16

方言点	梗开二			梗开三				梗开四		
	百	争~取	争相~	平~头	平和~	声	政	瓶	踢	激
蕉城	ak	en	aŋ	iaŋ	in	aŋ	ən	in	et	it
南礤	ak	en	aŋ	iaŋ	in	aŋ	—	—	et	it
大柘	ak	en	aŋ	iaŋ	in	aŋ	əne	in	et	ɛt
仁居	ak	en	aŋ	iaŋ	in	aŋ	ən	in	et	it
兴田	ak	en	aŋ	iaŋ	in	aŋ	ən	un	ɛt	it
罗浮	aʔ	en	aŋ	iaŋ	in	aŋ	in	iaŋ	ɛʔ	iʔ
黄槐	aʔ	en	aŋ	iaŋ	in	aŋ	in	in	iɛʔ	iʔ
大坪	aʔ	ien	aŋ	iaŋ	in	aŋ	ne	in	iɛʔ	iʔ
石马	aʔ	ien	aŋ	iaŋ	in	aŋ	ən	iaŋ	iɛʔ	iʔ
刁坊	aʔ	en	aŋ	iaŋ	uin	aŋ	in	iaŋ	iɛʔ	iʔ
水口	aʔ	ien	aŋ	iaŋ	in	aŋ	in	in	iɛʔ	iʔ
水寨	ak	en	aŋ	iaŋ	in	aŋ	in	iaŋ	iɛt	it
华城	ak	en	aŋ	iaŋ	in	aŋ	in	iaŋ	ɛt	it
棉洋	ak	en	aŋ	iaŋ	in	aŋ	in	iaŋ	ɛt	it
湖寮	ak	en	aŋ	iaŋ	in	aŋ	in	iaŋ	et	it
三河	ak	en	aŋ	iaŋ	in	aŋ	in	iaŋ	et	it
枫朗	ak	en	aŋ	iaŋ	in	aŋ	—	—	et	it
光德	ak	en	aŋ	iaŋ	in	aŋ	in	iaŋ	et	it
高陂	ak	en	aŋ	iaŋ	in	aŋ	in	iaŋ	ɛt	it
汤坑	ak	en	aŋ	iaŋ	in	aŋ	in	ɛn	et	it
丰良	ak	en	aŋ	iaŋ	in	aŋ	in	iaŋ	et	it
潘田	ak	en	aŋ	iaŋ	in	aŋ	in	iaŋ	et	it
留隍	ak	en	aŋ	iaŋ	in	aŋ	—	—	et	it

梗摄在客家方言里普遍有文白异读现象，而且在梅州客家方言里文白异读情况相当一致，主要差别体现在梗摄开口三等非常用字上。如例字"政"，在梅江区、梅县区、蕉岭县、平远县主要读作 ən，在兴宁市有读作 əne 的，也有读作 in 的，其余方言点读作 in。（如图 4-42 所示）

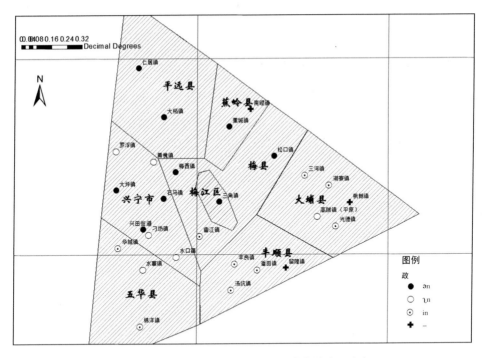

图 4-42 梅州客家方言"政"字读音的地理分布

梗摄合口二等主要读作 aŋ/ak,"矿"在五华兴宁大埔主要读作 ɔŋ,其他县区主要读作 uaŋ。梗摄合口三等、梗摄合口四等主要有 in 和 iaŋ/iam 两种读法,读音 in 应是文读层,在齿音前有读作 ɿn,读音 iaŋ/iam 是白读层,有介音 i 脱落现象。(见表 4-17)

表 4-17 梗摄合口韵母对照

方言点	梗合二		梗合三				梗合四
	矿	划	兄	永	琼	疫	萤
三角	uaŋ	ak	iuŋ	iun	iun	it	in
梅西	ɔŋ	ak	iuŋ	iun	iun	it	iaŋ
畲江	aŋ	ak	iuŋ	iun	iun	it	in
松口	uaŋ	ak	iuŋ	iun	iun	it	iam
蕉城	uaŋ	ak	iuŋ	iun	iun	it	in
南礤	uɔŋ	ak	iuŋ	iun	iun	it	—
大柘	uaŋ	ak	iuŋ	iun	iun	it	iaŋ

续表 4-17

方言点	梗合二		梗合三				梗合四
	矿	划	兄	永	琼	疫	萤
仁居	ɔŋ	ak	iuŋ	iun	iun	it	in
兴田	ɔŋ	ak	uŋ	un	in	ɨt	ɨn
罗浮	ɔŋ	aʔ	uŋ	uin	in	ɨʔ	aŋ
黄槐	ɔŋ	aʔ	uŋ	uin	in	ɨʔ	aŋ
大坪	ɔŋ	aʔ	uŋ	un	in	əʔ	aŋ
石马	ɔŋ	aʔ	uŋ	uin	in	əʔ	aŋ
刁坊	ɔŋ	aʔ	uŋ	un	in	ɨʔ	ɨn
水口	ɔŋ	aʔ	uŋ	un	in	iʔ	aŋ
水寨	ɔŋ	ak	uŋ	un	iun	it	in
华城	ɔŋ	ak	uŋ	un	iun	it	in
棉洋	ɔŋ	ak	iuŋ	iun	iun	it	in
湖寮	ɔŋ	ak	iuŋ	un	iun	it	in
三河	ɔŋ	ak	uŋ	un	iun	it	iam
枫朗	ɔŋ	ak	iuŋ	un	iun	—	—
光德	uɔŋ	ak	iuŋ	un	iun	ut	in
高陂	uɔŋ	ak	iuŋ	un	iun	ɨt	ɨn
汤坑	uaŋ	ak	iuŋ	un	iun	it	in
丰良	uaŋ	ak	iuŋ	un	iun	it	in
潘田	uaŋ	ak	iuŋ	un	iun	it	in
留隍	uaŋ	ak	iuŋ	un	iun	—	in

从梗摄合口二等"矿"字的地理分布来看，读作 uaŋ/aŋ 的分布在梅州市中间地带，读作 uɔŋ 的在东西两侧，没有明显的地理作用。（如图 4-43 所示）我们认为，"矿"字读作 uaŋ 应是受普通话影响的结果，uɔŋ 为客家方言固有层次，而 aŋ/ɔŋ 则是介音 u 脱落的结果。

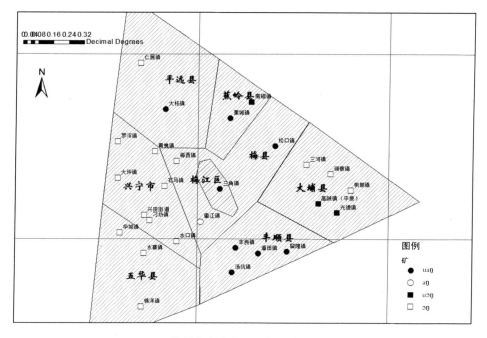

图 4-43 梅州客家方言 "矿" 字读音的地理分布

梗摄合口三等 "琼" 字的地理分布来看，其与臻摄开口三等例字 "近"类似。（如图 4-44 所示）兴宁市读音 in 应是韵母 iun 分化的结果。

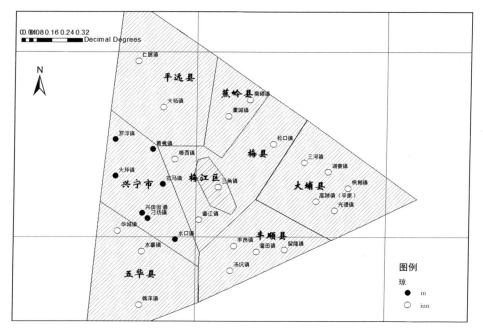

图 4-44 梅州客家方言 "琼" 字读音的地理分布

（七）通摄

通摄只有合口字。合口一等字主要读作 uŋ/uk（uʔ），兴宁及五华个别方言点精组字主要元音 u 有舌面化趋势，音色近 ɨ；合口三等韵非组、知照组主要读作 uŋ/uk（uʔ），其余声组部分字保留介音 i。（见表 4-18）

表 4-18 通摄韵母对照

方言点	通合一			通合三			
	东	谷	宋	风	六	玉	用
三角	uŋ	uk	uŋ	uŋ	iuk	iuk	iuŋ
梅西	uŋ	uk	uŋ	uŋ	iuk	iuk	iuŋ
畲江	uŋ	uk	uŋ	uŋ	euk	iuk	iuŋ
松口	uŋ	uk	uŋ	uŋ	iuk	iuk	iuŋ
蕉城	uŋ	uk	uŋ	uŋ	iuk	iuk	uŋ
南礤	uŋ	uk	uŋ	uŋ	iuk	iuk	uŋ
大柘	uŋ	uk	uŋ	uŋ	iuk	iuk	iuŋ
仁居	uŋ	uk	uŋ	uŋ	iuk	iuk	iuŋ
兴田	uŋ	uk	uŋ	uŋ	iuk	iuk	uŋ
罗浮	uŋ	uʔ	uŋ	uŋ	iuʔ	iuʔ	uŋ
黄槐	uŋ	uʔ	iŋ	uŋ	iuʔ	iuʔ	uŋ
大坪	uŋ	uʔ	uŋ	uŋ	iuʔ	iuʔ	uŋ
石马	uŋ	uʔ	uŋ	uŋ	iuʔ	iuʔ	uŋ
刁坊	uŋ	uʔ	uŋ	uŋ	uʔ	iuʔ	uŋ
水口	uŋ	uʔ	uŋ	uŋ	iuʔ	iuʔ	uŋ
水寨	uŋ	uk	uŋ	uŋ	iuk	iuk	uŋ
华城	uŋ	uk	iŋ	uŋ	iuk	iuk	uŋ
棉洋	uŋ	uk	uŋ	uŋ	iuk	iuk	iuŋ
湖寮	uŋ	uk	uŋ	uŋ	iuk	iuk	uŋ
三河	uŋ	uk	uŋ	uŋ	iuk	iuk	uŋ
枫朗	uŋ	uk	uŋ	uŋ	iuk	iuk	uŋ
光德	uŋ	uk	uŋ	uŋ	iuk	iuk	uŋ
高陂	uŋ	uk	uŋ	uŋ	iuk	iuk	uŋ
汤坑	uŋ	uk	uŋ	uŋ	iuk	iuk	uŋ

续表 4-18

方言点	通合一			通合三			
	东	谷	宋	风	六	玉	用
丰良	uŋ	uk	uŋ	uŋ	iuk	iuk	uŋ
潘田	uŋ	uk	uŋ	uŋ	iuk	iuk	uŋ
留隍	uŋ	uk	uŋ	uŋ	iuk	iuk	uŋ

第二节 梅州客家方言韵母的分布及演变

一、元音韵母的分布及演变

由第一节梅州客家方言韵母的读音情况可以知道，各县区韵母的差异主要体现在两个方面，一是发音部位的变化，二是韵母构成的变化。其中，发音部位的变化主要有元音高化、元音央化和元音低化，韵母构成的变化主要有元音的复合化和韵头的消失。这里介音的情况较为复杂，因此，我们拟从介音情况入手，以地理语言学的视角展开对梅州各县区客家方言元音韵母分布及演变情况的研究。

与其他方言类似，客家方言的介音问题一直是学界争论不休的话题（袁家骅，1983；黄雪贞，1985；林立芳，1993；严修鸿，2008；庄初升，2016；等等），介音最多的争论话题是该前依声母还是后附韵母，本书 27 个客家方言材料将介音处理为归韵的，因为介音的保留一方面有利于保持客家方言内部各点音系结构上的对应，有利于方言间的比较，另一方面有利于寻求方言与中古音之间的对应规律，即将 27 个客家方言点处理为带介音的音系。本书不将介音的有无列为讨论重点。

在明确介音属性立场后，我们需要交代一下与介音认定的相关问题，文章标记为 jia、jin 等。这里的擦音声母 j，实为介音 i 的擦音化，为方便起见，保留标记介音 i；来源于中古微母和影、云、匣母的擦音声母 v 实际上是零声母 u 擦音化的结果，这里将其视同介音 u。

一般认为，客家方言介音 i 与中古三、四等字对应。实际上，i 介音韵母主要分布在开口三、四等字和合口三、四等字，也有个别开口一、二等字有 i 介音。同样，部分三、四等字却没有 i 介音。以客家方言代表点梅县（今梅江区）方言为例，带 i 介音的韵母基本上是三、四等字，也有例外。（见表 4-19）

表 4-19 梅县方言带 i 介音韵母的情况

韵母	中古音	例字	韵母	中古音	例字
ia	假开三	写 sia³、爷 ia²	iat	山开三、四，山合三、四	杰 kʰiat⁶、结 kiat⁵、月 ŋiat⁶、血 hiat⁵
	宕开一	摸 mia¹		山合二	挖 iat⁵
iai	蟹开二	介 kiai⁴、解 kiai³	iak	梗开三、四	惜 siak⁵、壁 piak⁵
	蟹开一	艾 ŋiai⁴	iɔ	果开三，果合三	茄 kʰiɔ²、靴 hiɔ¹
iau	效开三、四	标 pʰiau¹、挑 tʰiau¹	iɔn	山合三	软 ŋiɔn¹
	效开二	猫 miau⁴	iɔŋ	宕开三、宕合三	辆 liɔŋ²、放~手 piɔŋ⁴
	流开一	贸 miau³		宕开一、江开二	芒 花草 miɔŋ²、腔 kʰiɔŋ¹
	流开三	浮 pʰiau²	iɔk	宕开三、通合三	脚 kiɔk⁵、浴 iɔk⁶
iam	咸开三、四	欠 kʰiam⁴、念 ŋiam⁴	iɛn	咸开三、山开三、四、山合三	贬 piɛn³、变 piɛn⁴、边 piɛn¹、选 siɛn³
	咸开一、二	暂 tsʰiam⁴、碱 kiam³	iɛt	咸开四、山开三、四、山合三	跌 tiɛt⁵、别 pʰiɛt⁶、节 tsiɛt⁵、雪 siɛt⁵
ian	山开一、二、山合一	乾 kʰian¹、艰 kian¹、丸 ian²	iu	流开三	刘 liu²
			iui	蟹合三	锐 iui⁴
	山开三、四，山合三、四	件 kʰian⁴、显 hian³、权 kʰian²、县 ian⁴	iun	臻开三，臻合三	银 ŋiun²、均 kiun¹
iaŋ	梗开三、四	饼 piaŋ³、醒 siaŋ³	iuŋ	梗合三，通合三	兄 hiuŋ¹、雄 hiuŋ²
iap	咸开二	夹 kiap⁶		通合一	丛 tsʰiuŋ¹
	咸开三、四	接 tsiap⁵、贴 tʰiap⁵	iut	山合三、臻合三	掘 kʰiut⁵、倔 kʰiut⁵
			iuk	流开三，通合三	宿 siuk⁵、六 liuk⁵

普遍认为，u 介音韵母与中古合口韵对应，与 i 介音韵母情况类似，这种

对应在梅州客家方言中并不完整。同样以客家方言代表点梅县方言为例，u 介音韵母的对应见表 4-20。

表 4-20　梅县方言带 u 介音韵母的情况

韵母	中古音	例字	韵母	中古音	例字
ua	假合二，蟹合二	瓜 kua¹、挂 kua⁴	uɔ	果合一	果 kuɔ³
uai	蟹合一、二	块 kʰuai⁴、快 kʰuai⁴	uɔk	宕合一	扩 kʰuɔk⁵
uan	山合一、二	款 kʰuan³、关 kuan¹	uɔn	山合一	官 kuɔn¹
uaŋ	宕合一，梗合二	桄 kuaŋ¹、矿 kuaŋ³	uɔŋ	宕合一	光 kuɔŋ¹
				江开二	港 kuɔŋ³
	梗开二	梗₅ kuaŋ³	uɛn	梗开二	耿 kuɛn³
uat	山合一	括 kuat⁵	uet	曾合一	国 kuet⁵

u 介音与中古合口韵的对应情况较 i 介音韵母与中古三、四等字的对应整齐，但也不完整。为此，我们基于梅州 27 个客家方言点材料对中古 16 摄的介音情况进行了梳理。

（1）中古果摄开口一等字均无介音；开口三等只有一个例字"茄"，各方言点均有介音 i。中古果摄合口一等只有见系"过""果"在三角镇、畲江镇、松口镇、蕉岭县、棉洋镇、丰顺县有介音 u。

（2）中古假摄开口二等均无介音；开口三等精组、日母有介音 i，章组无介音，云、以二母在梅江区、梅县区、蕉岭县、平远县保留介音 i，其余县区没有介音。中古假摄合口二等见、溪母和影组在梅江区、梅县区、蕉岭县、平远县、大埔县、丰顺县有介音 u。

（3）从整体上来看，中古遇摄合口一、三等字均无介音，韵母主要读作 u/ɣ/i。

（4）中古蟹摄开口一等读作 ai 和 ɔi，在梅州大部分方言点读作 ɔi 的字在兴田街道、罗浮镇、黄槐镇有 u 介音，读作 uɔi；开口二等见母字在梅县区、梅江区、蕉岭县、平远县都有介音 i（除"佳"字外）；开口三等没有介音；开口四等精组、见系部分例字，如"洗""细""契"在以五华、兴宁为主的部分方言点有 i 介音。中古蟹摄合口一等帮组、端系韵母主要读作 ui/ɔi/i，这里韵母 ui 中的 u 为主要元音，在兴田街道、罗浮镇、黄槐镇个别例字，如"妹""堆"等字韵母有读作 uɔi 的，有 u 介音；见组"块""会~计"除五华县（棉洋）、兴宁市、梅区（梅西）、丰顺县（丰良）外，均读作 uai，有介音 u 合口二等字除五华、兴宁外，均读作 uai，有 u 介音；合口三等有各县区白读主要读作 ɔi 的，在兴田街道、罗浮镇、黄槐镇则读作 uɔi；合口四等见组字除大埔、丰顺读作 ui（u 为韵腹）外，其余均读作"i（u 为介音）。

（5）中古止摄开口三等除齿音字一般读作ɿ/ɿ外，基本读作 i。中古止摄合口三等支脂韵除大埔、丰顺外，主要读作 ui，大埔、丰顺读作 ui。止摄合口三等微韵除大埔、丰顺外，非组、晓组均读作 i，见组、影组读作"i，大埔、丰顺读作 ui。

（6）中古效摄开口一等字没有介音；开口二等见组"敲"字在三角镇、畲江镇读作 k^{h}iau^1；开口三等字除知、章、晓、影组外，均有 i 介音，晓组在五华、兴宁没有 i 介音，影组在梅江区、梅县区、蕉岭县、平远县有 i 介音；开口四等字除影组外，均有 i 介音，影组在梅江区、梅县区、蕉岭县、平远县有 i 介音。

（7）中古流摄开口一等帮组"剖""某""贸"等字在梅江区、梅县区、蕉岭县、平远县、丰顺县及大埔县主要读作 iau，有 i 介音，其余各组在兴宁、五华主要读作 iu，这里的 i 为主要元音，无介音；开口三等主要读作 iu，这里的 i 也为主要元音，无介音（"彪"字例外，各县区均读作 iau）。

（8）中古咸摄开口一等字没有 i 介音；开口二等咸、洽、庄组"蘸""眨""插"和见组"夹""狭"等例字在各县区均有 i 介音，衔狎韵、见组"嵌"在各县区有 i 介音；开口三等泥组、精组、日母、见组、晓组均有 i 介音，知组无 i 介音，影组在梅江区、梅县区、蕉岭县、平远县有 i 介音；开口四等端泥组仅在大埔部分方言点没有 i 介音，见组在各县区均有 i 介音，晓组在五华、兴宁外的各县区均有 i 介音。中古咸摄合口三等非组字均无介音。

（9）中古深摄开口三等字除兴宁外，主要元音一般为 i/ə，无介音，兴宁市除知照组、影组外均有 i 介音。

（10）中古山摄开口一等见系字在兴宁兴田街道、黄槐镇、罗浮镇、大埔县枫朗镇带有 u 介音；山摄开口二等见组字除五华、兴宁外，均有 i 介音；开口三等仙薛韵除知、章组和影组外，一般有 i 介音，这里知、章组在兴宁刁坊、石马有 i 介音，影组在梅江区、梅县区、蕉岭县、平远县有 i 介音，另外，五华华城、棉洋见系字 i 介音较为不稳定，在"言""掀"字里有，但在其他例字中没有；山摄开口四等字在五华华城、棉洋没有介音。此外，帮组、见组均有 i 介音，端组、泥组在大埔（除三河）没有 i 介音，晓组在除兴宁、五华外的各县区有 i 介音，影组在梅江区、梅县区、蕉岭县、平远县有 i 介音。中古山摄合口一、二等见组、影组除五华、兴宁外，均有 u 介音；合口三等来母、精组除五华外，均有 i 介音，知组、章组在五华、兴宁、平远个别方言点有 u 介音，山摄合口三、四等见组除五华外，有 i 介音，影组在梅江区、梅县区、蕉岭县、平远县及大埔县个别方言点有 i 介音。

（11）中古臻摄开口一等字仅在兴宁有 i 介音；开口三等见组字"巾""筋"在大埔县及丰顺丰良、潘田有 i 介音，"勤"在除兴宁外的方言点均有 i

介音,"银""近"等例字在各县区均有 i 介音。中古臻摄合口一等字一般没有介音;合口三等见组除兴宁外,均有 i 介音。

(12) 中古宕摄开口一等字没有介音;开口三等泥组、精组、见组在各县区均有 i 介音,晓组除五华、兴宁外,有 i 介音,影组在梅江区、梅县区、蕉岭县、平远县有 i 介音。中古宕摄合口一等见组除兴宁、五华外有 u 介音,匣母、影母有 u 介音;合口三等微母、见组字"匡""筐"在各县区有 i 介音,见组"狂""逛"等例字除兴宁外,一般有 u 介音,影组在各县区一般有 u 介音。

(13) 中古江摄开口二等字一般没有介音。

(14) 中古曾摄开口一等字主要元音读作 ε,各组在兴宁(兴田、刁坊、大坪、水口、石马)及五华水寨有 i 介音;开口三等除"冰"字在兴宁(兴田、刁坊、大坪、水口、石马)及五华水寨有 i 介音,其余各组主要元音为 i,没有介音。中古曾摄合口一等"国"字在五华、兴宁有 i 介音,在其他县区为 u 介音。

(15) 中古梗摄开口二等庚陌韵见组"额"字在各县区均有 i 介音,耕麦韵"耿"字在五华、兴宁有 i 介音,在其他县区大部分为 u 介音;开口三、四等字文读主要元音为 i/ə,没有介音,白读除知、章组外,主要元音为 ia,各县区有 i 介音。中古梗摄合口二等见组字除五华、兴宁外,一般有 u 介音;合口三等晓组字除五华、兴宁外,一般有 i 介音,影组在梅江区、梅县区、蕉岭县、平远县有 i 介音;合口四等字主要元音为 i/ə,没有介音。

(16) 中古通摄合口一等字主要元音为 u,均无介音,各县区合口三等非组、知照组均无介音,影组在梅江区、梅县区、蕉岭县、平远县有 i 介音。此外,其他各组部分例字有 i 介音且各县区表现较一致。

在厘清十六摄介音在梅州 27 个客家方言点有无异同后,我们试图从介音与中古韵的关系及声韵配合关系考虑梅州客家方言的介音 i 和介音 u。

(一) i 介音韵母的分布及演变

就以上 i、u 介音在梅州 27 个客家方言点的分布来看,i 介音的有无不仅体现在中古三、四等字上,在中古一、二等字上也有所表现。

(1) 中古一等字 i 介音韵母的差异体现在:中古流摄开口一等帮组"剖""某""贸"等字在梅江区、梅县区、蕉岭县、平远县、大埔县、丰顺县有 i 介音;中古臻摄开口一等字仅在兴宁有 i 介音;中古曾摄开口一等字在兴宁(兴田、刁坊、大坪、水口、石马)及五华水寨有 i 介音;中古曾摄合口一等"国"字在五华、兴宁有 i 介音。(见表 4-21)

表4-21 中古一等字韵母带 i 介音情况

方言点	剖	贸	跟	克	国
三角	pʰiau	miau	kɛn	kʰɛt	kuɛt
梅西	pʰiau	miau	kɛn	kʰɛt	kuɛt
畲江	pʰiau	miau	kien	kʰiet	keʔ
松口	pʰiau	meu	ken	kʰet	kuet
蕉城	pʰiau	miau	ken	kʰet	kuet
南磜	pʰɔ	miau	ken	kʰet	kuet
大柘	pʰiau	miau	kɛn	kʰɛt	kuɛt
仁居	pʰiau	miau	ken	kʰet	kuet
兴田	pʰiu	miu	kiɛn	kʰiɛt	kiɛt
罗浮	fiu	miu	kɛn	kʰɛʔ	kɛʔ
黄槐	fiu	miu	kiɛn	kʰɛʔ	kɛʔ
大坪	fiu	miu	kiɛn	kʰɛʔ	kiɛʔ
石马	pʰiu	miu	kiɛn	kʰiɛʔ	kiɛʔ
刁坊	pʰiu	miu	kiɛn	kʰiɛʔ	kiɛʔ
水口	pʰiu	miu	kiɛn	kʰieʔ	kɛʔ
水寨	pʰiɔ	miɔ	kiɛn	kʰiɛt	kiɛt
华城	pʰɛu	mɛu	kɛn	kʰɛt	kuɛt
棉洋	pʰiau	mɛu	kiɛn	kʰɛt	kɛt
湖寮	pʰiau	miau	ken	kʰet	kuet
三河	pʰiau	miau	ken	kʰet	kuet
枫朗	pʰiau	miau	—	kʰet	kut
光德	pʰiau	miau	ken	kʰet	kuet
高陂	pʰiau	miau	kɛn	kʰɛt	kuɛt
汤坑	pʰiau	miau	kɛn	kʰɛt	kuɛt
丰良	pʰiau	miau	ken	kʰet	kuet
潘田	pʰiau	miau	ken	kʰet	kuet
留隍	pʰiau	miau	ken	kʰet	kuet

由中古流摄开口一等"剖""贸"字的读音及分布来看,它们发生了介音 i 增生的变化。(如图4-45、图4-46所示)流摄开口一等字应以读作 eu/ɛu 为主,元音 e/ɛ 与介音 i 发音部位相似,极易在辅音与元音之间产生衍音 i 而形成介音,变为 ieu/iɛu,即开口一等字主要元音 e/ɛ 前的介音 i 大部分是由衍

音演变而成的，而梅江区、梅县区、蕉岭县、平远县、大埔县、丰顺县等方言点的读音 iau 则应该是出于音系内部调整的需要，发生 ieu/iɛu→iau 的演变。

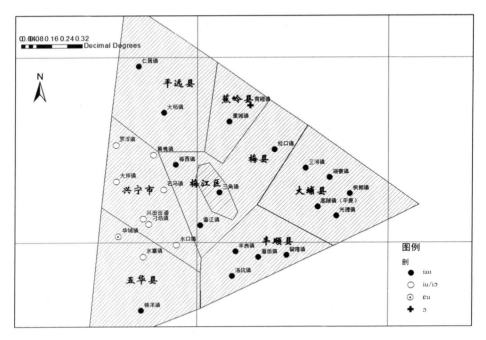

图 4-45　梅州客家方言"剖"字读音的地理分布

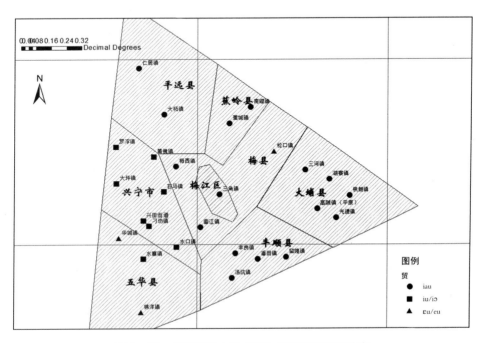

图 4-46　梅州客家方言"贸"字读音的地理分布

再看中古臻摄开口一等例字"跟"、曾摄开口一等例字"克"、曾摄合口一等例字"国"读音的分布情况。(如图4-47、图4-48、图4-49所示)

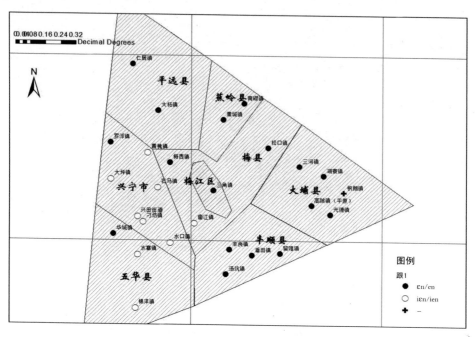

图4-47 梅州客家方言"跟"字读音的地理分布

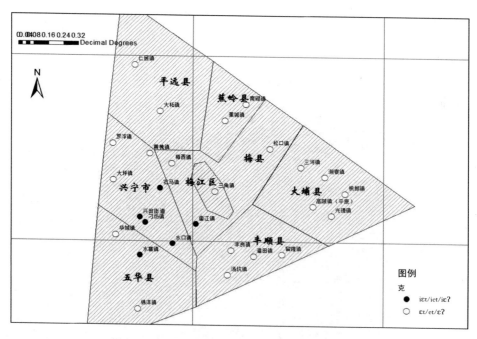

图4-48 梅州客家方言"克"字读音的地理分布

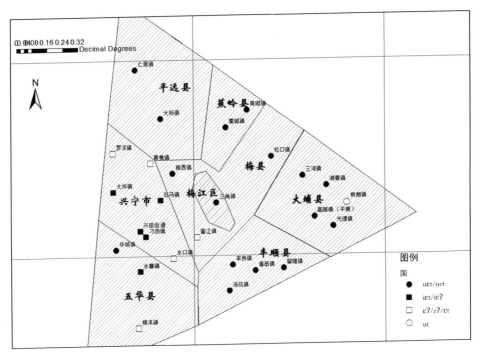

图 4-49 梅州客家方言"国"字读音的地理分布

由中古开口一等字带 i 介音韵母的分布情况来看，这里产生的过渡音 i 并不稳定，在同一地点的不同例字中表现形式不一。

（2）中古二等字 i 介音韵母的差异体现在：中古蟹摄开口二等见母字在梅县区、梅江区、蕉岭县、平远县有 i 介音（除"佳"字），其他县区无介音；中古效摄开口二等见组"敲"字在三角镇、畲江镇有 i 介音；中古山摄开口二等见组字在梅江区、梅县区、蕉岭县、平远县、大埔县、丰顺县有 i 介音；中古梗摄开口二等"耿"字在兴宁、五华有 i 介音。（见表 4-22）

表 4-22 中古二等字韵母带 i 介音情况

方言点	街	敲	简	耿
三角	kɛ	kʰiau	kian	kuɛn
梅西	kai	kʰau	kan	kuɛn
畲江	kai	kʰiau	kien	ken
松口	kiai	kʰau	kian	kuen
蕉城	kiai	kʰau	kian	kuɛn
南礤	kiai	—	—	—
大柘	kiai	kʰau	kian	kuɛn

· 165 ·

续表 4-22

方言点	街	敲	简	耿
仁居	kiai	kʰau	kian	kuen
兴田	kai	kʰau	kan	kiɛn
罗浮	kai	kʰau	kain	kɛn
黄槐	kai	kʰau	kain	kiɛn
大坪	kai	kʰɔ	kan	kien
石马	kai	kʰau	kan	kiɛn
刁坊	kai	kʰau	kain	kiɛn
水口	kai	kʰau	kan	kien
水寨	kai	kʰau	kan	kiɛn
华城	kai	kʰau	kan	kuɛn
棉洋	kai	kʰau	kan	kɛn
湖寮	kai	kʰau	kien	kuen
三河	kei	kʰau	kien	kuen
枫朗	kai	kʰau	—	kuen
光德	kai	kʰau	kien	kuen
高陂	kai	kʰau	kiɛn	kɛn
汤坑	kɛ	kʰau	kiɛn	kuɛn
丰良	kei	kʰau	kien	kuen
潘田	kei	kʰau	kien	ken
留隍	ke	kʰau	—	ken

梅州客家方言"街"字、"简"字读音的地理分布如图4-50、图4-51所示。

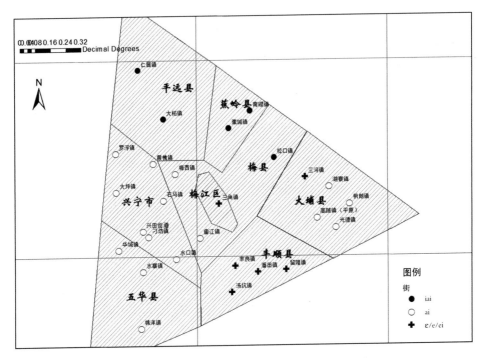

图 4-50　梅州客家方言"街"字读音的地理分布

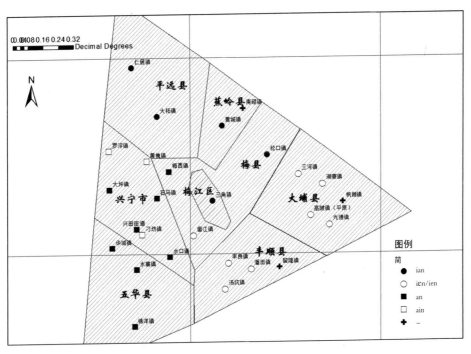

图 4-51　梅州客家方言"简"字读音的地理分布

我们认为，开口二等字 i 介音的增生与开口一等字有相同的原理，均是由元音韵母 e/ɛ 产生的过渡音，而后，音系调整主要元音发生 e/ɛ→a 的演变。从 i 介音在二等字中主要分布在见系字来看，增生 i 介音的音变应是从见系开始的。梅州客家方言见系字主要读作 k、kʰ、h、ŋ，也有读作 h、f、ʃ/s、v、ȝ 及 j/Ø 的。我们发现，增生 i 介音韵母的声母仅有见系的韵母 k、kʰ、h、ŋ，i 介音的出现使得见系声母 k、kʰ、h、ŋ 音值变为 c、cʰ、ç、ɲ，我们推测这些韵摄一、二等字韵母带 i 介音与声母 c、cʰ、ç、ɲ 黏着的稳定性有一定的关联。

（3）中古三等字 i 介音韵母的差异体现在：中古假摄开口三等云、以母在兴宁市、五华县、大埔县、丰顺县没有 i 介音；中古效摄晓组字在兴宁市、五华县没有 i 介音，影组字在兴宁市、五华县、大埔县、丰顺县没有 i 介音；中古咸摄开口三等影组字在兴宁市、五华县、大埔县、丰顺县没有 i 介音；中古深摄仅兴宁市（除知照、影组外）有 i 介音；中古山摄开口三等知、章组在兴宁刁坊、石马有 i 介音，影组在兴宁市、五华县、大埔县、丰顺县没有 i 介音，五华华城、棉洋见系字 i 介音不稳定，在"言""掀"等字里有，其他字里没有；中古山摄合口三等见组在五华县没有 i 介音，影组在兴宁市、五华县、大埔县、丰顺县没有 i 介音；中古臻摄开口三等见组字"巾""筋"在大埔县及丰顺丰良、潘田以外的方言点没有 i 介音，"勤"字在兴宁市没有 i 介音；中古臻摄合口三等见组在兴宁市没有 i 介音；中古宕摄开口三等晓组在五华、兴宁没有 i 介音，影组在兴宁市、五华县、大埔县、丰顺县没有 i 介音；中古曾摄开口三等"冰"字在兴宁（兴田、刁坊、大坪、水口、石马）及五华水寨有 i 介音；中古梗摄合口三等晓组在五华、兴宁没有 i 介音，影组在兴宁市、五华县、大埔县、丰顺县没有 i 介音；中古通摄合口三等影组在兴宁市、五华县、大埔县、丰顺县没有 i 介音。（见表 4-23）

表 4-23　中古三等字韵母带 i 介音情况

方言点	爷	永	香	展	冰	心	立
三角	jia	jiun	hioŋ	tsan	pɛn	sim	lip
梅西	jia	jiun	hioŋ	tsan	pɛn	sim	lip
畲江	jia	jiun	ʃioŋ	tsan	pien	sim	liuk
松口	jia	jiun	ʃioŋ	tsan	pen	sim	lip
蕉城	jia	jiun	ʃioŋ	tsan	pen	sin	lit
南磜	jia	jiun	ʃioŋ	tsan	pen	sin	lip
大柘	jia	jiun	hioŋ	tsan	pɛn	sin	lit
仁居	jia	jiun	sioŋ	tsan	pen	sin	lit

续表 4-23

方言点	爷	永	香	展	冰	心	立
兴田	ʒa	ʒun	ʃɔŋ	tʃɛn	piɛn	siuŋ	liuk
罗浮	ʒa	ʒuin	ʃɔŋ	tʃen	pɛn	siuŋ	liuʔ
黄槐	ʒa	ʒuin	ʃɔŋ	tʃiɛn	piɛn	siuŋ	liuʔ
大坪	ʒa	ʒun	ʃɔŋ	tʃɛn	pien	siuŋ	liuʔ
石马	ʒa	ʒuin	ʃɔŋ	tsiɛn	piɛn	siuŋ	liuʔ
刁坊	ʒa	ʒuin	ʃɔŋ	tʃain	piɛn	siuŋ	liuʔ
水口	ʒa	ʒun	ʃɔŋ	tʃɛn	pien	siuŋ	liuʔ
水寨	ʒa	ʒun	ʃɔŋ	tʃɛn	piɛn	sim	lip
华城	ʒa	ʒun	ʃ	tʃɛn	pɛn	sim	lip
棉洋	jia	jiun	hiɔŋ	tʃen	pɛn	sim	lip
湖寮	ʒa	ʒun	ʃiɔŋ	tʃen	pen	sin	lit
三河	ʒa	ʒun	ʃɔŋ	tʃen	pen	sim	lip
枫朗	ʒa	ʒun	hiɔŋ	tʃen	pen	sin	lit
光德	ʒa	ʒun	hiɔŋ	tʃɛn	pen	sim	lip
高陂	ʒa	jiun	hiɔŋ	tʃan	pɛn	sim	lit
汤坑	ʒa	ʒun	hiɔŋ	tʃɛn	pɛn	sim	lip
丰良	ʒa	ʒun	ʃiɔŋ	tʃɛn	pɛn	sim	lip
潘田	ʒa	ʒun	ʃiɔŋ	tʃɛn	pen	sim	lip
留隍	jia	ʒun	hiɔŋ	tʃɛn	pen	sim	lip

梅州客家方言"爷"字、"永"字读音的地理分布如图 4-52、图 4-53 所示。

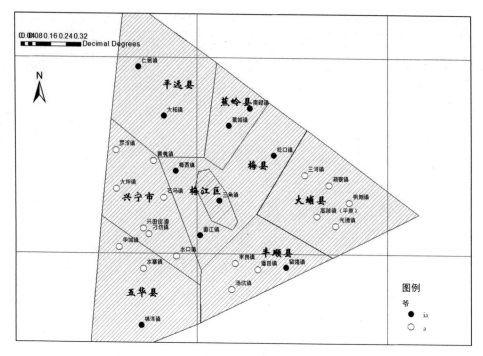

图4-52 梅州客家方言"爷"字读音的地理分布

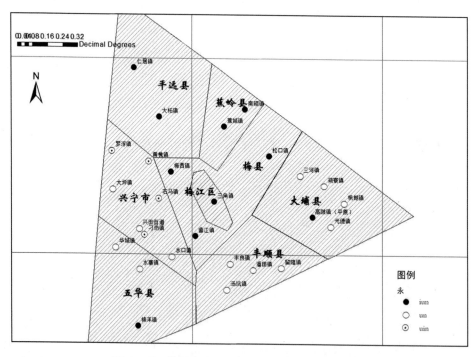

图4-53 梅州客家方言"永"字读音的地理分布

中古三等韵母不带 i 介音与声母有关。云以母、影母在梅江区、梅县区、蕉岭县、平远县及五华县棉洋声母主要为 j，在其他方言点声母为 ʒ，应是声母 j 在 i 介音作用下浊化的结果。在演变过程中，介音 i 被浊擦音声母 ʒ 吞噬。

梅州客家方言"香"字读音的地理分布如图 4–54 所示。

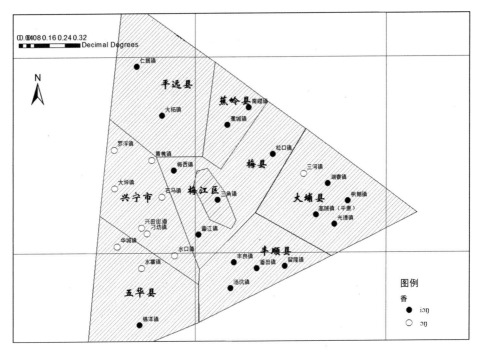

图 4–54　梅州客家方言"香"字读音的地理分布

中古三等知、照组及晓组声母在梅州客家方言中普遍没有 i 介音也与舌齿音声母的吞噬有关，中古山摄开口三等在兴宁刁坊、石马有 i 介音及中古曾摄开口三等"冰"字在兴宁（兴田、刁坊、大坪、水口、石马）及五华水寨有 i 介音则是韵母 e/ɛ 与声母相拼时产生的不稳定的过渡音。

梅州客家方言"展"字、"冰"字读音的地理分布如图 4–55、图 4–56 所示。

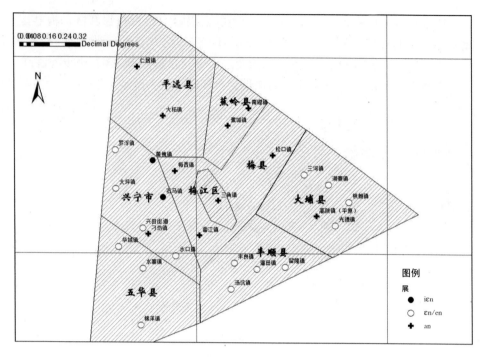

图4-55 梅州客家方言"展"字读音的地理分布

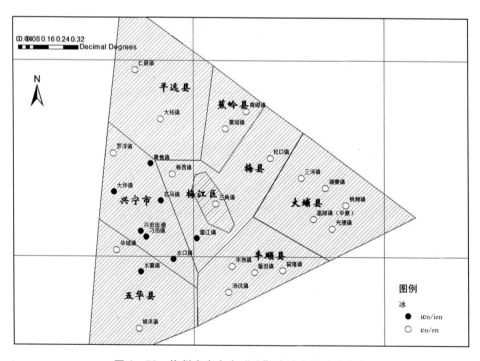

图4-56 梅州客家方言"冰"字读音的地理分布

中古三等韵母不带 i 介音还与韵尾有关。中古深摄韵尾收 -m/-p，但现在在梅州客家方言中已发生了不同程度的演变，有的演变为 -n/-t，有的演变为 -ŋ/-k/-ʔ。中古深摄开口三等应有介音，但在梅州大部分客家方言中已主元音化，变为 im/in，唯有兴宁市韵尾由 im 演化为 iuŋ，且与普通话的 iuŋ 音值不完全相同，韵母 u 有偏央、偏低的特点。同时，韵母 i 时长也略长于同等条件下的 i 介音，又长于其他方言点的深摄韵母 i。我们认为，u 的出现是为了强调韵尾 ŋ，而这里的韵母 i 的时长随着 u 的强化而减短，正发生由主元音向介音的转变。

梅州客家方言"心"字、"立"字读音的地理分布如图 4-57、图 4-58 所示。

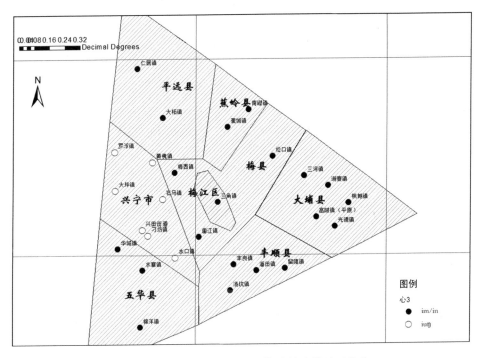

图 4-57　梅州客家方言"心"字读音的地理分布

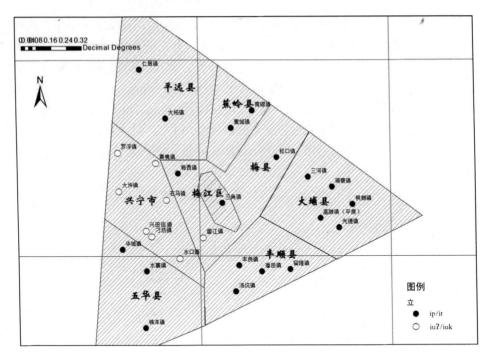

图 4-58　梅州客家方言"立"字读音的地理分布

另外，臻摄三等字没有 i 介音与韵母的分化有关，详见臻摄韵母分析。

（4）中古四等字 i 介音韵母的差异体现在：中古蟹摄开口四等精组、见系部分例字，如"洗""细""契"在五华、兴宁部分方言点有 i 介音；中古效摄开口四等影组在兴宁市、五华县、大埔县及丰顺县没有 i 介音；中古咸摄开口四等端组、泥组仅在大埔部分方言点无 i 介音，晓组在兴宁市、五华县没有 i 介音；中古山摄开口四等在五华华城、棉洋没有 i 介音，端泥组在大埔（除三河外）没有 i 介音；中古山摄合口四等见组在五华没有 i 介音，影组在兴宁市、五华县、大埔县及丰顺县没有 i 介音。

梅州客家方言"甜"字、"嫌"字读音的地理分布如图 4-59、图 4-60 所示。

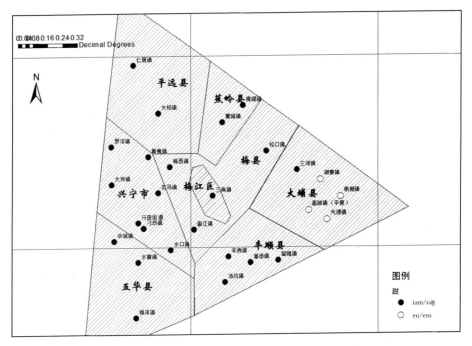

图 4-59 梅州客家方言"甜"字读音的地理分布

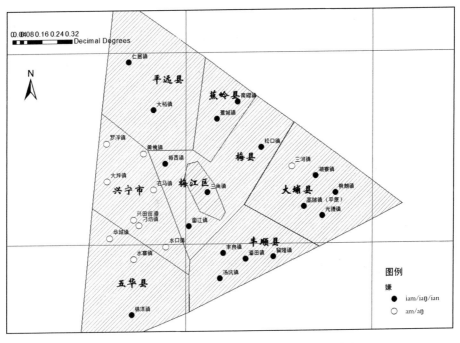

图 4-60 梅州客家方言"嫌"字读音的地理分布

中古四等字没有 i 介音与声母有关。影组、晓组及见组字没有 i 介音，与中古三等情况相同，应是舌齿音声母作用的结果；中古咸摄、山摄开口四等端组泥组在大埔部分方言点没有 i 介音，这里我们认为与舌尖音声母对介音 i 的吞噬有关。

梅州客家方言"洗"字读音的地理分布如图 4-61 所示。

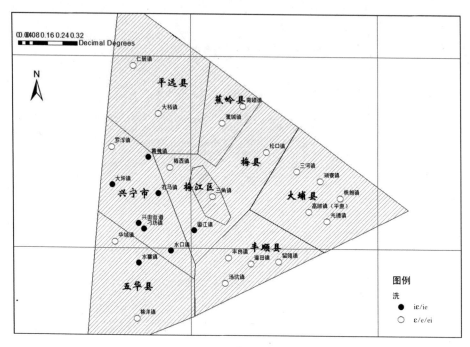

图 4-61 梅州客家方言"洗"字读音的地理分布

中古四等字没有 i 介音与韵母有关。中古蟹摄开口四等读作洪音普遍存在于客家方言，iɛ/ie 类韵母应是 ɛi/ei 类韵母在声母的作用下，增生了 i 介音，再发生韵尾 -i 脱落的结果，这种音变只在部分方言点出现。

从 i 介音的地理分布情况来看，由见系开始引发的中古一、二等字介音 i 的增生情况仅在兴宁市、五华县没有明显表现，这可能与兴宁市、五华县声母 k、kʰ、h、ŋ 的稳定性有关；而中古三、四等字韵母 i 介音的脱落却表现为兴宁市、五华县率先脱落，从上文可知，中古三、四等字韵母 i 介音在兴宁市、五华县的脱落与声母有关，同时与韵尾也有关系，即兴宁市、五华县的音系结构有区别于其他县区，其导致了三、四等字韵母 i 介音的不稳定性及一、二等字 i 介音的难增生性。

（二）u 介音韵母的分布及演变

（1）中古开口韵 u 介音韵母的差异主要体现在：中古蟹摄开口一等在兴宁市（兴田街道、罗浮镇、黄槐镇）有 u 介音；中古山摄开口一等见系在兴田街道、黄槐镇、罗浮镇、枫朗镇有 u 介音，如例字"台"（蟹开一）和"干"（山开一）。（如图 4-62、图 4-63 所示）

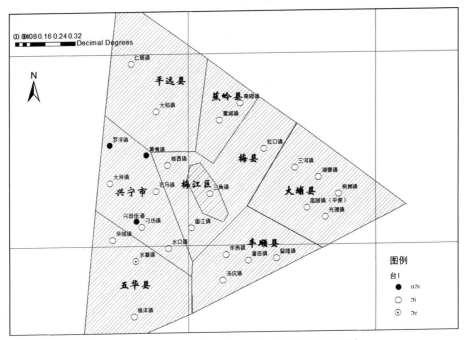

图 4-62　梅州客家方言"台"字读音的地理分布

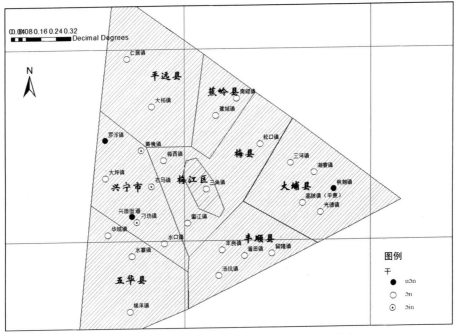

图 4-63　梅州客家方言"干"字读音的地理分布

开口韵带 u 介音与韵母主要元音有关。凡开口韵带 u 介音的韵母主要元音均为 ɔ/o，ɔ/o 的圆唇、后高/半高特征使其在与声母结合时极易产生过渡音 u，而过渡音的存在是介音 u 产生的必要条件。从地理分布看来，开口韵 u 介音的产生以兴宁市为主。

（2）中古合口韵 u 介音韵母的差异主要体现在：中古果摄合口一等"过""果"在梅县区（梅西镇）、平远县、兴宁市、五华县（水寨镇、华城镇）、大埔县没有 u 介音；中古假摄合口二等见组、影组在兴宁、五华没有 u 介音；中古蟹摄合口二等在五华、兴宁没有 u 介音；中古山摄合口一、二等见组、影组在兴宁、五华没有 u 介音，合口三等知、章组仅在兴宁、五华、平远个别方言点有 u 介音，这里的 u 介音应是韵母 ɔ/o 前产生的过渡音，与中古开口字原理一致；中古宕摄合口一等见组在兴宁、五华没有 u 介音，也就是说，与中古开口字没有 i 介音一样，见组字声母读音可能是导致兴宁市、五华县 u 介音率先脱落的主要因素。（见表 4-24）

表 4-24 中古合口韵韵母带 u 介音情况

方言点	果 （果合一）	官 （山合一）	瓜 （假合二）	乖 （蟹合二）	关 （山合二）	光 （宕合一）
三角	kuɔ	kuɔn	kua	kuai	kuan	kuoŋ
梅西	kɔ	kɔn	kua	kuai	kuan	kɔŋ
畲江	kɔ	kuɔn	ka	kai	kan	kɔŋ
松口	kuɔ	kuɔn	kua	kuai	kuan	kuoŋ
蕉城	kuɔ	kuɔn	kua	kuai	kuan	kuoŋ
南礤	kuɔ	kuɔn	kua	kuai	kuan	kuoŋ
大柘	kɔ	kɔn	kua	kuai	kuan	kɔŋ
仁居	kɔ	kɔn	kua	kuai	kuan	kɔŋ
兴田	kɔ	kɔn	ka	kai	kan	kɔŋ
罗浮	kɔ	kuɔn	ka	kai	kain	kɔŋ
黄槐	kɔ	kɔin	ka	kai	kain	kɔŋ
大坪	kɔ	kɔn	ka	kai	kan	kɔŋ
石马	kɔ	kɔin	ka	kai	kan	kɔŋ
刁坊	kɔ	kɔin	ka	kai	kan	kɔŋ
水口	kɔ	kɔn	ka	kai	kan	kɔŋ
水寨	kɔ	kɔn	ka	kai	kan	kɔŋ
华城	kɔ	kɔn	kua	kuai	kuan	kɔŋ

续表 4-24

方言点	果 (果合一)	官 (山合一)	瓜 (假合二)	乖 (蟹合二)	关 (山合二)	光 (宕合一)
棉洋	kɔ	kuɔn	ka	kai	kuan	kɔŋ
湖寮	kou	kuan	kua	kuai	kuan	kuɔŋ
三河	kou	kuan	kua	kuai	kuan	kuɔŋ
枫朗	kou	kuan	kua	kuai	kuan	kuɔŋ
光德	kou	kuan	kua	kuai	kuan	kuɔŋ
高陂	kou	kuan	kua	kuai	kuan	kuɔŋ
汤坑	kuɔ	kuan	kua	kuai	kuan	kuɔŋ
丰良	kuɔ	kuan	kua	kuai	kuan	kuɔŋ
潘田	kuɔ	kuan	kua	kuai	kuan	kuɔŋ
留隍	kuɔ	kuan	kua	kuai	kuan	kuɔŋ

梅州客家方言"果""官""瓜""乖""关""光"字读音的地理分布如图 4-64 至图 4-69 所示。

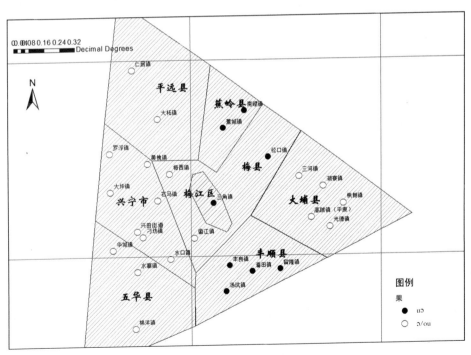

图 4-64　梅州客家方言"果"字读音的地理分布

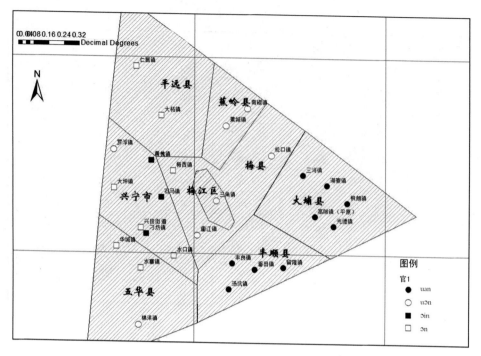

图 4-65 梅州客家方言"官"字读音的地理分布

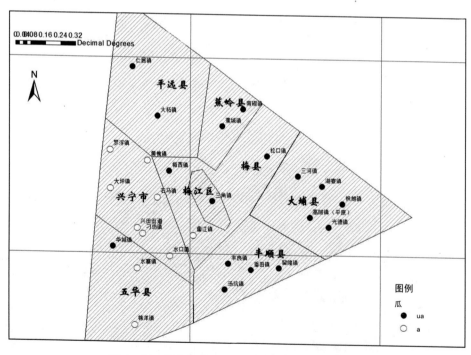

图 4-66 梅州客家方言"瓜"字读音的地理分布

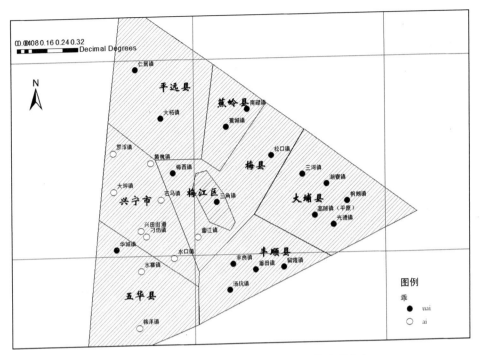

图4-67 梅州客家方言"乖"字读音的地理分布

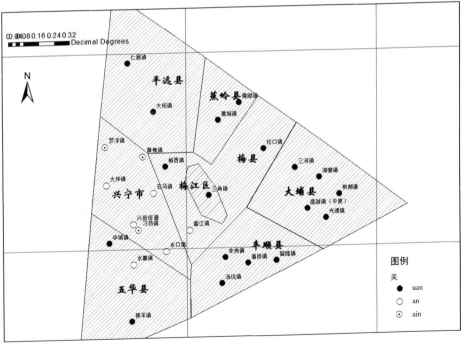

图4-68 梅州客家方言"关"字读音的地理分布

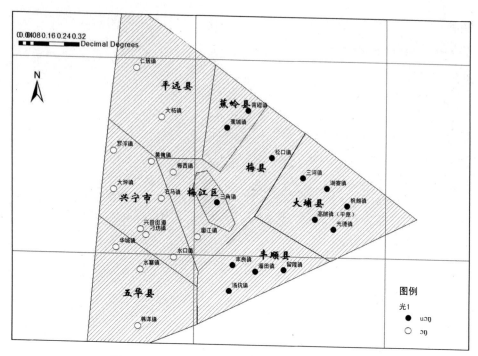

图 4-69　梅州客家方言"光"字读音的地理分布

就合口字 u 介音韵母的分布情况来看,果摄合口一等字,假摄合口二等字,蟹摄合口二等字,山摄合口一、二等字,宕摄合口一等字在兴宁、五华基本上丢失 u 介音,读作开口韵。同时,与兴宁市接壤的梅县区畲江镇的 u 介音脱落情况也与兴宁市相当。又由上文可知,u 介音的有无与声母及韵母主要元音有必然关系。因此,我们推测中古合口韵 u 介音的变化以兴宁、五华为主,再进一步影响周边方言点。刘涛(2003)曾以"果摄、山摄、宕摄合口一等韵和假摄、蟹摄、山摄合口二等韵牙音字"① 的读音情况作为梅州客家方言的分片标准之一,与本书所说的 u 介音有无的关系不谋而合。

二、辅音韵尾的分布及演变

自中古以来,鼻音韵尾和入声韵尾就有 -m、-n、-ŋ、-p、-t、-k 6 种。其格局是:咸、深二摄鼻音韵尾收闭口 -m 尾,入声韵尾收同部位的 -p 尾;山、臻二摄鼻音韵尾收前鼻音 -n 尾,入声韵尾亦收同部位的 -t 尾;宕、江、曾、梗、通摄的鼻音韵尾收后鼻音 -ŋ 尾,入声韵尾收 -k 尾。学者们普遍认为中古汉语的这一语音现象被较为完整地保留在今客家方言里,今客家方言代表点梅县方言就得到较为完整地保留,例如:贪$_{咸}$t^{h}am^1 | 踏$_{咸}$t^{h}ap^6 ‖ 林$_{深}$

---

① 刘涛:《梅州客话音韵比较研究》,暨南大学 2003 年硕士学位论文。

lim² | 立_深 lip⁶ ‖ 铲_山 tsʰan³ | 彻_山 tsʰat⁶ 等，但没有如此整齐的对应，例如：与中古阳声韵格局相左的曾摄、梗摄文读层，升_曾 sən¹ | 翼_曾 it⁶ ‖ 生_学~、梗 sɛn¹ | 格_~式、梗 kɛt³。

通过以上归纳，我们可以知道，除以上曾、梗摄韵尾的前化演变外，梅州客家方言各点阳声韵及入声韵的变化情况尤以咸摄、深摄最为复杂，各县区不同程度地表现出与其他韵母的合流现象，如咸摄与梗摄白读层的合流，深摄与臻摄、曾摄、梗摄的合流，深摄与通摄的合流等。这些合流现象的出现与韵尾的演变有着密切的关系。

下文以梅州市 27 个方言点客家方言语音材料作为分析基础，试图较为全面地探索中古鼻音韵尾和入声韵尾在梅州客家方言中的演化及分布情况，并寻求辅音韵尾演化的途径及方式。

（一）梅州客家方言的阳声韵

根据古摄和今阳声韵尾的对应关系，可以将古阳声韵尾在梅州客家方言中的读音分为两大类：一类是韵尾 -m、-n、-ŋ 三分型，另一类是韵尾 -n、-ŋ 两分型。古阳声韵尾今读两大类型在梅州地区的分布情况如图 4-70 所示。

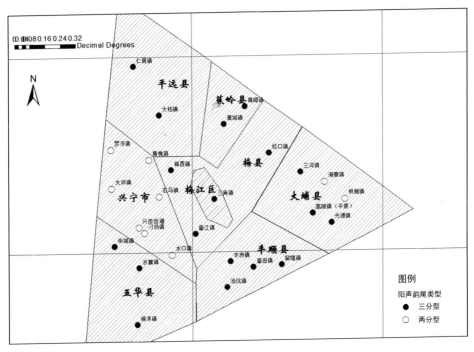

图 4-70 梅州阳声韵尾类型的地理分布

由图 4-70 可知，阳声韵尾三分型在梅州客家方言里占主导地位，两分型主要分布在兴宁市各镇区及大埔县湖寮镇、枫朗镇。由梅州客家方言阳声韵的类型划分来看，阳声韵尾 – m 在梅州客家方言中率先消变，这与汉语发展大势相符。一般认为鼻音韵尾的消变顺序与鼻辅音的发音部位有关，发音部位靠前的比发音部位靠后的先行演变（陈渊泉，1972；张琨，1983；吴宗济，1989）。

认真分析阳声韵尾三分型的方言点，不难发现韵尾 – m 在梅县畲江镇、蕉岭蕉城镇、南礤镇、平远大柘镇、仁居镇已发生不同程度的演化，即从梅州客家方言阳声韵尾的整体格局看来，韵尾 – m 正经历着一个逐渐消变的过程。地理语言学理论告诉我们，纵向的历时演变可以从横向的地理分布中寻求演化规律，因此，我们认为三分型方言点中阳声韵尾 – m 的存留程度可以为我们拟测梅州客家方言咸、深摄阳声韵尾演变模式及成因提供帮助。

在探讨梅州客家方言阳声韵尾的演化动因前，我们先厘清阳声韵尾的演化模式。

（1）中古咸摄阳声韵尾收闭口尾 – m，今梅江区三角镇、梅西镇、松口镇、蕉岭县蕉城镇、南礤镇、平远县大柘镇、仁居镇、五华县水寨镇、华城镇、棉洋镇、大埔县三河镇、光德镇、高陂镇、丰顺县汤坑镇、丰良镇、潘田镇、留隍镇得到较为完整的保留。梅县区畲江镇除个别例字，如"揞 em[1]"外，其余均演化为 – ŋ；兴宁市兴城街道、罗浮镇、黄槐镇、大坪镇、石马镇、刁坊镇及水口镇均演化为后鼻音韵尾 – ŋ；大埔县湖寮镇、枫朗镇则大部分演化为后鼻音韵尾 – ŋ，少部分演化为前鼻音韵尾 – n。（如图 4 – 71 所示）可见，中古咸摄阳声韵尾在梅州客家方言有两种演化模式：– m→ – n 及 – m→ – ŋ。

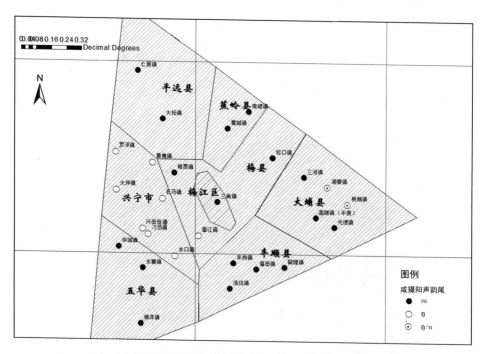

图 4 – 71　梅州客家方言咸摄阳声韵尾的地理分布

张燕芬（2009）却认为，韵尾 -m 到韵尾 -ŋ 一定要经过韵尾 -n，举深摄"参"字读作 siɛn 为例，说明兴宁方言咸深摄的韵尾演变过程也是 -m→-n→-ŋ，并认为只有咸、深摄 -n→-ŋ 的演变比山、臻摄走得更快。笔者的观点与张燕芬不同。笔者认为，韵尾 -m 到韵尾 -n 或韵尾 -ŋ 的演变与元音韵腹有关，而这里的韵尾 -n 与 -ŋ 没有直接的演变关系。细看大埔县湖寮镇咸摄读作 -n 韵尾的例字（"喊晓hen¹｜咸匣hen²｜腌影ŋien¹"），会发现其主要元音均不是主流元音 a（实际主流元音音值为 ɑ），而兴宁深摄例字"参 siɛn¹"的主要元音也不是主流元音 u，且"参人~"在兴宁还可以读作 siaŋ，即阳声韵尾 -m 对演化模式的选择与主要元音的发音部位有关，主要元音发音部位靠后的韵尾将演化为 -ŋ，主要元音发音部分靠前的，其韵尾一般演化为 -n。

（2）中古深摄阳声韵尾也收闭口 -m 尾，今梅江区三角镇、梅西镇、松口镇、五华县水寨镇、华城镇、棉洋镇、大埔县三河镇、光德镇、高陂镇、丰顺县汤坑镇、丰良镇、潘田镇、留隍镇得到较为完整的保留（这里将异化导致"禀""品"收 -n 尾的情况排除在外），梅县区畲江镇（与兴宁市毗邻）除"森 siəm¹｜参人~siəm¹"仍保留闭口 -m 尾外，其他字均演化为后鼻音韵尾 -ŋ，其主要元音为 u。蕉岭县蕉城镇 -m 尾也出现大批量的消变，演化为前鼻音韵尾 -n，例如：林 lim² ≠ 淋 lin²｜沈 səm³ ≠ 审 sən³｜阴 jim¹ ≠ 荫 jin¹，其主要元音为 i、e、ə。就目前蕉岭县南磜镇 B 级调查字表来看，深摄阳声韵尾已全部演化为前鼻音韵尾 -n，其主要元音为 i、e、ə。平远大柘镇 -m 尾已全部演化为 -n，例如：林 lin²｜参人~sɛn¹｜沈 sun³｜审 sun³。仁居镇已全部演化为前鼻音 -n，例如：心 sin¹｜沉 tsʰən²。兴宁市 7 个方言点的演化较为一致，均演化为后鼻音 -ŋ，主要元音为 u，例如：心 siuŋ¹｜林 liuŋ²。深摄韵尾由 m→ŋ 的演化情况在整个赣南与闽西客家方言中也有出现，例如：心武平ɕiŋ¹｜心长汀ɕeŋ¹｜心宁化siŋ¹。饶秉才认为，"[u] 在 [un、uŋ、ut、uk、iuk] 等韵中舌位偏央偏低，近 [ə]，肌肉较松"①，即兴宁市的 iuŋ 韵应是 iəŋ 韵进一步演化的结果，而由 im→iŋ 的演化在北方方言中有大量实践。大埔县湖寮镇深摄 -m 韵尾则演化为前鼻音韵尾 -n，例如：参人~sen¹｜针 tʃin¹。枫朗镇演化为前鼻音韵尾 -n，例如：针 tʃən¹｜心 sin¹。（如图 4-72 所示）可见，中古深摄阳声韵尾在梅州客家方言也有两种演化模式：-m→-n 及 -m→-ŋ。从深摄闭口韵尾 -m 的演化情况来看，阳声韵尾 -m 对演化模式的选择除了与主要元音有关外，还与语音系统自身结构有一定的关系。

---

① 饶秉才：《兴宁客家话语音——兴宁客家话研究之一》，载《客家纵横》1994 年增刊，第65页。

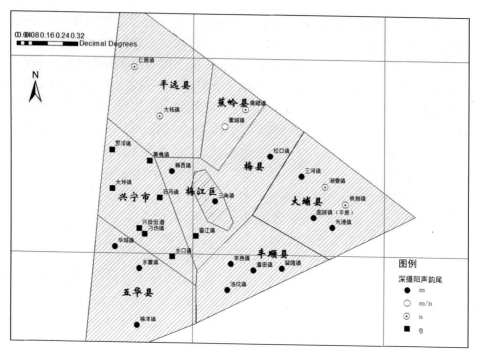

图 4-72 梅州客家方言深摄阳声韵尾的地理分布

就本书材料咸、深二摄的演化情况来看，梅州客家方言阳声韵尾 -m 的演化是从深摄启动的，这个现象与刘涛（2003）的结论不谋而合，但与兴宁客家方言咸、深摄鼻音韵尾研究专题论文（陈苏方，2016）的结论相背。

鼻音韵尾的演化研究一直为学界所关注（王力，1955；徐世荣，1980；等等），也有不少关于鼻音韵尾的实验研究，但主要集中在对以北京话为代表的普通话进行分析考察，较少以方言为实验选材。以方言材料的鼻音韵尾为研究对象的论述也不少，如张维佳（2001）、邵慧君（2003）、刘涛（2003）、张燕芬（2009）、陈苏方（2016）。

其中，邵慧君在论及粤方言咸、深韵尾演变情况时，从开口度的角度推断韵尾 m 的演变从咸摄启动，实际上是从发音人省力原则出发，认为，"-m 尾又称闭口韵，发音时口型需闭拢，而咸摄往往主元音为低元音 a 之类，a 是开口度较大的元音，主元音与韵尾形成一定的矛盾"①。为此，发音人在发完低元音 a 后，会更倾向于以收开口鼻音韵尾来结束发音。然而，语言的交际功能决定了发音省力与接收省力之间又必然存在矛盾，"仅有发音省力的话，各个语音项都向发音省力的方向演变，于是，整个系统将'死寂'，不再发生变

---

① 邵慧君：《粤方言阳声韵尾及入声韵尾的分化模式及成因初探》，见詹伯慧主编《第八届国际粤方言研讨会论文集》，中国社会科学出版社 2003 年版，第 269 页。

化，也没有足够多的对立形式保证语言的交际功能"①。

陈苏方（2016）对兴宁市客家方言咸、深摄的演变做了专题研究，其论述角度与邵慧君（2003）一致。同时，陈苏方引用了1933年罗香林《客家研究导论》中对早期兴宁市客家方言韵部音值的记录，认为"兴宁咸摄字-ŋ＞-m的演变在七十多年前正处于变化之中，咸摄部分字就已经与梗摄合流，而深摄尚未变化，仍读im"②。我们翻到《客家研究导论》第132页，确实找到"广韵韵部客语分合表第三"。并且作者在文中也提及，他所记录的是兴宁语音，但细看罗香林的记录，其严韵有3种读音情况，分别是am、aŋ、iam，而据我们的音韵常识，客家方言严韵见系应该均有介音i。另外，兴宁语言学家饶秉才曾写过一篇文章《〈客家研究导论〉中的客家语言存疑》，文章虽然没有直接指出兴宁客家方言咸、深摄韵尾记录情况的准确与否，但这不得不让人思考作为一名历史学家的罗香林先生对语音记录的准确性。即使罗香林对70年前兴宁语音的记录是完整无误的，即兴宁客家方言韵尾-m的演化由咸摄启动，也不影响我们对现今梅州客家方言整体演化格局的推论，因为语言演化本身就不止有一种可能，而我们做的只是根据现有的材料，推测可能性最大的原有的演变路径。

对鼻音韵尾弱化甚至脱落现象进行实验研究且影响较大的有Brotzman（1963）和吴宗济（1986），其研究材料均是以北方话为基础方言的普通话。吴宗济、林茂灿（1989）认为，"主要元音的发音部位越靠后，鼻尾的时长就越长；同时，主要元音的开口度越小，鼻尾的时长也越长……/ŋ/尾的时长常常要比/n/尾长"，"时长越短的鼻尾越容易脱落"③，即在普通话中，鼻音韵母的稳定性分别是in＞an、iŋ＞aŋ且iŋ＞in、aŋ＞an。但实际上，正如作者所说，主要元音在不同鼻音韵尾的作用下，其F2频率值是不同的。又由石锋（2002）可知，普通话an与aŋ中的a实际音值是有差异的，分别是a和ɑ。另外，元音i作为主要元音与鼻尾相接时会产生后音渡，如普通话in和iŋ的实际音值应为i°n与i°ŋ。也就是说，从音理上来看，普通话的in与iŋ只能靠鼻音韵尾-n或-ŋ来体现区别性，而an与aŋ不仅可以通过a与ɑ来体现差异，还可以通过鼻音韵尾-n与-ŋ来体现，于是，为了强调in与iŋ的对立，以保持普通话的语音格局，i后的鼻音作为它们的唯一区别特征就会得到强化，这也导致其后的鼻音时长加长，使得整个结构变得更为稳定，即in＞an、iŋ＞aŋ。

如果将吴宗济（1986）关于普通话鼻音韵尾稳定性的理论作用于客家方言，在客家方言咸摄主要元音以a为主、深摄主要元音以i为主的前提下，必

---

① 王洪君：《历史语言学方法论与汉语方言音韵史个案研究》，商务印书馆2014年版，第123页。
② 陈苏方：《广东兴宁客家话语音研究》，暨南大学2016年硕士学位论文。
③ 吴宗济、林茂灿：《实验语音学概要》，高等教育出版社1989年版，第207页。

将推导出咸摄启动演化的结论，但是普通话的音系结构与客家方言截然不同（就目前情况看来，客家方言 i 后的鼻音都倾向于变成 n，a 后的鼻音都倾向于变成 ŋ），也就不能将普通话鼻音韵尾的稳定性推论直接作用于客家方言。

我们知道，阳声韵尾三分型的梅州客家方言里有 im 与 in 的对立，没有与 iŋ 的对立，同时，有 am 与 an 及 aŋ 的对立。即若采用吴宗济（1986）普通话鼻尾理论，抛开客家方言的 im 和 am 不说，客家方言韵母 in 并不需要加强鼻韵尾，因为并不需要与 iŋ 保持对立，但需要保持韵母 an 与 aŋ 的对立，客家方言韵母 in 并不一定会比 an 稳定。同时，我们从共振峰模式知道，元音 i 的第一共振峰与鼻音 m、n、ŋ 的能量集中区比较相近，所以从感知上来看，高元音 i 相对于低元音 a 的鼻音性会比较强（包括部分方言点深摄主要元音已变为 ə，其相对高度仍高于低元音 a，即鼻音性强于低元音 a），也就是说，i 作为主元音与鼻音相拼比较容易发生感知边界模糊，即深摄的 im 更容易听不清楚，反而 am 前后对比明显，容易保持，于是深摄 im 形成感知边界模糊，并发生感知中心迁移的演变，由 im 可 in 不可，到 im、in 两可 im 主流，再到 im、in 两可 in 主流，最终演变为 in 可 im 不可。

同时，我们知道演化并不只有一种可能。实际上，后接鼻音位置的感觉是靠前面的元音来区分的，所以如果罗香林的记录准确，兴宁方言咸摄中的 a 就一定是后低元音，与韵母 aŋ 相同或相近，那么，am 与 aŋ 误听的可能性不会低于 im 与 in。但从梅州 27 个客家方言点的材料来看，阳声韵尾 -m 的消变更倾向于深摄启动。

在讨论完咸深两摄鼻音韵尾 -m 的演化后，我们发现部分方言点也出现 -n→-m、-ŋ→-m 的演化。例如，三角镇的"坛山 tʰam² | 蝉山 tsʰam² | 禅山 tsʰam² | 幻山 fam⁴ | 患山 fam⁴ | 矾山 fam² ‖ 慎臻 səm⁴ | 泅臻 im⁴"、梅西镇的"蝉山 tsʰam² | 禅山 tsʰam² | 禅山 tsʰam² | 幻山 fam⁴ | 患山 fam⁴ | 矾山 fam² | 垫山 tiam² ‖ 慎臻 səm⁴"、松口镇的"蝉山 sam² | 禅山 sam² | 幻山 fam⁴ | 患山 fam⁴ | 矾山 fam² ‖ 慎臻 səm⁴"、梅县畲江镇的"综通 tsiem¹ | 诵通 siem⁴ | 颂通 siem⁴"、蕉岭蕉城镇的"蝉山 sam² | 禅山 sam² | 幻山 fam⁴ | 患山 fam⁴"、蕉岭南礤的"兰山 lam² | 残山 tsʰam² | 典山 tiam³"、平远大柘的"疸山 tam³ | 蝉山 tsʰam² | 禅山 tsʰam² | 患山 fam⁴ | 矾山 fam²"、平远仁居的"疸山 tam³ | 苋山 ham² | 蝉山 tsʰam² | 禅山 tsʰam² | 幻山 fam⁴ | 患山 fam⁴ | 矾山 fam² | 垫山 tiam⁴"、大埔光德的"患山 fam⁴ | 蝉山 ʃiam² | 禅山 ʃiam² ‖ 慎臻 ʃim⁴ ‖ 称曾 tʃʰim¹"、大埔三河的"疸山 tam³ | 坛山 tʰam² | 苋山 ham² | 蝉山 ʃam² | 幻山 fam⁴ | 患山 fam⁴ | 矾山 fam² | 尘臻 tʃʰim² | 榛臻 tʃʰim¹ | 慎臻 ʃim⁴ | 称曾 tʃʰim¹"、大埔高陂的"岸山 ŋam⁴ | 蝉山 tsʰam² ‖ 称曾 tʃʰim¹"等。通过观察不难发现，-n、-ŋ 到 -m 逆演化仅发生在阳声韵尾三分型的方言点中，即这些韵摄读作 -m 韵尾不应该是上古音的遗留。同时，我们发现这些发生逆演化的例字基本上是非常用字，即这些例字更有可能是因主要元音与咸、深摄相近，在其影响下，

韵尾发生向咸、深二摄类化的转变。

（3）山、臻两摄在梅州客家方言里均较为完整地保留阳声韵尾 – n，例如，三角镇的"丹_山tan¹｜本_臻pun³"、兴田街道的"天_山tʰiɛn¹｜珍_臻tʃən¹"、水寨镇的"棉_山miɛn²｜跟_臻kiɛn¹"、湖寮镇的"慢_山mæn⁴｜斤_臻kin¹"、汤坑镇的"剪_山tsiɛn³｜村_臻tsʰun¹"。宕、江、通、梗摄白读层在梅州客家方言里也均较为完整地保留阳声韵尾 – ŋ，例如，三角镇的"帮_宕pɔŋ¹｜双_江suŋ¹"、兴田街道的"冬_通tʰuŋ¹｜兄_梗ʃuŋ¹"、水寨镇的"张_宕tʃɔŋ¹｜硬_梗ŋaŋ⁴"等。

（4）曾摄及梗摄文读层的鼻音韵尾基本为前鼻音韵尾 – n，与中古曾、梗两摄阳声韵尾不同。又由上文可知，央元音 ə、e 及高元音 i 在曾摄与梗摄文读层中占绝对优势，即很有可能是在这些元音的作用下发生了韵尾的转化，并与臻（深）摄合并，导致以 iŋ 为主的后鼻音韵母成为客家方言母语者的发音误区，进而影响其对普通话部分前后鼻音的判断。至于为何客家方言曾摄及梗摄文读层鼻音韵尾普遍前化，与其他韵摄相混，而同样是南方方言的粤语却得到相应保留，还需要有更多其他方言的语音数据进行类型学分析。

综合中古阳声韵尾 – m、– n、– ŋ 的演化，不难发现，中古咸、深摄 – m 尾消变最快且应该是自深摄启动；中古 – ŋ 尾其次，曾摄及梗摄文读层演变较快，在梅州客家方言中基本演变为 – n 尾，与臻摄相混；中古 – n 尾在山、臻摄中保存得较好，但山摄在阳声韵三分型的方言点中也出现了少部分 – n > – m 的逆势演变，我们认为是类化的结果。从以上论述可知，客家方言鼻音韵尾的演化模式有别于其他方言（张燕芬，2009；李立林，2010），其演化的主要促成因素除了主元音的作用外，还有语音系统的自身结构。

（二）梅州客家方言的入声韵

入声的特征主要表现为入声韵与入声调，入声调的概念与平上去的概念同始于南朝齐梁时，入声韵则在清代后形成，二者一经形成，便密不可分。本节将细致描述梅州 27 个客家方言点入声韵尾的演变情况，为下文入声演变的深入研究奠定基础（详细的入声演变研究见本书第五章）。

实际上，关于梅州客家方言入声韵尾的读音问题，现在学术界仍未有一致的意见。刘涛（2003）以梅州各县县城为研究对象，认为兴宁兴田街道入声韵尾基本转化为喉塞音 ʔ，另外，蕉岭、平远县城山、臻、曾、梗摄也出现过部分喉塞化现象；陈苏方（2016）以兴宁市 7 个方言点为研究对象，认为兴田街道虽然闭口入声韵尾 – p 已消失，但基本完整保留 – k、– t 韵尾，未见喉塞尾记录。

笔者调查发现，兴宁、大埔部分县区仅少数老年发音人可以将韵尾 – k 与 – ʔ 区分开来，而且即使在能分辨 – k 与 – ʔ 的发音人里，其发音也大多处于一种不自觉的状态，且每个人能分辨的字也不完全相同。因此，我们认为，现在梅州客家方言其实并没有纯粹的口塞音 -p、-t、-k，而喉塞音成分的强弱将是决定彼此间是否存在对立的关键。

传统上对喉部发声活动采用ʔ标记，本书在比较 -pʔ/-pʔ、-ʔp/-pʔ 及 -ʔp/-pʔ 的标记效果后，将喉塞成分较弱的标为 -pʔ，强调口塞音成分强于喉塞音；用 -ʔp 表示喉塞音成分较强；用 -ʔ 表示相对较纯的喉塞音。但实际上，-pʔ 相对于 -p 而言，多为可选项，即为自由变体且少量存在于语音系统里；-ʔp 相对于 -pʔ 而言，喉塞成分加强，在语音系统中较多，两者并不是泾渭分明的，而是处于交叉的、过渡的、逐渐变化的阶段。因此，这里根据喉塞音的强弱及多寡对 27 个方言点的韵尾情况进行大致分类。（如图 4-73 所示）

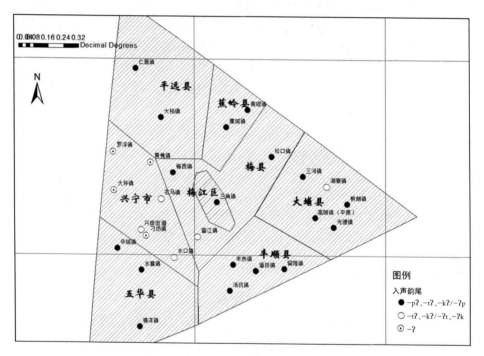

图 4-73　梅州客家方言入声韵尾的地理分布

阶段 1，-pʔ、-tʔ、-kʔ/-ʔp、-ʔt、-ʔk。-p、-t、-k 韵尾均保留的方言点有梅江区三角镇、梅县区（梅西、松口）、五华县（水寨、华城、棉洋）、平远县（大柘、仁居）、蕉岭县（蕉城、南磜）、丰顺县（汤坑、丰良、潘田、留隍）、大埔县（高陂、三河、光德、枫朗）。

阶段 2，-tʔ、-kʔ/-ʔt、-ʔk。已经失去 -p 韵尾，演变成 -t 或 -k，且韵尾 -t 和 -k 不同程度地带有同时性喉塞尾 -ʔ 的方言点有梅县区畲江镇、兴宁市（兴田街道、水口、石马）、大埔县湖寮镇。

阶段 3，-ʔ。入声韵尾已舒化为喉塞音的有兴宁市（黄槐、刁坊、罗浮、大坪)。这个现象在刘涛(2003)、陈苏方(2016)均描述过。

从共时语音材料来看,在梅州客家方言中已经很难找到纯口塞音韵尾-p、-t、-k。阶段1到阶段2,再到阶段3的演化表现出质的变化,即韵尾-p消失。为此,这里试图考察畲江镇、兴田街道、水口镇、石马镇、湖寮镇及黄槐、刁坊、罗浮、大坪咸、深摄入声韵尾的演变情况。(见表4-25)

表4-25 咸、深摄入声韵尾的演变情况

例字	畲江	兴田	水口	石马	湖寮	黄槐	刁坊	罗浮	大坪
答 (咸开一)	taʔ⁵	tak⁵	taʔ⁵	taʔ⁵	tak⁵	taʔ⁵	tɑʔ⁵	taʔ⁵	taʔ⁵
腊 (咸开一)	laʔ⁶	lak⁶	laʔ⁶	laʔ⁶	lak⁶	laʔ⁶	lɑʔ⁶	laʔ⁶	laʔ⁶
夹 (咸开二)	kiaʔ⁶	kiak⁶	kiaʔ⁶	kiaʔ⁶	kiak⁶	kiaʔ⁶	kiɑʔ⁶	kiaʔ⁶	kiaʔ⁶
鸭 (咸开二)	aʔ⁵	ak⁵	aʔ⁵	aʔ⁵	ak⁵	aʔ⁵	ɑʔ⁵	aʔ⁵	aʔ⁵
接 (咸开三)	tsiaʔ⁵	tsiak⁵	tsiaʔ⁵	tsiaʔ⁵	tsiak⁵	tsiaʔ⁵	tsiɑʔ⁵	tsiaʔ⁵	tsiaʔ⁵
业 (咸开三)	ŋiaʔ⁶	niak⁶	ŋiaʔ⁶	ŋiaʔ⁶	ŋiak⁶	ŋiaʔ⁶	ŋiɑʔ⁶	ŋiaʔ⁶	ŋiaʔ⁶
跌 (咸开四)	tieʔ⁵	tiɛt⁵	tiɛʔ⁵	tiɛʔ⁵	tʰæk⁵	tiɛʔ⁵	tʰiɛʔ⁵	tiɛʔ⁵	tiɛʔ⁵
叠 (咸开四)	tʰiaʔ⁶	tʰiak⁶	tʰiaʔ⁶	tʰiaʔ⁶	tʰiak⁶	tʰiaʔ⁶	tʰiɑʔ⁶	tʰiaʔ⁶	tʰiaʔ⁶
法 (咸合三)	faʔ⁵	fak⁵	faʔ⁵	faʔ⁵	fak⁵	faʔ⁵	faʔ⁵	faʔ⁵	faʔ⁵
十 (深开三)	tsoʔ⁵	ʂuk⁶	ʂuʔ⁶	ʂuʔ⁶	ʃit⁶	ʂuʔ⁶	ʂuʔ⁶	ʂuʔ⁶	ʂuʔ⁶

再看山、臻两摄韵尾在畲江镇、兴田街道、水口镇、石马镇、湖寮镇及黄槐、刁坊、罗浮、大坪的演变情况。(见表4-26)

表4-26 山、臻摄入声韵尾的演变情况

例字	畲江	兴田	水口	石马	湖寮	黄槐	刁坊	罗浮	大坪
擦 (山开一)	tsʰat⁵	tsʰat⁵	tsʰaʔ⁵	tsʰaʔ⁵	tsʰat⁵	tsʰaiʔ⁵	tsʰaiʔ⁵	tsʰaiʔ⁵	tsʰaʔ⁵
八 (山开二)	pat⁵	pat⁵	pat⁵	paʔ⁵	pet⁵	paiʔ⁵	paiʔ⁵	paiʔ⁵	paʔ⁵

续表 4-26

例字	畲江	兴田	水口	石马	湖寮	黄槐	刁坊	罗浮	大坪
瞎（山开二）	hat⁵	hat⁵	haʔ⁵	haʔ⁵	hæt⁵	haiʔ⁵	haiʔ⁵	haiʔ⁵	haʔ⁵
别（山开三）	pʰiet⁶	pʰiɛt⁶	pʰiɛʔ⁶	pʰiɛʔ⁶	pʰiet⁶	pʰiɛʔ⁶	pʰiɛʔ⁶	pʰiɛʔ⁶	pʰiɛʔ⁶
歇（山开三）	het⁵	ʃɛt⁵	ʂɛʔ⁵	siɛʔ⁵	ʃiet⁵	hɔiʔ⁵	ʂiɛʔ⁵	ʂiɛʔ⁵	ʂɛʔ⁵
节（山开四）	tsiet⁵	tsiɛt⁵	tsɛʔ⁵	tsiɛʔ⁵	tsiet⁵	tsiɛʔ⁵	tsiɛʔ⁵	tsɛʔ⁵	tsiɛʔ⁵
活（山合一）	fat⁶	fat⁶	fat⁶	faʔ⁶	fat⁶	faiʔ⁶	faiʔ⁶	faiʔ⁶	faʔ⁶
滑（山合二）	vat⁶	vat⁶	vat⁶	vaʔ⁶	vat⁶	vaiʔ⁶	vaiʔ⁶	vaiʔ⁶	vaʔ⁶
刷（山合二）	sɔt⁵	suɔt⁵	sɔt⁵	sɔʔ⁵	sɔt⁵	sɔiʔ⁵	sɔiʔ⁵	sɔiʔ⁵	sɔʔ⁵
雪（山合三）	siet⁵	siɛt⁵	siɛt⁵	siɛʔ⁵	siet⁵	siɛʔ⁵	siɛʔ⁵	sɛʔ⁵	siɛʔ⁵
月（山合三）	ŋiet⁶	ŋiɛt⁶	ŋiet⁶	ŋieʔ⁶	ŋiet⁶	nɛʔ⁶	ŋiɛʔ⁶	nɛʔ⁶	ŋieʔ⁶
血（山合四）	ʃiet⁵	ʃɛt⁵	ʂiet⁵	sieʔ⁵	fiet⁵	ʂɛʔ⁵	ʂiɛʔ⁵	ʂɛʔ⁵	ʂeʔ⁵
笔（臻开三）	pit⁵	put⁵	pit⁵	piʔ⁵	pit⁵	piʔ⁵	puiʔ⁵	piʔ⁵	piʔ⁵
乞（臻开三）	kʰiet⁵	kʰiɛt⁵	net⁵	kʰieʔ⁵	kʰi⁵	kʰi⁵	kʰiɛʔ⁵	—	kʰi⁵
骨（臻合一）	kut⁵	kut⁵	kuʔ⁵	kuʔ⁵	kut⁵	kuiʔ⁵	kuiʔ⁵	kuiʔ⁵	kuʔ⁵
出（臻合三）	tsʰuiʔ⁵	tʃʰut⁵	tʂʰut⁵	tʂʰuʔ⁵	tʃʰut⁵	tʂʰuiʔ⁵	tʂʰuiʔ⁵	tʂʰuiʔ⁵	tʂʰuʔ⁵
物（臻合三）	vuiʔ⁶	vut⁶	vuʔ⁶	viʔ⁶	vut⁶	viʔ⁶	vuiʔ⁶	viʔ⁶	viʔ⁶

一般认为，韵尾入声 -p、-t、-k 是从发音部位前演变到发音部位后，进而实现完全舒化，即 -p→-t→-k→-ʔ→∅。但实际上，塞音韵尾 -p、-t、-k 均有不经过彼此直接演化为喉塞音进而舒化的可能（朱晓农、严至诚，2010）。通过观察，我们发现，兴宁各镇并没有从 -p 到 -t 再到 -k 的证据，反倒所标记的韵尾 -k 均有明显的喉塞成分，即 -p→-kʔ→-ʔk→-ʔ；而大埔湖寮镇的 -p 韵尾有别于兴宁的演变模式。笔者通过对母语新老派的反思，将其概括为如下模式。（如图 4-47 所示）

图 4-74　湖寮镇韵尾演化模式

入声舒声化是汉语方言发展的大势，韵尾从发音部位前演变到发音部分后是被广泛认可的演变模式，主要元音后低化牵引着韵尾后化以保证语音和谐是普遍认同的入声韵尾演变机制（陈苏方，2016），实际上，主要元音为洪音且有后低化倾向可以作为韵尾后化的动力之一，但就目前客家方言（兴宁、湖寮等）三等韵韵尾的演化情况来看，介音 i 完整保留的韵母相对应的韵尾也同时有后化趋势（如"接 tsiaʔ⁵、业 ŋiaʔ⁶"），也可以认为洪音首先演化，再带动细音变动。

再通过对山、臻两摄韵尾在畲江镇、兴田街道、水口镇、石马镇、新铺镇、湖寮镇及黄槐、坪阳、刁坊、罗浮、大坪演变情况的考察，我们发现，兴宁山臻两摄韵尾喉塞化的同时，元音韵母表现出裂化作用（如 a→ai、u→ui），而裂化多由元音高顶出位引起（朱晓农，2004），且前高元音 i 介音在山、臻、宕、江、曾、梗、通摄的三等韵中同样存在，如"别 pʰiɛʔ⁶、笔 piʔ⁵、色 siɛʔ⁵"。综上所述，我们构拟出梅州客家方言入声塞音韵尾的演化路径。（如图 4-75 所示）

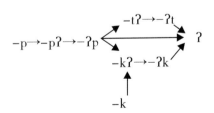

图 4-75　塞音韵尾的演化

赵宏（1997）通过实验语音学探讨入声韵塞音尾消失的原因，认为，"声调的短促性，是产生塞音尾的原因；反过来也就是，声调由短变长便消失了塞音尾,是入声调塞音尾消失的原因,也是入声韵塞音尾消失的原因"①。同时,庄初升(2004)也认为,"入声字的今读如果是短调,如乌迳的'落、角、贼、麦、屋'等字(调值是5),则韵母都带有轻微的喉塞音,表明还没有完全舒化。可以想象,古入声字从 -p、-t、-k 尾开始消失到韵母完全舒化,中间一般要经过喉塞音的阶段"②,这与我们如上的推论相符。传统上一般将阴阳入韵尾的紧喉作用均记作喉塞尾 -ʔ,实际上,此时阴阳入具有不同的发声态,我们将在第五章做详细的讨论。

---

① 赵宏:《浅谈汉语入声韵塞音尾消失的原因》,载《贵州民族学院学报》(哲学社会科学版) 1997 年第 2 期,第 64 页。
② 庄初升:《粤北土话音韵研究》,中国社会科学出版社 2004 年版,第 208 页。

第五章 梅州客家方言声调研究

客家方言声调有许多学者做过研究（黄雪贞，1988、1989；李如龙、张双庆，1992；谢留文，2003；辛世彪，2004），以梅县（梅江区）最多。各家所记调值有所差异，但各点调类数均为6个。4个舒声长调为阴平、阳平、上声、去声（下文简称"阴、阳、上、去"），还有阴入、阳入，一般都记为带辅音尾的短调。入声调的特征与入声韵相互关联，情况相当复杂，本章逐一讨论分析。

第一节 梅州客家方言声调的读音情况

表5-1是中古调类与梅州各县区调类基本对应情况，表头的第一横栏是中古调类平、上、去、入，第二横栏是根据中古声母的清浊分出来的清、次浊、浊，表左纵栏是27个方言点。梅州各县区27个方言点的声调情况包括调类和调值（调值采用五度制标记），这里都列出来，以便观察和讨论。

表5-1 中古调类与梅州各县区调类基本对应情况

方言点	平			上			去			入		
	清	次	浊	清	次	浊	清	次	浊	清	次	浊
三角	阴平33	阳平21		阴上31			去声51			阴入31	阳入5	
梅西	阴平33	阳平31		阴上51			去声554			阴入31	阳入5	
畲江	阴平33	阳平21		阴上31			去声51			阴入31	阳入5	
松口	阴平33	阳平22		阴上41			去声51			阴入41	阳入45	
蕉城	阴平34	阳平21		阴上41			去声551			阴入41	阳入44	
南磜	阴平33	阳平31		阴上41			去声55			阴入41	阳入43	
大柘	阴平24	阳平31		阴上51			去声45			阴入52	阳入45	
仁居	阴平24	阳平31		阴上51			去声45、451			阴入43	阳入45	
兴田	阴平44	阳平11		阴上31			去声53			阴入31	阳入54	
罗浮	阴平34	阳平33		阴上41			去声51			阴入42	阳入45	

续表 5-1

方言点	平			上			去			入		
	清	次	浊	清	次	浊	清	次	浊	清	次	浊
黄槐	阴平33	阳平21		阴上31			去声52			阴入42	阳入44	
大坪	阴平34	阳平22		阴上31			去声51			阴入31	阳入33	
石马	阴平34	阳平22		上声31			去声51			阴入32	阳入54	
刁坊	阴平33	阳平24		阴上41			去声51			阴入41	阳入5	
水口	阴平33	阳平22		阴上41			去声51			阴入41	阳入5	
水寨	阴平44	阳平35		上声31			阴去51	=上声31		阴入32	阳入45	
华城	阴平33	阳平35		上声31			阴去51	=上声31		阴入32	阳入5	
棉洋	阴平33	阳平24		上声31			阴去52	=上声31		阴入21	阳入33	
湖寮	阴平33	阳平22		阴上31			去声51			阴入21	阳入5	
三河	阴平33	阳平22		阴上31			去声51			阴入31	阳入33	
枫朗	阴平13	阳平52		阴上去21	阳上去33		阴上去21	阳上去33		阴入32	阳入52	
光德	阴平21	阳平44		阴上去51	阳上去34		阴上去51	阳上去34		阴入34	阳入54	
高陂	阴平34	阳平55		阴上去31	阳上去44		阴上去31	阳上去44		阴入33	阳入54	
汤坑	阴平33	阳平35		阴上去52	阳去上31		阴上去52	阳去上31		阴入32	阳入5	
丰良	阴平33	阳平214		阴上31			去声51			阴入21	阳入44	
潘田	阴平21	阳平212		阴上324			去声51			阴入44	阳入31	
留隍	阴平33	阳平24		阴上31			去声51			阴入44	阳入33	

从梅州各县区客家方言的调类来看，梅州各县区客家方言均有6个声调，中古平声、入声大体上依清浊分阴阳，但中古上声与去声的走向并不像平入那么一致，还是以浊上归去为主，也有阴上与阴去合流、阳上与阳去合流的；调值方面，舒声阴调类普遍高于阳调类，但也有例外，入声阳高阴低占优势，有部分县区入声阴高阳低。下面，我们就从梅州各县区客家方言声调的调类、调值（舒声）及入声读音情况入手，进行梅州客家方言声调的地理语言学研究。

第二节　梅州客家方言调类的分布及演变

通过对梅州各县区客家方言声调格局的全面描写，我们综合概括出梅州各县区古今声调调类演变的共同特点及差异性。

一、梅州客家方言声调调类的共同特点

（1）梅州各县区的客家方言均有6个声调。

（2）古平声、入声依清浊分阴阳。平声次浊声母部分读阴平，且多为常用字，如"马""毛""研""蚊""笼"；入声次浊声母部分读阴入，如"日""木""肉"。

（3）古次浊上约有一半归清上构成上声，一半归阴平；浊上亦有部分归阴平，但数目不及次浊上。此特征可在黄雪贞的研究——"古上声浊声母字有一部分今读阴平，其中次浊声母比全浊声母读阴平的字数多"① 中得到印证。蓝小玲认为，"客语中浊上，浊去合流是承唐宋方言体系……次浊上声与全浊上声读阴平是语言演变的剩余形式"②。同时，清上也有部分读作阴平。严修鸿以坪畲客家话为例，通过计量统计分析得出"古浊上字归阴平者多数出现在常用词中……当是比较早期的历史层次"③ 的推论。

二、梅州客家方言声调调类的差异性

（1）梅县区、梅江区、蕉岭县、平远县、兴宁市、大埔县及丰顺县部分镇区的古浊上归去，古去声不论清浊，均并为去声一类。

（2）大埔县东南部、丰顺县县城汤坑清上、次浊上与清去归为阴上去一类，浊上与次浊去、浊去归为阳去上一类。

（3）大埔县北部、丰顺县八乡山镇、五华县古上声不论清浊，均归并为上声一类，古次浊去、浊去归上。

三、梅州客家方言声调调类的地理分布类型

梅州各县区古今声调演变的差异性主要表现为古上声及去声演变规律的不同，现根据古上声及去声的走向特征将梅州客家方言声调分为3个类型。

---

① 黄雪贞：《客方言声调的特点》，载《方言》1988年第4期，第41页。
② 蓝小玲：《客方言声调的性质》，载《厦门大学学报》（哲学社会科学版）1997年第3期，第87页。
③ 严修鸿：《坪畲客家话古浊上字的调类分化》，见李如龙、周日健主编《客家方言研究——第二届客方言研讨会论文集》，暨南大学出版社1998年版，第274页。

（1）浊上归去型。浊上归去型指的是古平、入依清浊分阴阳，古去声不论清浊一并归为去声。其中，除部分浊上归阴平外，大部分古浊上归去，清上、次浊上独立构成上声。

这一声调类别覆盖了梅州各县区的大部分调查点，在笔者调查的27个调查点中，有21个调查点属于这种类别，即梅江区（三角镇）、梅县区（梅西镇、畲江镇、松口镇）、蕉岭县（蕉城镇、南礤镇）、平远县（大柘镇、仁居镇）、兴宁市（兴田街道、黄槐镇、石马镇、罗浮镇、水口镇、大坪镇、刁坊镇）、大埔县（湖寮镇、三河镇、高陂镇）、丰顺县（丰良镇、潘田镇、留隍镇）。虽然这些调查点的中古浊上分化情况基本一致，但其调值并不完全相同。

第一类声调类别的特点是浊上归去，据前人及史料分析，"浊上归浊去"已于公元8世纪初便在北方方言中发生，并得力于移民及文教向南方扩展。客家方言声调大多遵循浊上归去原则，这是保留唐宋以来中原汉语语音特征的体现。

（2）阴上去、阳去上型。阴上去、阳去上指的是清上、次浊上与清去归为阴上去一类，浊上与次浊去、浊去归为阳去上一类。之所称之为"阴上去"，是因为这一调类中阴上的字数多于阴去的字数，"阳去上"则是阳去字数多于阳上字数。这种声调类别在梅州的分布表现出明显的地理特征，有如下调查点：大埔县［枫朗镇、光德镇、高陂镇（平原）］、丰顺县（汤坑镇）。

对于阴上去、阳上去的合流问题，李如龙在论及福建省平和县九峰镇上坪村的客家话时说，"这种分化可能是早先分为阴上阳和和阳上阳去，也可能是在上、去声以清浊为纲而不以四声为纲"，并认为，"古清上清去合为一调，次浊上多跟清上走，全浊上或归阳去或归阴平（像闽西客家话那样）"①。

（3）浊去归上型。"浊去归上"与汉语方言演变的大势似有所相逆，实际上为"浊上归去"后的另一演变形态，指的是古平声、入声依清浊分阴阳，古浊上声归浊去，清上、次浊上随全浊上，古次浊去随浊去的声调类别。之所以称之为"浊去归上"，是因为阴阳上的字数远远多于与之合流的阳去字，且客家方言声调的整体格局上声31调是主体调值。

此声调类别在梅州的分布相当集中，即大部分在五华县境内，包括五华县水寨镇、华城镇、棉洋镇。另外，吉川雅之（1998）材料显示，大埔县茶阳镇、西河镇及与五华县接壤的丰顺县八乡山镇也归属此类。

我们将这三大声调调类的分布情况用地图加以展示。（如图5-1所示）

---

① 李如龙：《福建方言声调分化的模式》，见《方言与音韵论集》，香港中文大学中国文化研究所多泰中国语文研究中心1996年版，第39页。

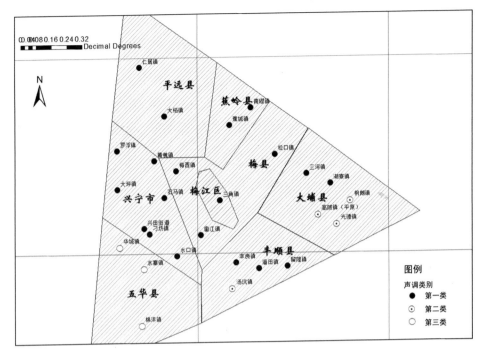

图 5-1 梅州声调类型的地理分布

由图 5-1 可知，梅州声调类别以第一类为主，第二类主要集中在梅州东南面，以大埔县为多，第三类主要分布在五华县域，形似一条紧挨梅州中心地带、向强势声调类别（第一类）靠近的一条东西走廊。

方言声调异同主要通过渊源关系及渗透作用实现。据杨恭恒的宗谱推论，客家人来梅州"多在宋末元初，由汀来者十之八，由赣来者十之二"[1]。通过罗香林（1989）之"南宋客家各氏迁移表"[2]，可大致窥视客家人迁入梅州的轨迹：

魏氏，由江西石城经福建宁化、长汀、上杭至广东平远、兴宁达五华、龙川。（宋末）

曾氏，由江西南慧经江西广昌、石城至福建宁化、长汀、上杭、广东平远、兴宁而达五华。（政和二年，宋末）

徐氏，江西宁都经石城至宁化、长汀、上杭、达连城至平远、五华。（元初宋末）

谢氏，江西永丰，随文信国起师勤王，收复梅州，遂家其地。（景炎二年）

---

[1] 林语堂：《闽粤方言之来源》，见厦门大学国学研究院编《厦门大学国学研究院集刊（第一辑）》，中华书局 2008 年版。

[2] 罗香林：《客家源流考》，中国华侨出版公司 1989 年版，第 23～24 页。

饶氏，江西永丰，经上杭永定达广东大埔。（宋末）

丘氏，由福建宁化石壁村经长汀，至上杭，入广东蕉岭、梅县、兴宁、五华、龙川、河源。（宋代）

邓氏，由福建宁化经长汀上杭至广东蕉岭、梅县。（庆元二年）

刘氏，由福建宁化石壁乡，经长汀、上杭至广东平远、兴宁，更散居各县（兴宁、梅县、五华、紫金、龙川、河源、惠阳、大埔、平远、蕉岭）。（宋嘉定后）

巫氏，由福建宁化经长汀、上杭，入广东平远、蕉岭、达梅县、兴宁等县。（宋末）

何氏，由福建武平入广东蕉岭、大埔、梅县再分布各县（海陆、河源、翁源、大埔、梅县、揭阳、惠阳、龙川、兴宁、蕉岭）。（宋末元初）

张氏，由福建宁化石壁村，自长汀、上杭入广东蕉岭、梅县、兴宁。（宋末）

温氏，由福建宁化经长汀至上杭分两支：入广东蕉岭至梅县、大埔；入广东兴宁至河源。（宋末）

吴氏，由福建宁化经长汀、上杭至永定，入广东大埔、丰顺、梅县、平远、兴宁、五华、龙川。（宋末）

罗氏，福建宁化经长汀、上杭入广东平远至兴宁、五华，再至梅县。（宋末）

黄氏，由福建建宁至宁化、长汀、上杭分两支：一支经江西寻乌、安远、龙南至广东南雄、始兴；一支入广东大埔。（宋末）

廖氏，江西宁都经石城入福建宁化长汀上杭至永定，入广东大埔梅县兴宁五华。（宋末）

陈氏，安徽阜阳由颍川渡长江至江西湖口，溯赣江，折东至宁都、石城、入福建宁化，经长汀上杭至广东梅县、大埔、兴宁、五华、龙川。（宋末）

从各姓氏的迁移轨迹，梅州客家话的源头大多可以追溯到福建省，从闽西向梅州地区迁徙的时间主要在南宋、元、明期间，迁出路径可以归结为3条路线：①宁化—长汀—上杭—梅州；②宁化/江西永丰—长汀—上杭—永定—梅州；③武平—梅州。可见，即梅州大部地区的上一级源头分别有上杭、永定和武平。由上文可知，梅州声调三大类别，除第一类是大势类别外，第二类及第三类均处在梅州地区东南片。为了更清楚地探讨梅州各县区客家方言声调调类格局，下面根据地理距离，自远及近、自北向南列出福建省主要迁入梅州的几个地区的声调情况。（见表5-2）

表 5-2 福建闽西地区声调情况

方言点	调类							
	阴平	阳平	阴上	阳上	阴去	阳去	阴入	阳入
宁化①	33	35	31	2	112	2	5	2
长汀	33	24	42	21	54	21	24（归阳平）	21（归阳上）
武平岩前	45	22	31	31	452	31	2	5
上杭蓝溪②	35	22	31	31	53	31	1	4
上杭城关③	44	22	41	41	352	41	51	45
永定下洋④	55	11	53	33	53	33	2	5
永定城关	45	22	51	51	53	51	3	5

由表 5-2 可知，宁化处于闽西与闽中的交界地带，宁化可以认为是闽西到梅州的主要源头。因为声调合并通常是以调值的相同或相近为条件的，宁化的声调平入分阴阳，阴上调值为31、阳上为2、阴去为112、阳去为2。其中，浊上、浊去合流已是事实，阴上31和阳上去2均为中低调，阴去112和阳上去调值亦相近，所以我们可以猜测，宁化声调可能有以下3种平行分化类别：①平入分阴阳，浊上归去；②平入分阴阳，阴上去合流，阳上去合流；③平入分阴阳，浊去归上。

再看长汀的声调情况，平分阴阳，浊上、浊去合流，古入声清声母今读阳平，全浊声母读阳去。阴上42和阳上去21均为降调，且均是下降两个度，阴上42和阴去54均为高降调，阴去54和阳去21都是降调，且都下降一个度，所以我们推测，长汀声调可能也有以下3种平行分化类别：①平分阴阳，浊上归去；②平分阴阳，阴上去合流，阳上去合流；③平分阴阳，浊去归上。

梅州大部分地区的上一级源头分别有武平、上杭和永定，而以上分析显示武平岩前、上杭蓝溪、上杭城关、永定城关、永定下洋分属第二、第三类型，对梅州声调的第一类源自上杭但不属于第三或第二声调类型的情况，张双庆、练春招认为，"是客家从闽西迁出到达广东之后发生的演变"⑤。

为了更全面地从地理语言学的角度透视梅州客家方言声调调类的地理分

---

① 参见李如龙、张双庆《客赣方言调查报告》，厦门大学出版社1992年版，第5~7页。
② 参见邱锡凤《上杭客家话研究》，福建师范大学2007年硕士学位论文。
③ 参见辛世彪《客方言声调的演变类型》，载《海南大学学报》（人文社会科学版）2000年第1期，第41~43页。
④ 参见黄雪贞《永定下洋方言形容词的子尾》，载《方言》1982年第3期，第190页。
⑤ 张双庆、练春招：《客家方言古去声字的演变考察》，见张双庆、刘镇发主编《客语纵横——第七届国际客方言研讨会论文集》，香港中文大学中国文化研究中心研究所吴多泰中国语文研究中心2008年版，第219页。

布，现结合前贤对客家方言声调的研究成果展示以广东为主，兼顾江西、福建及广西的客家方言声调情况。（见表 5-3）

表 5-3　广东、江西、福建、广西客家方言声调情况

序号	省/自治区	市县级	镇级	声调类型	序号	省/自治区	市县级	镇级	声调类型
1	广东	梅江区	三角镇	第一类	26	广东	大埔县	西河镇	第三类
2	广东	梅县区	梅西镇	第一类	27	广东	丰顺县	汤坑镇	第二类
3	广东	梅县区	畲江镇	第一类	28	广东	丰顺县	丰良镇	第一类
4	广东	梅县区	松口镇	第一类	29	广东	丰顺县	潘田镇	第一类
5	广东	兴宁市	兴田街道	第一类	30	广东	丰顺县	留隍镇	第一类
6	广东	兴宁市	黄槐镇	第一类	31	广东	丰顺县	八乡山镇	第三类
7	广东	兴宁市	石马镇	第一类	32	广东	五华县	水寨镇	第三类
8	广东	兴宁市	罗浮镇	第一类	33	广东	五华县	华城镇	第三类
9	广东	兴宁市	水口镇	第一类	34	广东	五华县	棉洋镇	第三类
10	广东	兴宁市	大坪镇	第一类	35	广东	五华县	安流镇	第三类
11	广东	兴宁市	刁坊镇	第一类	36	广东	五华县	横陂镇	第三类
12	广东	平远县	大柘镇	第一类	37	广东	饶平县	上饶镇	第二类
13	广东	平远县	仁居镇	第一类	38	广东	揭阳市揭西县	—	第三类
14	广东	蕉岭县	蕉城镇	第一类	39	广东	陆河县	河田镇	零
15	广东	蕉岭县	南磜镇	第一类	40	广东	龙川县	上坪镇	第一类
16	广东	大埔县	湖寮镇	第一类	41	广东	龙川县	麻布岗镇	第一类
17	广东	大埔县	百侯镇	第一类	42	广东	龙川县	岩镇镇	第一类
18	广东	大埔县	银江镇	第一类	43	广东	龙川县	铁场镇	第三类
19	广东	大埔县	高陂镇	第一类	44	广东	陆河县	河田镇	零
20	广东	大埔县	三河镇	第一类	45	广东	河源市连平县	—	零
21	广东	大埔县	光德镇	第二类	46	广东	陆丰市	南塘镇	零
22	广东	大埔县	枫朗镇	第二类	47	广东	汕尾市陆河县	—	—
23	广东	大埔县	大东镇	第二类	48	广东	龙川市	细坳镇	第一类
24	广东	大埔县	高陂镇（平原）	第二类	49	广东	龙川市	车田镇	第一类
25	广东	大埔县	茶阳镇	第三类	50	广东	惠州市惠阳区	—	第一类

续表 5-3

序号	省/自治区	市县级	镇级	声调类型	序号	省/自治区	市县级	镇级	声调类型
51	广东	惠州市惠东县	—	第一类	75	广西	陆川县	—	第一类
52	广东	清远市连南县	—	第一类	76	福建	上杭县	蓝溪镇	第三类
53	广东	湛江市廉江市	—	第一类	77	福建	上杭县	城关镇	第三类
54	广东	东莞市	清溪镇	第一类	78	福建	永定区	城关镇	第三类
55	广东	陆河县	河田镇	第二类	79	福建	武平县	岩前镇	第三类
56	广东	龙川市	铁场镇	第三类	80	福建	永定区	下洋镇	第二类
57	广东	东莞市	—	第三类	81	福建	平和县	九峰镇	第二类
58	广东	韶关市曲江区	—	第三类	82	福建	诏安县	秀篆镇	第二类
59	广东	乐昌市	梅花镇	第三类	83	福建	龙岩市	万安镇	零
60	广东	翁源县	新江镇	第三类	84	福建	长汀县	河田镇	第一类
61	广东	浮源县	侯公渡	第三类	85	福建	长汀县	古城镇	第一类
62	广东	英德市	浛洸镇	第三类	86	福建	平和县	大溪镇	第二类
63	广东	新丰县	丰城镇	第三类	87	江西	瑞金市	象湖镇	零
64	广东	清新区	鱼坝镇	第三类	88	江西	宁都县	梅江镇	零
65	广东	阳西县	塘口镇	第三类	89	江西	赣州市大余县	—	零
66	广东	阳春市	三甲镇	第三类	90	江西	铜鼓县	三都镇	第一类
67	广东	信宜市	思贺镇	第三类	91	江西	赣州市赣县	蟠龙镇	第一类
68	广东	信宜市	钱排镇	第三类	92	江西	南康市	蓉江镇	第一类
69	广东	高州市	新垌镇	第三类	93	江西	安远县	龙市乡	第一类
70	广东	电白区	沙琅镇	第三类	94	江西	铜鼓县	丰田乡	第一类
71	广东	化州市	新安镇	第一类	95	江西	奉新县	澡溪乡	第一类
72	广东	廉江市	石角镇	第一类	96	江西	井冈山	黄坳乡	第一类
73	广东	廉江市	青平镇	第一类	97	香港	香港西贡	—	第一类
74	广西	蒙山县	西河镇	第一类					

从表5-3可知，第一类声调类型是梅州市的主要声调类型，且在赣南、闽西和平县均有出现；第二类声调类型主要分布在梅州市东南面，与闽西、潮州、揭阳接壤之地；第三类声调类型在梅州市的地理位置上呈片状分布，以五华县为主，大埔县西北部亦有。从地理语言学的视角来看，第二、第三类声调类型是一条紧挨梅州中心地带强势声调类型的一条东西走廊。

另外，有"零"类声调类型，即四声八调中仅浊上、浊去合流。理论上说，已由中古声调系统分化成的7个声调演变为6个声调乃至5个声调是相当容易的，但6个声调或5个声调再按中古条件系统分化出7个声调的可能性则相当小，因为发音人并没有系统地学习过中古音知识，即声调的系统合并易于声调的系统分化。那么，"零"类声调类型很有可能是梅州客家方言声调类型的底层形式，梅州客家方言3种声调类型有可能在客家人入迁闽西前已成定势或部分成定势，也可能是自身演变的结果，也就是梅州与闽西声调上的一致性可能表现为调值调型的相近使调类合并的，即平行演变。

从汉语语音史的角度看，保留阴阳分调的历史层次应该是比较早的。辛世彪在考虑东南方言声调的总体特征后，对东南方言声调演变的规律进行概括，认为"东南方言声调变化的次序是先上声，后去声，最后入声。在每一个调类里面，一般是阳调类先变"①，且"浊上归浊去"是声调最早的演变形式。据此，我们推断客家方言的前身是阴上、阳上、阴去、阳去四调分开的。就上声而言，阴上、阳上分开的有第一和第二类型；就去声而言，阴去、阳去分开的有第二和第三类型。也就是说，第二类型可能在3种类型中最早出现，第三类型其次，第一类型最迟。

作为梅州市的主要声调类型，在赣南、赣西北、邻近县平和县大溪镇、粤西湛江市、广西等地亦有出现。从地理语言学视角首先可以推测平和县大溪镇的声调类型情况是受梅州市强势方言声调类型的影响而形成的，但与梅州相距较远且又是梅州市客家人主要迁出地的江西省赣南县相较而言，其地理作用并不明显。若从地理因素分析，其沿途应有第一类声调类型的方言点。

"明末清初，正当客家人口骤增之时，四川广西等荒废地区招人垦殖，促成了客家人的西向迁移。同时，还有一些广东东江和北江的客家人向赣南闽西回流，远的到达赣西、湘南。"② 即梅州客家人在明清时曾出现一批"回流客"，赣南和赣西北出现的第一类声调类型很有可能是"回流客"带过去的。这点可以从辛世彪的研究中得到印证："赣南、赣西北阴阳去合并的客语是明清以后从梅州迁移过去的，客语梅州型不能在赣南找到来源。"③

---

① 辛世彪：《东南方言声调比较研究》，上海教育出版社2004年版，第160页。
② 罗香林：《客家源流考》，中国华侨出版公司1989年版。
③ 辛世彪：《客方言声调的演变类型》，载《海南大学学报》（社会科学版）2000年第1期，第132页。

又因为第一类声调类型几乎不出现于闽西，而迁入梅州的客家人有80%直接来自闽西，因此，这里推测梅州第一类声调类型形成于客家人迁入梅州市后。再看粤西出现的第一类声调类型，根据《粤西客家方言调查报告》可知，粤西客家民系的形成是由于客家第五次因土客械斗引起的大迁徙，始于清同治六年（1867），故梅州市第一类声调类型形成于清同治前。

第二类声调类型，阴上去、阳上去的合流问题，李如龙论及福建省平和县九峰镇上坪村的客家话时说："这种分化可能是早先分为阴上阳去和阳上阳去，也可能是在上、去声以清浊为纲而不以四声为纲。"并认为，"古清上清去合为一调，次浊上多跟清上走，全浊上或归阳去或归阴平（像闽西客家话那样）"①。庄初升、严修鸿（1994）对平和九峰曾姓、朱姓等族谱进行考证，认为"闽南各县客家各大姓氏的开基祖宗多是元末明初躲避战乱从旧汀州府的长汀、宁化、上杭等地陆续南迁的"。而今长汀、宁化、上杭并没有第二类声调类型。第二类声调处在闽语客语交界处，是带有闽客混合性质的调类。因此，本书推断第二类声调类型形成于客家人迁入闽西粤东阶段，是闽客接触作用的结果。

第三类声调类型，浊去归上型主要分布在梅州市五华县。"据五华县姓氏族谱记载，客家先民是在北宋末年开始迁入长乐（五华），明朝初年开始逐渐增多。"②"邹姓于宋末德祐二年（1276）由福建泰宁县经大埔，后迁入五华华阳。其余多于元末、明初或明代中期先后入粤。"③ 大埔县和五华县共有的第三种声调类型可能是在大埔县形成后，迁往五华县，再扩散到粤西北各个地区。但由于邹姓并不是五华县的大姓，五华县的大部分客家人也并不直接来自大埔县东北角，因此，我们认为并没有直接的遗传关系，更可能是在客家方言声调的早期类型的基础上平行演变的结果。

若单纯以声调调类为基点，可将梅州各县区分为三片：第一片为梅江区、梅县区、蕉岭县、平远县、兴宁市，只有第一类声调类别；第二片为五华县，只有第三类声调类别；第三片为大埔县、丰顺县，同时具有3类声调类别。调类只是声调进行古今演变音系处理得到的声调归类，而声调只是语音系统的音节之一，因此，通过调类对梅州各县区的分区仅作为梅州客家方言分区的参考因素之一。

---

① 李如龙：《福建方言声调分化的模式》，见《方言与音韵论集》，香港中文大学中国文化研究所多泰中国语文研究中心1996年版，第39页。
② 朱炳玉：《五华客家话研究》，华南理工大学出版社2010年版，第2页。
③ 曾秋贤：《五华客家源流及其居民族属演变》，见《长乐风采》，1999年，第380页。

第三节　梅州客家方言入声的分布及演变

梅州客家方言的两个入声，一般都认为是：①短促调，②较为完整地保留唯闭音 -p、-t、-k 韵尾，③阴入低、阳入高（黄雪贞，1997）。本书研究将会显示，入声的这3个性质在梅州各方言点上的发展是不平衡的。其实，前两个语音属性，短促并有唯闭音韵尾，以前就观察到有变异情况。例如，梅州下属兴宁市方言，入声保留短促却已失去 -p 韵尾（饶秉才，1994）；蕉岭县、平远县阴入有长化趋势且在保留 -p、-t、-k 韵尾的同时，已衍生出喉塞尾 -ʔ（刘涛，2003）；大埔县入声已完全丢失 -p 韵尾（李菲，2015）。

第三点的入声阴低阳高现象，需要多交代几句背景。一般认为汉语方言声调阴阳的对立来源于声母清浊（更精确的表达应为：清冽声音节与气声音节）对立的消失，阴调类对应清冽声音节/清声母，而阳调类对应气声音节/浊声母。从语音学的角度看，清冽声音节音高较高，而气声音节中的音高较低，因此，浊音清化（气声清冽化）后的声调应呈现"阴高阳低"的格局。这正如我们在粤语中看到的分布情况。但由于官话中浊音清化发生得很早，失去清浊制约的阴阳调就只有名义上的区别，而无实质差别，"因此，在浊音清化后，几百年间阴调能发生多少种变化，阳调照样也能；阴调在现代方言中有多少种表现形式，阳调也同样可以有。反之也一样"。（朱晓农，1987）不过，这种阴阳调和高低调的对应是随机的。如果在一个方言区内，如梅州客家方言、闽南语、江淮和秦晋官话方言区内，系统地出现入声阴低阳高现象，那么就有可能有其他制约因素，导致原先的阴高阳低"翻转"（flip-flop）为阴低阳高。

除了上述3个入声性质，还有一个同时性喉塞问题。本书研究发现，梅州客家话的入声韵尾 -p、-t、-k 同时带有强弱不同的喉塞音。赵元任先生在翻译高本汉的《中国音韵学研究》时曾在译者按（1948：170）中说："据译者观察，中国有 -p、-t、-k 尾的方言，例如广州，大都同时带一点喉头塞音 ʔ 的作用，结果'十文'（-pʔm-），'一年'（-tʔn-），'六艺'（-kʔŋ-）中的各闭音并不像英文'Chapman'，'at nine'那么直接从软腭向鼻腔爆发。'广东英语'好像有把 -p、-t、-k 都吞下去的倾向也就是加了喉头作用的缘故。"有关这一点，下文会有详细讨论。

本节就以上述4个入声性质，对梅州市辖五县一市两区27个方言点的入声属性进行详尽的描写、考察。在此基础上，进一步探讨入声演化的可能途径。

描写入声需4个参数：时长、音段、音高、发声态（朱晓农等，2008）。时长涉及入声的短时性，音段涉及入声的韵尾，这两项一直被看作判断入声特征的关键参数。发声态可分为全局性的（用以定义声域）和局部性的（显示于声母和韵尾上），音高则决定声调的高度和拱度。描写梅州入声的语音属性，这4个参数都要用到。

标示入声使用分域四度制（朱晓农，2005、2010）。声域可按发声态分为上、常、下3个域。上域由发声态假声、张声定义，常域由清冽声定义，下域由气声、僵声、振声定义。每个声域内音高分为四度，相邻两域音高差一个度，实现为三域六度。由于梅州声调的发声态只是表现在韵尾上的局部性的发声态，没有全局性发声态对立，所以梅州调系不用分声域，都表达在常域四度中。

入声演化过程有3条主要的途径（朱晓农等，2008）：开化、长化、变声。开化是指唯闭音韵尾丢失，长化是指短调变为中短再长调，变声涉及发声态变化。

（一）入声时长情况

短时性可以说是入声的第一标志，梅州客家方言大约有一半多的方言点还保持着短时性，但也有不少已经开始舒长化，个别已完全变为舒声长调。27个梅州方言入声的时长见表5-4。

表5-4　27个调查点入声时长

单位：毫秒

调查点	阴入	阳入	调查点	阴入	阳入	调查点	阴入	阳入
三河	**408**	358	大埔枫朗	**165**	104	畲江	**107**	87
罗浮	**255**	220	蕉岭南礤	**154**	148	梅西	**105**	79
梅江三角	**217**	168	梅县松口	**146**	104	湖寮	**91**	63
蕉岭蕉城	**209**	160	五华棉洋	**146**	138	黄槐	**90**	86
丰顺丰良	**203**	155	华城	**139**	107	石马	**70**	68
五华水寨	**192**	143	光德	**139**	97	平远大柘	112	101
高陂（平原）	**181**	156	水口	**137**	95	平远仁居	124	125
兴宁大坪	**181**	156	汤坑	**123**	100	丰顺潘田	96	101
兴宁刁坊	**173**	133	兴田	**114**	96	丰顺留隍	95	**92**

表5-4第一个引人注目处是阴入长于阳入（除了潘田96/101阴入略短于阳入，仁居124/125基本相等），也就是说，在长化路上，阴入领先。不过，这一从调类角度得到的概括可能不但不能说明问题，而且会产生误导，因为很可能不是调类，而是音高在起作用。梅州客家方言中阴入大多低于阳入

（表5-4中加粗数字表示音高较低），更一般的概括可以说是低短调长于高短调。这样一说，潘田就不例外了，因为它也是低的那个入声（阳入）长于高的那个阴入。留隍95/92无显著性差别，可以不论。右下平远县3个点貌似例外，但实际上并不例外，因为它们的阴入起点稍高于阳入（见图5-4《短入：阴低阳高》），但降得远低于阳入，如果算平均值，就不例外了。

因此，低短调长于高短调这一陈述，几无例外地施行于梅州客家方言。更有甚者，将此用于概括吴语两个入声的时长情况，吴语一般都是阳入低而长。

朱晓农等（2008：325）发现："作为一条经验概括，入声短调在100毫秒上下，中长调200毫秒上下，舒声长调约为300毫秒或以上（高降调短点）。"本书中，我们进一步给出一个客家方言里的经验判断：

短<140毫秒≤过渡<170毫秒≤中短<220毫秒≤长

据此，表5-4中27点按阴入时长数据可分为4类（表中用灰底隔开）。

（1）短调：中栏中间从华城起，往下往右14个点，保留入声短时性（低阴入短于140毫秒，高阳入短于等于125毫秒）。

（2）中短调，过渡状态：中栏上面枫朗到棉洋4个点，除了枫朗和松口两个阳入还是短调，其余正在从短调向中短调过渡中。

（3）中长调：第一栏中从三角到刁坊7个点。阴入都已经变为中长调（长于170毫秒）。阳入一百五六十毫秒的可以说接近中短，有两个点水寨和刁坊，还在中短化刚起步阶段（140毫秒左右）。

（4）舒化为长调，第一栏中第一、二两个点。三河两个入声407毫秒/358毫秒的数据绝对是长调，罗浮255毫秒/220毫秒基本上已长化。

第一类最保守，还是两个短入。第二类中一个开始长化，另一个保持短调。第三类中一个已经是中短调了，另一个则处于在向中短调转变的过程中。第四类两个入声都长化了。阴入时长4个类别的地理分布如图5-2所示。

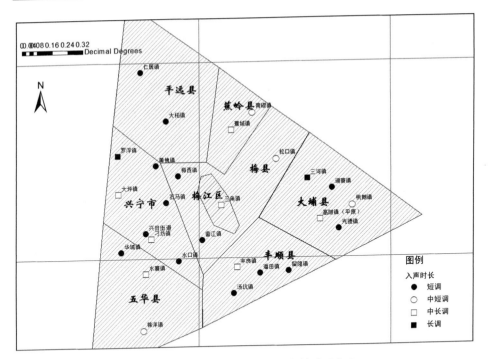

图 5-2 梅州客家方言阴入时长的地理分布

下文我们给出 27 点方言的时间和音高数据，然后重建演化过程。梅州话入声演化涉及 4 个参数：时长由短变为中短再变为长；与此同时，塞音韵尾带有同时性喉塞，然后逐渐消失；发声态阴入变为僵声；与此相应，音高由阴高阳低变为阴低阳高。我们沿着时长这个入声最重要的参数着手来考察，看它在时长拉长的过程中，韵尾有什么变化，发声态有什么变化，音高有什么变化。

(二) 两个短入由阴高阳低到阴低阳高

梅州客家方言的入声大多数还是保留短时性，在 27 个点 54 个阴阳入中，有 14 个点 28 个阴阳入都还是短调，占 51.9%。这 14 个点可分为 3 组，第一组最少，只有两个点，即丰顺县的留隍镇和潘田镇，它们还保留早期形式——阴高阳低，如图 5-3 左边两幅图所示。

（1）早期形式：阴高阳低。

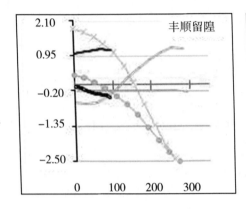
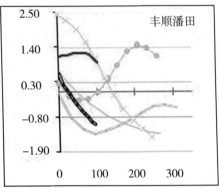
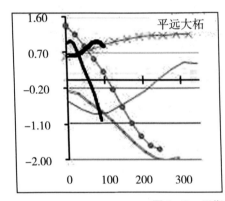
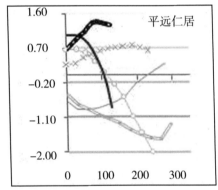

图 5-3　早期形式和过渡形式

说明：图 5-3 中，第一组上边两图，早期形式，短入阴高阳低；第二组下边两图，过渡形式，短调交叉。

我们之所以将图 5-3 第一组上边两图定义为早期形式，是因为入声阴高阳低符合中古演化格局。第二组见图 5-3 下边两图，阴入起点高于阳入，但降得比阳入低很多，平均而言，阴入稍低。这第二组是第一组和第三组的过渡形式。

有一点可注意，第一组分布在梅州地区东南的丰顺县，而第二组分布在梅州地区西北角的平远县。这种边缘分布表明有可能较为保守或受到外来影响，从而抗拒中心地区的变化趋势。

第三组（如图 5-4 所示）则是短调阴低阳高，均匀分布在其他各区县，丰顺也有一个点。

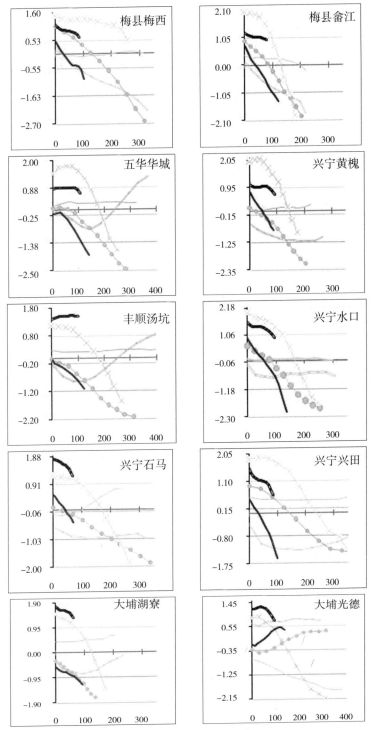

图 5-4 短入：阴低阳高

从短入音高的演化可以看到4个阶段。(见表5-5)

表5-5 短入音高演化的4个阶段

短入音高演化阶段	特征	调查点
古格局	阴高阳低	留隍、潘田
阳入上升	音高交叉相当,阴入降而阳入升	大柘、仁居
阴入下降	阴低阳高,阴入降,阳入平	梅西、畲江、华城、黄槐、汤坑
拱度随机,相对高度不变	阴低阳高,阴入降个别升,阳入降	水口、石马、兴田、湖寮、光德

(2)舒化启动——中短调:过渡时长。

有4个点的阴入在140多到160多毫秒之间,比起短入来略长,比起中短入来又稍短。这表明这4个点的入声开始有长化倾向,在长化路上处于短调向中调演变的过渡阶段。(如图5-5所示)

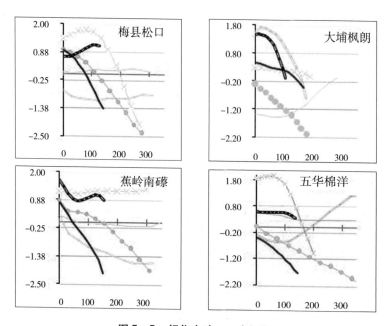

图5-5 舒化启动——中短调

(3)阴入中短化。

有8个点的阴入时长,处于195毫秒正负22毫秒范围内,可以看作入声在长化过程中已经从短调变为中长调。(如图5-6所示)

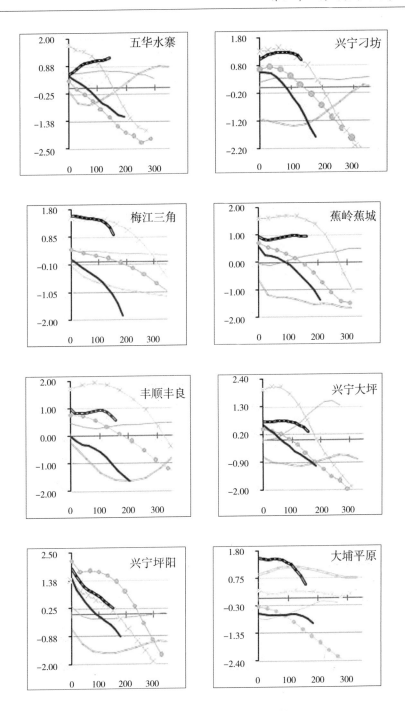

图 5-6　阴入中短（阳入在中短门槛处）

（4）舒化完成：两个长调。

所有调查点中仅有大埔三河镇一个点的阴入和阳入时长均在 300 毫秒以

上，完全舒声长化了。另有一个兴宁罗浮镇，阴入 255 毫秒，阳入 220 毫秒。跟同调系的舒声调相比，阴入 255 毫秒作为降调，已经舒声长化了。阳入 220 毫秒作为平调，似刚从中长调跨进长调；兴宁的另一个平调，阳平时长几近 340 毫秒。（如图 5-7 所示）

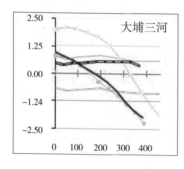 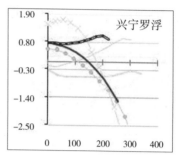

图 5-7　入声长化

（三）韵尾演化及变声过程

据本书调查所得材料显示客家方言唯闭塞音韵尾不同程度带有附加喉塞色彩，又从笔（梅州大埔县本地人）的语感反应可知，梅州客家方言入声 -p、-t、-k 韵尾均伴随有一定程度的紧喉成分。

关于韵尾伴随紧喉成分，赵元任于 1935 年提到南方方言的入声闭音韵尾。当时，他认为单念是 -p/-t/-k 尾，没有同时性喉塞音，但在两字组的前字中，如广州"乞儿"［hat（ʔ）i］，就有"一点闭喉作用"，与美国印第安语的［hɑtʔi］相近，但闭喉作用没有那么强。不过，赵元任在进一步观察后，确证南方方言的入声韵尾与英语的塞音韵尾之间确有不同，区别在于前者有个同时性的喉塞音，而后者没有。① 他在翻译高本汉《中国音韵学研究》时，在译者注（1940、2003）中指出："据译者观察，中国有 -p，-t，-k 尾的方言，例如广州，大都同时带一点喉头塞音 ʔ 的作用，结果'十文'（-pʔm-），'一年'（-tʔn-），'六艺'（-kʔŋ-）中的各闭音并不像英文'Chapman''at nine'那么直接从软腭向鼻腔爆发。'广东英语'好像有把 -p，-t，-k 都吞下去的倾向也就是加了喉头作用的缘故。"

朱晓农、严至诚（2009）考察香港粤语入声唯闭韵尾的共时变异和历时演化时发现，入声韵尾除了唯闭音 -p˺、-t˺、-k˺ 外，还有其他变体，如带有同时性的喉塞音 -pʔ、-tʔ、-kʔ，或已变为喉塞尾 -ʔ，还有少数喷音韵尾 -t'、-k'，证实了之前赵元任观察到的事实。该文进一步认为，唯闭韵尾

---

① 不过，现代英语中已有很多报道，认为"it""cap"等也有一个同时性喉塞。

变为喉塞尾正是通过同时性喉塞尾 $-C^{?}$ 实现的。日本学者岩田礼（1984、1992）更是利用光纤维镜和肌电仪进行直接观察，发现"韵尾塞音 $-p$、$-t$、$-k$ 发音时，除了声门关闭外，声门上部也发现了显著的收缩"。这从实验语音学的角度直接证实了同时性喉塞成分的存在，验证了赵元任的发现。

由本书第四章对梅州客家方言入声韵尾情况分析可知，$-p$ 尾变为其他韵尾的同时，喉塞 $-?$ 在加强，这是因为此时发音人还要保持入声的短时性，同理，韵尾 $-t$ 或 $-k$ 也是通过喉塞 $-?$ 使之变模糊，最后舒化为喉塞音，有发音弱化的嫌疑。过去我们常会为入声的两个特征（短时性和塞音韵尾）到底哪个为主哪个为次而争论。就目前 27 个客家方言点韵尾情况而言，我们认为，短时性是主要特征，$-p$ 的消失和喉塞 $-?$ 的加强就是为了保持这种短时性。

传统上将阴阳入韵尾的紧喉作用均记作喉塞尾 $-?$（包括同时性喉塞 $-C^{?}$）。我们认为，实际上，此时阴阳入两者具有不同的发声态，即发声态张声中的喉塞尾与僵声中的喉堵态都是直接的喉部紧张作用，只是"生理区别在于喉塞拉长拉紧声带以止住发声（高调）；喉堵挤紧挤短声带止住发声（低调）"，于是"声学和听感上喉堵造成音高下降；喉塞不会，还常常提高音高"[①]。从阴阳入的音高层面看，第一组丰顺留隍、丰顺潘田阴高阳低，第二组平远大柘、仁居阴阳入交叉，第三组阴低阳高，第三组及其余方言点入声均为阴低阳高。据朱晓农（2007）的研究，不论高调还是低调，只要音节末尾有喉塞尾，就都会引起调尾的上升；而嘎裂声会引起降调且可以使整个降调拖长，声学上表现为断断续续的不规则脉冲（朱晓农、杨建芬，2015）。因此，我们认为，从第一组到第三组，阴阳入韵尾局部发声态发生了连续变化。

又因梅州客家方言的发声态只是表现在韵尾上的局部性发声态，且从梅州调系来看，没有必要将其进行分域，即梅州客家方言声调均表达到常域四度中，而发声态则不作为区别性的特征，只是伴随特征。

从阴阳入的时长层面看，梅州客家方言阴阳入声调已不是完全的短促调，且由上文可知梅州客家方言"低短调长于高短调"。朱晓农、杨建芬（2015）也提出音节末尾是嘎裂声，将引起声调的下降且整个降调可以拉长，我们初步判断梅州客家方言阴入时长的拉长与音节末尾发声态嘎裂声有关。

下面我们选用第一组丰顺留隍、第二组平远大柘及第三组梅县梅西的"百"与"白"为例，分析其阴阳入的波形与频谱图。（如图 5-7 所示）

[①] 朱晓农：《语音学》，商务印书馆 2008 年版，第 95 页。

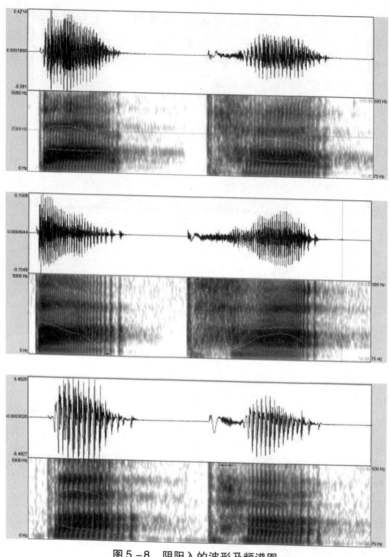

图5-8 阴阳入的波形及频谱图
说明:从上往下分别是丰顺留隍、平远大柘和梅县梅西的例字"百"与"白"。

从阴阳入的语图层面看,只有平远大柘阴入"百"和阳入"白"的韵尾有明显的不规则周期,同时表现出"断裂"状态,但阴入"百"的音强在减弱,而阳入"白"的音强呈先升后降趋势;朱晓农、杨建芬(2015)提出,音节末尾是嘎裂声声学上表现为断断续续的不规则脉冲,相对的张声嘎裂则是比喉塞尾在发音时更紧一些,造成振动困难,在语图上也会表现为断裂。即发声态在这个阶段容易实现张声与僵声的翻转。

综上,我们认为,梅州客家方言阴阳入韵尾具有不同发声态。结合听感、音高、时长、语图的差异,我们认为,梅州客家方言阴阳入韵尾发声态实现了僵声和张声的交替演变，即便是同样标记为ʔ的韵尾，也有不同的发声态。僵声中的嘎裂声发得不足是弱僵声，发得过分是喉堵态；张声嘎裂与嘎裂声均表现为周期信号弱（不规则化），其相对喉塞尾在发音时更紧一些，且喉堵态与喉塞尾均为喉部发声活动。

（四）小结

我们知道，梅州客家方言入声的演变除了通过较常见的"开化路""长化路"外，还有"变声路"的演变途径。朱晓农等（2008）曾提出一个入声演变路向图（如图5-9所示），后又加上"1b"那条双线（徐越、朱晓农，2009），现在还需加上6个小站，见图5-9中6个 Cʔ/ʔC 的字框。

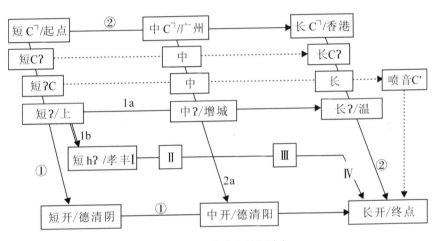

图 5-9 入声演变长开路向

从唯闭韵尾 C˥ 变到喉塞韵尾 ʔ 之间有个同时性的唯闭加喉塞 Cʔ 阶段：C˥ > Cʔ > ʔC > ʔ，不管声调（以及韵母）是短调、长调还是中调。在我们的材料里，理论上只有短调 Cʔ/ʔC 和中调 Cʔ/ʔC，但不排除有长调 Cʔ/ʔC 的存在。此外，同时性唯闭加喉塞还可能变为喷音，如图5-9中的虚线，又见图5-10，图中 ∅ 表示塞音韵尾失落，音节舒化。

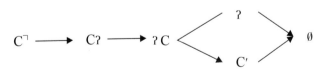

图 5-10 唯闭韵尾历经同时性喉塞尾的演变路向

图5-10经过不断增补，羽翼日渐丰满，但仍可能还有别的支路，比如唯闭韵尾直接失落或变为近音 -j/w 韵尾、边音 -l 尾、呼音 -β 尾。更让人困

惑的是，如何把图 5-10 中的两条主路（长化路和开化路）和第三条没在图中的变声路协调起来，画成一个立体演化图。这是可能的，因为喉塞音是一种跨发声和调音的"声音"。发喉塞音和嘎裂声都有声带拉紧的共同特征，只是发喉塞音时声带向两侧拉紧，发嘎裂声时声带向中心拉紧。为此，喉塞音与嘎裂声之间完全有可能实现转化，又由于音节末嘎裂化可以使整个调型拖长，即同时性喉塞也很有可能通过变声路变为嘎裂声，再实现音节舒化。（如图 5-11 所示）

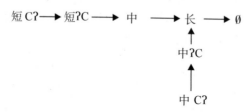

图 5-11 同时性喉塞历经变声路的演变路向

因此，开化路、长化路、变声路构成的立体演化可以草拟如下。（如图 5-12 所示）

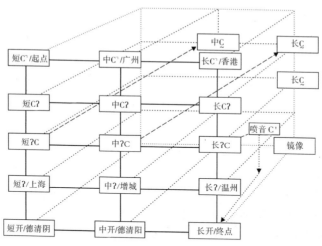

图 5-12 入声演变路向

实际情况可能更复杂，原因有两点：第一，喉塞音和嘎裂声之间的相互交替还涉及通过嘎裂张声来实现；第二，还有其他发声态参与，比如喉开态（-h/ɦ）。

基于客家方言入声短促且不同程度地保留 -p、-t、-k 韵尾，普遍阴低阳高的声调格局的特征，我们探讨梅州客家方言入声的演变途径发现：①梅州客家方言虽保留两个入声调，但已经不是严格意义上的短调；②入声韵尾从发音部位前演变到发音部位与发声态的作用有关；③入声调值呈现阴低阳高的格局也与发声态有不可泯灭的关系。从时长角度考察，4 组呈现的演化途径是：两个短入→阳短阴中短→两个中短→入声长化。从音高角度看，27 个调查点仅有两个点（丰顺留隍及潘田）的入声是阴高阳低的古格局。其余 25 个入声格局呈现为阴低阳高，其中，平远大柘、仁居两点总体为阴低阳高，但阴阳入有交叉，处于过渡状态。

第六章　梅州客家方言与粤港澳大湾区客家方言语音比较

粤港澳大湾区是以国家建设世界级城市为标准划分的 9 个市和两个特别行政区，其中包括广东省的广州、深圳、珠海、佛山、中山、东莞、惠州、江门、肇庆九市和香港、澳门两个特别行政区。地域面积 5.6 万平方千米，总人口约 7000 万（1997）。①

粤港澳大湾区地处广东省中部，长期受强势粤方言包围。据《中国语言地图集》，区内客家话除惠州市_{惠城区、惠阳区、龙门县、博罗县}、惠东县、东莞市、深圳市_{宝安区、龙岗区}、广州市_{增城区}、香港_{新界}属梅惠小片外，其他均以居民点形式较为零散地分布着。围绕这些客家方言的粤方言以粤方言广府片为主，兼有部分四邑片_{江门市}粤语。从客家方言的使用情况看来，粤港澳大湾区估计有 2000 万人口是客家人，且大部分客家人已转化为粤—客双言者。

梅州客家方言作为客家方言的代表，我们将其定义为原乡方言，与大湾区客家方言有一定的源流关系，因此，本章首先描述大湾区客家方言的语音特征，再通过横向比对原乡梅州客家方言与外转粤港澳客家方言的主要语音特征，来论证客家方言在强势粤语包围下的演变趋势。本章选取大湾区中心区 8 个方言点，分别是广州市白云区太和镇、广州市从化区太平镇、广州市花都区梯面镇、深圳市龙岗区坪地街道、佛山市三水区南山镇、中山市三乡镇、珠海市香洲区狮山镇、惠州市惠城区三栋镇。②

第一节　粤港澳大湾区客家方言语音特征

本节从语音本体之声、韵、调 3 个方面出发，描述粤港澳大湾区 8 个中心区方言点的语音特征。为了更清晰地显示大湾区客家方言的独有特征，我们同时引入梅州客家方言（以梅江区三角镇为主）作为参照对象。

---

① 参见中共中央国务院印发《粤港澳大湾区发展规划纲要》，见中国政府网（http://www.gov.cn/zhengce/2019-02/18/content_5366593.htm#1）。

② 部分方言点语音材料源自甘于恩国家社会基金项目数据库。

一、粤港澳大湾区客家方言声母特征

（1）古全浊声母清化，今读塞音、塞擦音时，不论平仄一般都送气，但部分常用字念作不送气音，尤其是在去声、入声中读作不送气清音的居多，且每个方言点多寡不一。（见表6-1）

表6-1 古全浊声母字读音

方言点	古全浊声母例字
广州白云太和	办 pan
广州从化太平	健 kien、跪 kui、导 tau、笛 tiat、截 tset、渐 tsiam、捷 tsiet、阵 tsin
广州花都梯面	健 kien、杰 kɛt、部 pu、暂 tsam、自 tsi、尽 tsin、阵 tsin、聚 tsui、罪 tsui、状 tsɔŋ、截 tsɛt
深圳龙岗坪地	伴 pan、队 tui、箸 tsu
佛山三水南山	健 ken、杰 ket、技 ki、拌 pan、伴 pan、叛 pan、拔 pat、瀑 pu、疾 tsat、截 tset、痔 tsi、象 tsɕiɔŋ、滞 tsɛ
中山三乡	健 kien、杰 kiet、跪 kui、办 pan、拔 pat、部 pu、洞 tuŋ、段 tɔn、自 tsi、痔 tsi、象 tsɕiɔŋ、座 tsɔ、助 tsɔ、状 tsɔŋ
珠海香洲狮山	健 kien、杰 kiet、及 kip、极 kit、共 kuŋ、败 pai、办 pan、部 pu、步 pu、度 tu、洞 tuŋ、段 tɔn、夺 tɔt、邓 tɐŋ、暂 tsam、造 tsau、词 tsi、自 tsi、潜 tsiam、渐 tsiam、贱 tsien、尽 tsin、就 tsiu、象 tsɕiɔŋ、丈 tsɕiɔŋ、柱 tsu、族 tsuk、聚 tsœy、罪 tsœy、疾 tsɐt、座 tsɔ、阵 tsən
惠州惠城三栋	贱 tsen、截 tset、渐 tsiam

（2）古微母字较之梅县客家方言，更多念作m，同古明母字。（见表6-2）

表6-2 古微母字读音

方言点	微母例字
广州白云太和	舞、务、晚、万、亡、望
广州从化太平	武、舞、务、晚、万、亡、望
广州花都梯面	武、舞、务、晚、万、亡、望
深圳龙岗坪地	巫、舞、晚、万、微、雾、亡、忘、望
佛山三水南山	晚、万、武、舞、务、雾、未、文、闻、亡、忘、望
中山三乡	晚、万、武、舞、务、亡、望
珠海香洲狮山	晚、万、武、舞、务、文、亡、望
惠州惠城三栋	晚、万、舞、亡、望

（3）古精组、知组二等、庄组与古知三组、章组等在广州白云太和镇、广州从化太平镇、广州花都梯面镇、佛山三水南山镇中存在音位对立，读为两套擦音、塞擦音声母，但也出现不同程度的混同；在深圳龙岗坪地镇、中山三乡镇、珠海香洲狮山镇、惠州惠城三栋镇则合为一套擦音、塞擦音，只是在 iu 韵前音色明显偏后。（见表 6-3）

表 6-3 古精、知、庄、章母字读音

方言点	早_精	罩_知二	爪_庄	超_知三	照_章
广州白云太和	tsau	tsau	tsau	tʃʰau	tʃau
广州从化太平	tsau	tsau	tsau	tʃʰau	tʃau
广州花都梯面	tsau	tsau	tsau	tʃʰau	tʃau
深圳龙岗坪地	tsau	tsau	tsau	tsʰau	tsau
佛山三水南山	tsau	tsau	tsau	tsʰiau	tʃau
中山三乡	tsau	tsau	tsau	tsʰiau	tsau
珠海香洲狮山	tsau	tsau	tsau	tsʰiau	tsau
惠州惠城三栋	tsau	tsau	tsau	tsʰau	tsau

（4）古泥、来母在中山三乡镇中不混，泥母读作 n，来母读作 l；古泥、来母在广州白云太和镇、广州从化太平镇、佛山三水南山镇中基本混同，表现为大部分泥母读作 l，小部分来母读作 n；在广州花都梯面镇、深圳龙岗坪地镇、珠海香洲狮山镇、惠州惠城三栋镇中完全混同，均读作 l。（见表 6-4）

表 6-4 古泥、来母字读音

方言点	泥母			来母		
	南	奴	纽	来	篮	路
广州白云太和	lam	lu	neu	lɔi	lam	lu
广州从化太平	lam	nu	leu	lɔi	nam	lu
广州花都梯面	lam	lu	lɛu	lɔi	lam	lu
深圳龙岗坪地	lam	lu	liu	lɔi	lam	lu
佛山三水南山	nam	lu	neu	lɔi	lam	lu
中山三乡	nam	nu	neu	lɔi	lam	lu
珠海香洲狮山	lam	lu	liu	lɔi	lam	lu
惠州惠城三栋	lam	lu	leu	lɔi	lam	lu

（5）古邪母、书母等在梅县客家方言多读擦音 s 的，大湾区客家方言却不同程度地念作塞擦音 ts、tsʰ。（见表 6-5）

表6-5 古邪、书母字读音

方言点	邪母例字	书母例字
广州白云太和	谢 tsʰia、寺 tsʰɿ	束 tsʰiuk
广州从化太平	谢 tsʰia、随 tsʰui、俗 tsʰuk、颂 tsʰuŋ	鼠 ʧʰu、设 tsʰet
广州花都梯面	谢 tsʰia、详 tsʰiɔŋ、象 tsʰiɔŋ、随 tsʰui、俗 tsʰuk、	束 tsʰuk、设 tsʰet、鼠 ʧʰu
深圳龙岗坪地	谢 tsʰia、随 tsʰui、夕 ʧʰit	束 tsʰuk、暑 tsʰu、鼠 tsʰu、兽 tsʰu
佛山三水南山	象 tsiɔŋ、橡 tsiɔŋ、似 tsʰi、谢 tsʰia、习 tsʰip、夕 tsʰit、祥 tsʰiɔŋ、随 tsʰui、续 tsʰuk、旬 tsʰun、详 tsʰɔŋ、寺 tsʰɿ、俗 ʧʰuk	始 tsʰi、设 tsʰiet
中山三乡	象 tsiɔŋ、序 tsui、颂 tsuŋ、谢 tsʰia、详 tsʰiɔŋ、随 tsʰui、俗 tsʰuk	设 tsʰiet、鼠 tsʰu、束 tsʰuk
珠海香洲狮山	象 tsiɔŋ、俗 tsuk、颂 tsuŋ、像 tsʰiɔŋ、随 tsʰui	设 tsʰiet、束 tsʰuk
惠州惠城三栋	谢 tsʰia、像 tsʰiɔŋ、随 tsʰui	鼠 tsʰu、束 tsʰuk

(6) 古溪母合口字在梅县客家方言中多念 k^h，但大湾区客家方言却不同程度地念作 f，与古晓母合口字合流。（见表6-6）

表6-6 古溪母字读音

方言点	溪母例字
广州白云太和	苦、裤、款
广州从化太平	裤、宽、款
广州花都梯面	苦、款、阔
深圳龙岗坪地	阔
佛山三水南山	阔、苦、枯、库、裤、款、科、课、魁、宽
中山三乡	阔、苦、裤、控、科、课、宽
珠海香洲狮山	宽、课、科、款、裤、苦、阔
惠州惠城三栋	裤、苦、阔

(7) 古疑母、日母字在梅县客家方言中一般读作鼻音声母 ŋ/ȵ，但大湾区客家方言不同程度念作 j/ʒ。（见表6-7）

表6-7 古疑、日母字读音

方言点	疑母例字	日母例字
广州白云太和	原、愿、牛、银、艾	肉、忍、惹
广州从化太平	仪、语、原、逆、玉、遇、仰	惹、饶、忍
广州花都梯面	愿、研、原、逆、迎、严、遇、义、语、言、仪、艾	弱、忍、仁、绕、染
深圳龙岗坪地	元、宜、谊	仁
佛山三水南山	验、业	认、人、入、染、弱、若、让、软
中山三乡	迎	惹、饶、仁、忍
珠海香洲狮山	仪、语、遇、义、业、迎、言、威、武、原	惹、染、饶、忍、弱
惠州惠城三栋	—	仁

（8）古匣合口一、二等今有读 f 声母的，也有匣母读 v 声母的，但在梅州客家方言多读 f 的，在大湾区客家方言多读作 v，且不同方言点表现不一。（见表6-8）

表6-8 古匣母字读音

方言点	匣母例字
广州白云太和	环
广州从化太平	怀、或、环、回
广州花都梯面	怀、或、环、弘
深圳龙岗坪地	环、祸、获、凰
佛山三水南山	华、画、怀、淮、或、环、幻、患、弘、宏、胡、湖、狐、户、回、茴、魂、活、核、祸、获、焕、缓、凰
中山三乡	怀、或、环
珠海香洲狮山	华、或、环、活、回
惠州惠城三栋	环

二、粤港澳大湾区客家方言韵母特征

（1）广州白云太和镇、广州从化太平镇、广州花都梯面镇、佛山三水南山镇、惠州惠城三栋镇均有舌尖元音韵母，但与梅州客家方言不能一一对应，主要表现在:齿音字韵母在遇摄合口一等还有读作 u,遇摄合口三等读作 ɔ、蟹摄开口三等还有读作 ɛ,止摄开口三等还有读 i 或 u;深圳龙岗坪地镇、中山三乡镇、珠海香洲狮山镇无舌尖元音韵母,遇摄合口一等齿音字韵母读作 u,遇摄合口三等读作 ɔ,蟹摄开口三等读 i 或 ɐi,止摄开口三等读作 u 或 i。(见表 6-9)

表 6-9 舌尖元音声母分布

方言点	租_{遇合一}	楚_{遇合三}	制_{蟹开三}	子_{止开三}	指_{止开三}
广州白云太和	tsu	tsʰɔ	tsɛ	tsɿ	tʃi
广州从化太平	tsu	tsʰɔ	tsɛ	tsɿ	tsi
广州花都梯面	tsɿ	tsʰɔ	tʃɛ	tsɿ	tsi
深圳龙岗坪地	tsu	tsʰɔ	tsi	tsu	tsi
佛山三水南山	tsɿ	tsʰɔ	tsɛ	tsɿ	tsi
中山三乡	tsu	tsʰɔ	tsɐi	tsi	tsi
珠海香洲狮山	tsu	tsʰɔ	tsɐi	tsi	tsi
惠州惠城三栋	tsu	tsʰɔ	tsɿ	tsu	tsɿ

(2) 较之梅州其他地区客家方言,更好地保留鼻音韵尾 -m、-n、-ŋ 和塞音韵尾 -p、-t、-k。(见表 6-10)

表 6-10 鼻音韵尾及塞音韵尾读音情况

方言点	南	山	声	杂	八	百
广州白云太和	lam	san	ʃaŋ	tsʰap	pat	pak
广州从化太平	lam	san	ʃaŋ	tsʰap	pat	pak
广州花都梯面	lam	san	ʃiaŋ	tsʰap	pat	pak
深圳龙岗坪地	lam	san	saŋ	tsʰap	pat	pak
佛山三水南山	nam	san	ʃaŋ	tsʰap	pat	pak
中山三乡	nam	san	saŋ	tsʰap	pat	pak
珠海香洲狮山	lam	san	saŋ	tsʰap	pat	pak
惠州惠城三栋	lam	san	saŋ	tsʰap	pat	pak

(3) 广州白云太和镇、广州从化太平镇、广州花都梯面镇、深圳龙岗坪地镇、佛山三水南山镇、中山三乡镇均无 iŋ、əŋ 韵,曾、梗两摄与臻摄相混;而珠海香洲狮山镇 ən 与 əŋ、in 与 iŋ 对立。(见表 6-11)

表6-11 古臻、曾、梗摄字读音

方言点	跟臻开一	镇臻开三	肯曾开一	胜曾开三	幸梗开二	景梗开三
广州白云太和	kien	tʃin	kʰien	ʃin	hien	kin
广州从化太平	ken	tʃin	kʰen	ʃin	hen	kin
广州花都梯面	kɛn	tsin	hɛn	ʃin	sin	kin
深圳龙岗坪地	kien	tsin	kʰien	sin	hen	kin
佛山三水南山	ken	tʃin	haŋ	ʃin	haŋ	kin
中山三乡	kien	tsin	hen	sin	hin	kin
珠海香洲狮山	kien	tsən	hien	səŋ	hiŋ	kiŋ
惠州惠城三栋	ken	tsin	kʰen	sin	hin	kin

（4）中山三乡镇、珠海香洲狮山镇、佛山三水南山镇有œ韵，而中山三乡镇œ韵仅有一个例字"靴"；珠海香洲的œ韵分别分布在果摄、遇摄、山摄、宕摄三等的极个别例字；佛山三水南山镇仅有一个œy韵。广州白云太和镇、深圳龙岗坪地镇无œ韵。（见表6-12）

表6-12 元音œ的分布

方言点	靴果合三	除遇合三	雷蟹合一	类止合三	旋山合三	雪山合三	想宕开三	削宕开三
广州白云太和	sɔ	tʃʰu	lui	lui	ʃien	siet	siɔŋ	siɔk
广州从化太平	ʃio	tʃʰu	lui	lui	sun	set	siɔŋ	siɔk
广州花都梯面	sɔ	tsʰui	lui	lui	ʃɔn	sɛt	siɔŋ	siɔk
深圳龙岗坪地	hio	tsʰu	lui	lui	sɔn	siet	siɔŋ	siɔk
佛山三水南山	sɔ	tsʰœy	lœy	lœy	ʃɔn	set	siɔŋ	siɔk
中山三乡	hœ	tsʰu	lui	lui	sɔn	siet	siɔŋ	siɔk
珠海香洲狮山	hœ	tsʰu	lœy	lui	siœn	siœt	siœŋ	siœk
惠州惠城三栋	hio	tsʰu	lui	lui	siɔn	set	siɔŋ	siɔk

（5）广州从化太平镇、广州花都梯面镇、佛山三水南山镇、中山三乡镇、珠海香洲狮山镇、惠州惠城三栋镇有y韵，分别分布在遇摄合口三等、臻摄三等、山摄合口一等和三等的个别例字；广州白云太和镇、深圳龙岗坪地镇无y韵。（见表6-13）

表6-13　元音 y 的分布

方言点	遇遇合三	雨遇合三	女遇合三	勤臻开三	允臻合三	乱山合一	恋山合三
广州白云太和	ŋi	ji	ŋi	kʰiun	jiun	lɔn	lien
广州从化太平	ʒy	ʒy	lœy	kʰin	ʒyn	lɔn	lɔn
广州花都梯面	ji	ji	lui	kʰin	jiun	lyn	lyn
深圳龙岗坪地	ŋi	ji	ŋi	kʰiun	jiun	lɔn	lien
佛山三水南山	ji	ji	lœy	kʰin	van	lɔn	nɔn
中山三乡	ŋi	ji	ŋyu	kʰin	vun	lɔn	lien
珠海香洲狮山	ji	jy	lœy	kʰin	vun	lɔn	lien
惠州惠城三栋	ŋi	ʒɨ	ŋi	kʰyn	zun	lɔn	lien

（6）中山三乡镇、珠海香洲狮山镇有长短元音 a 与 ɐ 的对立，但也只是在蟹摄、深摄、臻摄和梗摄的个别例字；广州白云太和镇、广州从化太平镇、广州花都梯面镇、深圳龙岗坪地镇、佛山三水南山镇、惠州惠城三栋镇无 ɐ 韵。（见表6-14）

表6-14　长短元音 a 与 ɐ 的分布

方言点	赖蟹开一	例蟹开三	答咸开一	集深开三	八山开二	疾臻开三	冷梗开二	另梗开四
广州白云太和	lai	li	tap	sip	pat	tʃʰit	laŋ	laŋ
广州从化太平	lai	li	tap	sip	pat	tsʰit	laŋ	laŋ
广州花都梯面	lai	li	tap	tsʰip	pat	tsʰit	laŋ	lin
深圳龙岗坪地	lai	li	tap	tsʰip	pat	tsʰit	laŋ	laŋ
佛山三水南山	lai	lai	tap	tsʰap	pat	tsat	laŋ	lin
中山三乡	lai	lɐi	tap	tsʰit	pat	tsʰit	laŋ	lɐŋ
珠海香洲狮山	lai	lɐi	tap	tsɐp	pat	tsɐt	laŋ	lɐŋ
惠州惠城三栋	lai	li	tap	tsʰip	pat	tsʰit	laŋ	laŋ

三、粤港澳大湾区客家方言声调特征

（1）从调类上看，8个方言点均只有6个声调，表现为平入各分阴阳，浊上归去。从调值看来，广州白云太和镇、深圳龙岗坪地镇、佛山三水南山镇调值与梅县客家方言相当，广州花都梯面镇、中山三乡镇、珠海香洲狮山镇、惠州惠城三栋镇去声为高平55调，广州从化太平镇去声有51和55两个变体。（见表6-15）

表 6-15 中古调类今读情况

方言点	阴平	阳平	阴上	去声（阳上+阴去+阳去）	阴入	阳入
广州白云太和	33	22	31	51	21	5
广州从化太平	44	21	31	55、51	31	5
广州花都梯面	34	21	31	55	31	5
深圳龙岗坪地	44	21	31	51	31	5
佛山三水南山	34	21	31	51	31	5
中山三乡	34	21	41	55	31	5
珠海香洲狮山	34	21	31	55	31	5
惠州惠城三栋	33	21	31	55	2	5

（2）部分次浊上读作阴平，但部分次浊上例字在梅州客家方言读作阴平的，这里读作去声（阳上），比方说深圳龙岗坪地镇的"履""懊""牡"、佛山三水南山镇的"懊""牡""柱"、惠州惠城三栋镇的"理"。

（3）入声阴低阳高，与梅州客家方言相似，但部分清入声字读为阳入，浊入读成阴入。（见表 6-16）

表 6-16 古清浊入今读情况

方言点	浊入读成阴入	清入读阳入
广州白云太和	捷、突	恰、瞎、触
广州从化太平	捷、涉、杰、夺、笛	恰、速、蓄
广州花都梯面	捷、涉、杰、穴	握、泼
深圳龙岗坪地	突、掘	悉、彻
佛山三水南山	捷、涉、拔、活、疾、突、核、服、复、特	必、的、幅
中山三乡	涉、拔、杰、穴、轴	接、瞎、括、黑
珠海香洲狮山	捷、涉、杰、服	乙、约、握
惠州惠城三栋	—	刮、壁

第二节 粤港澳大湾区客家方言与梅州客家方言的主要差异

受强势粤方言的影响，大湾区客家方言与原乡梅州客家方言在声韵调方面主要表现出如下差异。

（1）声母方面。全浊上声清化较之梅州地区客家方言更多地读作不送气清音，古微母字更多念作 m 声母，精、知、庄、章出现不同程度的合流，泥、来母大部分混同或趋向混同。

（2）韵母方面。不同方言点不同程度地出现œ、y等元音韵母，舌尖元音却不同程度地转化成i或u。同时，较之梅州地区客家方言，更好地保留了鼻音韵尾-m和塞音韵尾-p。

（3）声调方面。调值调类与梅州及梅州周边地区相当，但部分次浊上在客家方言中一般读如阴平的例字却不同程度地读作去声。此外，部分清入混入阳入，部分浊入混入阴入。

一、精、知、庄、章声母的读音情况

精、知、庄、章声母在梅州客家方言中分成3个类别：第一类是两分型，知三、章读作舌叶音，精、知二、庄读作舌尖前音；第二类是半混型，仅石马镇一个方言点表现为精、知二、庄组在-uŋ、-uʔ韵母前读作舌叶音，其余读作舌尖前音且无音位对立，知三和章组均有2/3的例字读作舌尖前音，应是从两分型向合流型发展的过渡阶段，宽式处理的话，实际上可以将其归为第一类两分型；第三类是合流型，精、知、庄、章均读作舌尖前音。据此，大湾区客家方言古精、知、庄、章4组声母可以分成两大类别：一是半混型，二是合流型。其分布如图6-1所示。

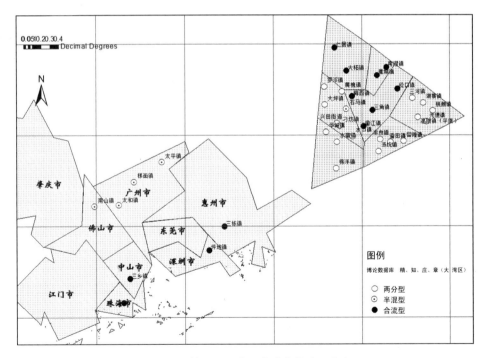

图6-1 精、知、庄、章读音的地理分布

从精、知、庄、章声母读音在粤港澳大湾区的分布看来，梅州原乡方言中北部合流型对应着的是大湾区沿海地带的合流型。

我们知道，合流型是半混型（及两分型）的后续发展结果，虽然在合流型方言点中偶有舌叶音出现，但实际上，在这些韵母前表现出来的舌叶音声母色彩读音不存在音位对立，应该属于语音协同发音现象。这里我们穷尽性地罗列出大湾区两分型方言点知三、章读作舌尖前音的例字。

广州市白云区太和镇知三大部分例字读作舌叶音声母 ʧ、ʧʰ、ʃ，仅小部分例字读作舌尖前音声母：宙澄 tsʰiu⁴、缠澄 tsʰien²、朝知 tsʰau²、胀知 tsoŋ⁴、展知 tsien³。章组声母大部分读作舌叶音，小部分例字读作舌尖前音：束书 tsʰiuk⁵、制章 tse⁴、纸章 tsi³、章 tsoŋ¹、针章 tsim¹、折章 tsiet⁵、战章 tsien⁴、正章 tsaŋ¹、术船 sut⁶、纯禅 sun²、兽书 seu⁴、春书 tsʰun¹。

广州从化太平镇知三组声母大部分读作舌叶音 ʧ、ʧʰ、ʃ，小部分读作舌尖前音：虫澄 tsʰuŋ²、轴澄 tsʰuk⁶、绸澄 tsʰou²、宙澄 tsʰiu⁴、直澄 tsʰit⁶、陈澄 tsʰin²、沉澄 tsʰim²、池澄 tsʰi²、缠澄 tsʰen²、阵 tsin⁴。章组声母有近1/3例字声母读如舌尖前音：闪书 sam³、兽书 seu⁴、摄 siap⁵、涉禅 siap⁵、赏书 sioŋ³、诗书 sɿ¹、纯禅 sun²、术船 sut⁶、占章 tsam⁴、战章 tsen⁴、折章 tset⁵、制章 tse⁴、车昌 tsʰa¹、设书 tsʰet⁵、扯 tsʰia³、赤书 tsʰiak⁵、深书 tsʰim¹、秤昌 tsʰin⁴、触昌 tsʰuk⁵、束书 tsʰuk⁵、蠢昌 tsʰun³、春昌 tsʰun¹、充昌 tsʰuŋ¹、出昌 tsʰut⁵、纸章 tsi³、指章 tsi³、痣 tsi⁴、者章 tsia³、折章 tsiet⁵、真章 tsin¹、蒸章 tsin¹、振 tsin4、证章 tsin⁴、质章 tsit⁵、织章 tsit⁵。

广州花都梯面镇知三组声母大部分读作舌叶音 ʧ、ʧʰ、ʃ，也有部分读作舌尖前音：珍知 tsin¹、镇知 tsin⁴、阵澄 tsin⁴、追知 tsui¹、展知 tsɛn³、绸澄 tsʰau²、池澄 tsʰi²、陈澄 tsʰin²、直澄 tsʰit⁶、传澄 tsʰɔn²、除澄 tsʰui²、轴澄 tsʰuk⁶、缠澄 tsʰɛn²、撤徹 tsʰɛt⁵、宙澄 tsiu⁴。章组声母有近1/3例字声母读如舌尖前音：兽书 sɛu⁴、诗书 sɿ¹、属禅 suk⁶、战章 tsɛn⁴、穿 tsʰɔn¹、设书 tsʰɛt⁵、齿书 tsʰi³、赤书 tsʰiak⁵、深书 tsʰim¹、秤昌 tsʰin⁴、吹昌 tsʰui¹、束书 tsʰuk⁵、春书 tsʰun¹、充昌 tsʰuŋ¹、纸章 tsi³、指章 tsi³、痣章 tsi⁴、者章 tsia³、占章 tsiam⁴、针章 tsim¹、真章 tsin¹、汁章 tsip⁵、触昌 tsuk⁵。

佛山三水南山镇知三、章组声母有近1/3的例字声母读作舌尖前音。其中，知三组包括：闯彻 tsʰɔŋ³、除澄 tsʰoey²、畜 tsʰuk⁶、逐澄 tsʰuk⁶、轴澄 tsʰuk⁶、惩澄 tsʰin²、逞彻 tsʰin²、呈澄 tsʰin²、程澄 tsʰin²、赵澄 tsʰiau⁴、超彻 tsʰiau¹、耻彻 tsʰɿ³、迟澄 tsʰi²、滞 tse⁴、宠彻 tsuŋ³、坠澄 tsui³、杖 tsiɔŋ³、昼 tsiu⁴、贞 tsin¹、侦彻 tsin¹、智知 tsi⁴、致知 tsi⁴、稚澄 tsi⁴、置知 tsi⁴、知知 tsi¹、蜘知 tsi¹、治澄 tsi³、哲知 tset⁵、展知 tsen³、朝知 tsau¹、篆澄 ʃɔn²、兆 ʃau⁴、术 sut⁵。章组声母包括：施书 si¹、匙禅 si¹、诗书 si¹、舍书 sia⁴、少 siau³、赏书 sioŋ³、商书 sioŋ¹、申书 sin¹、

伸₈sin¹、伸₈sin¹、升₈sin¹、室₈sit⁵、释₈sit⁵、舒₈sʅ¹、输₈sʅ¹、嗜₈sʅ⁴、侍禅sʅ⁴、垂禅sui²、瑞禅sui³、墅禅sui³、淑禅suk⁵、术船sut⁵、遮章tsa¹、炙章tsak⁵、斫章tsam³、正章tsaŋ¹、专章tsɔn¹、战章tsen⁴、折章tset⁵、浙章tset⁵、制章tsɛ⁴、制章tsɛ⁴、斥昌tsʰak⁵、川昌tsʰɔn¹、侈章tsʰi³、齿昌tsʰi³、始₈tsʰi³、翅₈tsʰi⁴、拯章tsʰiaŋ³、设₈tsʰiet⁵、称昌tsʰin¹、称昌tsʰin¹、触章tsʰuk⁶、束₈tsʰuk⁶、纸章tsi³、只章tsi³、旨章tsi³、指章tsi³、止章tsi³、趾章tsi³、址章tsi³、支章tsi¹、枝章tsi¹、肢章tsi¹、脂章tsi¹、之章tsi¹、芝章tsi¹、至章tsi⁴、志章tsi⁴、志章tsi⁴、痣章tsi⁴、者章tsia³、沼章tsiau¹、酌章tsiɔk⁵、征章tsin¹、征章tsin¹、蒸章tsin¹、质章tsit⁵、职章tsit⁵、周章tsiu¹、舟章tsiu¹、咒章tsiu⁴、祝章tsuk⁵、嘱章tsuk⁵。

从如上知三、章组声母读作舌尖前音的情况看来，知三组舌叶音的前化似乎是从澄母开始的，章组声母前化则始于章母。

二、泥、来母分混情况

在梅州客家方言中泥母读作 n，来母读作 l 是相当清晰的，仅大埔县三河镇泥母部分读作 l，没有来母读作 n 的情况。三河镇地处大埔县中央，其地理位置与人口迁移路线均看不出与粤方言的关系，严修鸿（2002）认为，粤东客话来母的白读层为泥母。① 大湾区客家方言点中，中山三乡镇同梅州大部分地区客家方言，泥、来母清晰不混；广州白云太和镇、广州从化太平镇、佛山三水南山镇泥、来母基本混同，表现为大部分泥母读作 l，小部分来母读作 n；而在广州花都梯面镇、深圳龙岗坪地镇、珠海香洲狮山镇、惠州惠城三栋镇则完全混同读作 l。这里我们将泥、来母分为 3 种类型，分别是两分型、半混型和合流型。其地理分布如图 6 - 2 所示。

---

① 严修鸿：《客家话里来母白读为泥母的语音层次》，见谢栋元主编《客家方言研究——第四届客家方言研讨会论文集》，暨南大学出版社 2002 年版，第 165～173 页。

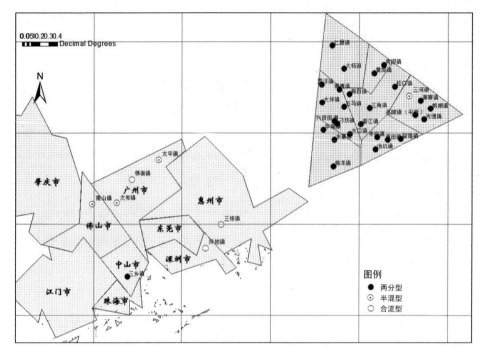

图 6-2 泥、来母读音的地理分布

如图 6-2 所示，泥、来母的混同不仅与强势粤方言的接触有一定关系，还与自身语音变异有一定关系。这里试图穷尽性列出大埔县三河镇、广州白云太和镇、广州从化太平镇、佛山三水南山镇泥、来母窜读的情况。

大埔县三河镇泥母读作 l 的例字：哪 la³、那 la³、挪 la¹、拿 la¹、捺 la⁴、耐 lai⁴、南 lam²、男 lam²、难 lan²、难 lan⁴、纳 lap⁵、诺 lɔk⁵、暖 lɔn¹、囊 lɔŋ²、泥 lei²、能 len²、宁 len²、赁 lin⁴、糯 lou⁴、奴 lu²、努 lu³、怒 lu⁴、仑 lun²、嫩 lun⁴、农 luŋ²、脓 luŋ²、浓 luŋ²；来母例字均无读作 n。

广州白云太和镇泥母读作 l 的例字：哪 la²、拿 la¹、泥 lai²、捺 lai⁴、南 lam²、难 lan²、纳 lap⁶、恼 lau¹、闹 lau⁴、糯 lɔ⁴、耐 lɔi⁴、暖 lɔn¹、腻 li⁴、能 lien²、奴 lu²、嫩 lun⁴、农 luŋ²、浓 luŋ²；来母读作 n 的例字：粒 niep⁵。

广州从化太平镇泥母读作 l 的例字：哪 la²、拿 la¹、泥 lai²、捺 lai⁴、南 lam²、难 lan²、纳 lap⁶、恼 lau¹、闹 lau⁴、糯 lɔ⁴、耐 lɔi⁴、诺 lɔk⁵、暖 lɔn¹、纽 leu³、女 lœy³、嫩 lun⁴、农 luŋ²、浓 luŋ²；来母读作 n 的例字：篮 nam²、罗 nɔ²、练 nen⁴、李 ni³、理 ni¹、疗 niau²、刘 niu²、柳 niu¹、轮 nun²、律 nut⁶。

佛山三水南山镇泥母读作 l 的例字：尼 lai²、男 lam²、腩 lam⁴、难 lan²、能 laŋ²、纳 lap⁶、捺 lat⁵、努 lau³、脑 lau³、恼 lau³、闹 lau⁴、诺 lɔk⁶、囊 lɔŋ²、捏 len³、扭 leu³、腻 lɛ⁴、聂 liap⁶、娘 liɔŋ²、女 lœy³、奴 lu²、怒 lu⁴、仑 lun²、

嫩 lun⁴、浓 luŋ²、农 luŋ²、脓 luŋ²；来母读作 n 的例字：沥 nak⁶、恋 nɔn⁴、粒 nep⁵。

关于粤语泥、来母相混的现象，最早见于赵元任（1947）。但实际上，在感知上 n 和 l 并不是一对自由变体，只是粤语母语者在非正式场合习惯性地把 n 读成 l，形成粤语泥、来母相混的特征。梅州原乡客家方言泥、来母大部分是两分的，仅三河镇一个方言点表现为半混型，其特征也是把泥母 n 读成来母 l，没有来母读作泥母的例字；大湾区半混型方言点中也是主要表现为泥母读作来母，来母读作 n 的例字少，且大部分是客家方言非常用字；大湾区合流型方言点泥母读均读作 l。我们认为，这种演变现象与鼻音和边音声母的感知特征有一定的关系。

三、止摄开口三等的读音情况

韵母方面，我们主要探讨止摄开口三等字在粤港澳大湾区客家方言点中的读音情况，从而探讨大湾区客家方言在强势粤方言包围下的演变情况。

伍巍（2007）认为，广府片、四邑片及勾漏片粤方言均无舌尖元音，大湾区客家方言正是在广府片、四邑片及勾漏片粤方言的包围中生存的。詹伯慧（2004）和甘于恩、邵慧君（2002）认为，粤方言止摄字读舌尖元音是受客家方言的影响。据此，我们认为大湾区客家方言舌尖元音的存在是对原乡客家方言语音特征的保留。

据本书第四章对梅州 27 个客家方言点韵母读音的统计，舌尖元音主要分布在遇摄合口一等模韵，遇摄合口三等鱼韵、虞韵，蟹摄开口三等祭韵和止摄开口三等支韵、脂韵、之韵的精、知、庄、章组声母。又据前文，我们知道大湾区 8 个客家方言点中仅广州白云太和镇、广州从化太平镇、广州花都梯面镇、佛山三水南山镇、惠州惠城三栋镇保留有舌尖元音韵母且只有止摄开口三等均有读作舌尖元音的例字；深圳龙岗坪地镇、中山三乡镇、珠海香洲狮山镇已无舌尖元音韵母。tʃ、tʃʰ、ʃ 后接的舌尖元音音色居中，上文我们将精、知、庄、章两分型和半混型中舌叶音声母后接元音定义为舌面元音 ɨ，这里因比较需要，将其定义为 ɿ。为此，我们以广州白云太和镇、广州从化太平镇、广州花都梯面镇、佛山三水南山镇、惠州惠城三栋镇为例，梳理其止摄开口三等支韵、脂韵、之韵在精、知、庄、章组中的读音情况。

广州白云太和镇，止摄开口三等支韵读作 ɿ 和 i，例如：此 tsʰɿ³、池 tsʰi²；脂韵读作 ɿ 和 i，例如：资 tsɿ¹、屎 ʃi³；之韵读作 ɿ 和 i，例如：字 sɿ⁴、齿 tʃʰi³。

广州从化太平镇，止摄开口三等支韵读作 i，例如：此 tsʰi³、池 tsʰi²；脂

韵读作 ɿ 和 i，例如：资 tsɿ¹、屎 ʃi³；之韵读作 ɿ 和 i，例如：字 sɿ⁴、齿 tʃʰi³。

广州花都梯面镇，止摄开口三等支韵读作 ɿ 和 i，例如：此 tsʰɿ³、池 tsʰi²；脂韵读作 ɿ 和 i，例如：资 tsɿ¹、屎 ʃi³；之韵读作 ɿ 和 i，例如：字 sɿ⁴、齿 tʃʰi³。

佛山三水南山镇，止摄开口三等支韵读作 ɿ 和 i，例如：紫 tsɿ³、此 tsʰɿ³、池 tʃʰi²；脂韵读作 ɿ 和 i，例如：资 tsɿ¹、屎 ʃi³；之韵读作 ɿ 和 i，例如：字 sɿ⁴、齿 tʃʰi³。

惠州惠城三栋镇，止摄开口三等支韵读作 u 和 ɿ，例如：此 tsʰu³、池 tʃʰɿ²；脂韵读作 u 和 ɿ，例如：资 tsu¹、屎 ʃɿ³；之韵读作 u 和 ɿ，例如：字 su⁴、齿 tʃʰɿ³。

这里以"此""资""字"为例，观察其地理分布并在此基础上探讨舌尖元音的演变情况。（如图 6-3、图 6-4、图 6-5 所示）

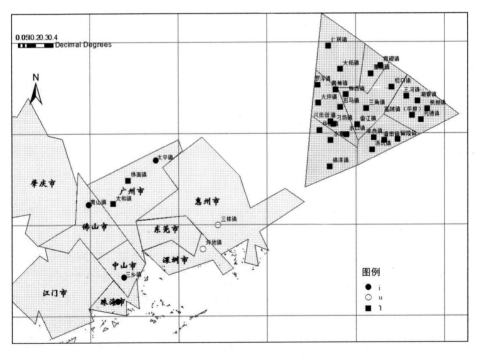

图 6-3 客家方言"此"字读音的地理分布

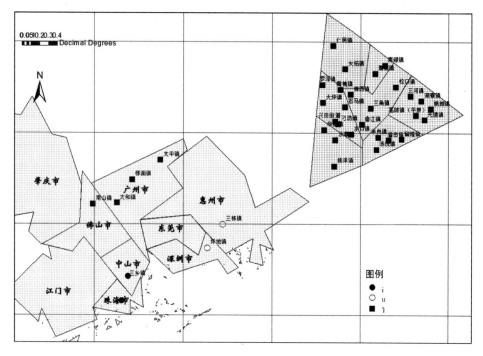

图6-4 客家方言"资"字读音的地理分布

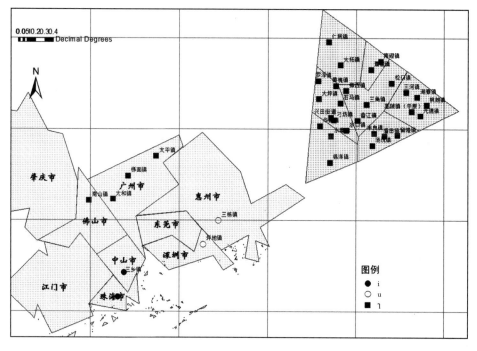

图6-5 客家方言"字"字读音的地理分布

止摄开口三等字韵母读作 ɿ 是梅州原乡客家方言的固有特征,在大湾区广州白云太和镇、从化太平镇、花都梯面镇及佛山三水南山镇得到不同程度的保留。广府片粤方言止摄开口三等字韵母大部分读作 i,我们可以看到,广州从化太平镇、佛山三水南海镇及珠海香洲狮山镇已表现出粤方言特征,深圳龙岗坪地镇和惠州惠城三栋镇的韵母 u 实际上不是典型的 u,其实际音值应该为 ɤ,或许这与它们的地理位置有一定的关系。

第七章 总 结

从本书的研究可以看出，语音特征结合行政区划，将梅州客家方言 27 个方言点分为 3 个部分较为合理：第一部分，梅江区、梅县区、蕉岭县、平远县的 8 个方言点语音特点相当一致，这与历史行政有密切关系；第二部分，兴宁市、五华县的 10 个方言点在韵母层面相似性高，但五华县在声调层面与比邻的河源市更为相近；第三部分，大埔县、丰顺县 9 个方言点则保留了更多的中古语音特点，这与其东南向与闽语区接壤有较大关系。

声母方面的地理特征表现为：①梅江区、梅县区、蕉岭县、平远县声母特征与行政区划相当一致，最显著的表现是古精、知、庄、章的分合情况与行政区划完全吻合；②大埔县、丰顺县更多地保留中古语音特征，如"古无轻唇""古无舌上"，同时，古溪母字在大埔县、丰顺县主要读作塞擦音声母，在其他县区多读作擦音声母，另外，大埔县、丰顺县声母还表现出一定的闽方言特征，如"例字'猫'声母读作 m/ŋ"等，这与大埔县、丰顺县为双言区有一定关系，也与大埔县、丰顺县毗邻闽方言区有必然联系。

韵母方面的地理特征表现为：①介音 i/u 的增生与脱落在兴宁市、五华县表现得相当一致；②梅江区、梅县区、蕉岭县、平远县辅音韵尾得到较为完整的保留。

从声母韵母的地理特征看来，将梅江区、梅县区、蕉岭县、平远县划为一片，兴宁市、五华县划为一片，剩下的大埔县、丰顺县为一片相当合理。刘涛（2003）以县城为代表点进行的梅州客家方言音韵研究为梅州客家方言的分区进行了有效尝试，但是从梅州客家方言的声调情况看来，这也不过是一种分片标准。

声调方面的地理特征表现为：①中古调类演变将声母韵母相当一致的兴宁市和五华县分隔开，五华县 3 个方言点表现为第三类浊去归上型，兴宁市 7 个方言点与梅州大势一致表现为浊上归去，从声调调类的地理分布似乎可以推断兴宁、五华并不同源；②从调值上看，五华县、丰顺县阳平表现为升调，明显区别于其他县区，从调值角度，五华县、丰顺县可以划分为一片。

在对梅州客家方言语音特征地理语言学研究的基础上，我们得到如下启示：

对一定区域进行地理语言学研究，把县城作为代表点可以在相对有限的时间和能力条件下获得大致结果，但是就像方言分区与行政分区不完全一致一样，一定区域的方言分区也不能完全依照当地的行政区划来划分。

通过对 27 个客家方言点语音特征的比较可知，方言是语言使用者在时间和空间的双重作用下定型的，为方言分区分片不仅应考虑时间因素，还应考虑空间因素。根据不同的目的和标准来分片，也会得出不同的分区分片结果。

而实际上，方言间的差异又可以分为两类，一类是方言特征的有无，另一类是某种方言特征在程度上的差异。其中，第一类差异能呈现出明显的区域性，主要用于对方言进行分区分片，而分片标准的选取并没有严格意义上的规定，建议以语音特征重叠最密集的特征为分片依据；反之，第二类常表现为某种一致性方言特征内部的程度差异，没有明显的区域特征而常呈现渐进分布特征，这种差异难以画出同言线，不适用于汉语方言的分区，但其呈现出来的语音特征往往又与地缘接触有比较直接的关系。

参考文献

[1] 陈苏方. 广东兴宁客家话语音研究［D］. 广州：暨南大学，2016.
[2] 陈晓锦，郑蕾. 广州地区的客家方言［J］. 方言，2012（2）.
[3] 陈晓锦. 广东粤语的鼻音韵尾和入声韵尾［J］. 方言，2001（2）.
[4] 陈晓锦. 广西容县客家方言岛调查记［J］. 方言，1999（3）.
[5] 陈秀琪. 中古精庄知章母在客语的演变［C］//谢栋元. 客家方言调查研究：第四届客家方言研讨会论文集. 广州：暨南大学出版社，2002.
[6] 陈秀琪. 客家话声调的转移现象［M］//李如龙，邓晓华. 客家方言研究. 福州：福建人民出版社，2009.
[7] 陈秀琪. 客家话声母的前化运动［C］.//揣振宇. 第九届客家方言学术研讨会论文集. 北京：中央民族大学出版社，2012.
[8] 邓晓华. 客家方言与宋代音韵［J］. 语言研究，1991（S）.
[9] 邓晓华. 中古知庄章精组声母在闽西客话中的演变［J］. 客家纵横，1994（S）.
[10] 邓晓华. 客家话跟苗瑶壮侗语的关系问题［J］. 民族语文，1999（3）.
[11] 邓玉荣. 广西贺县（莲塘）客家话音系［J］. 方言，1996（4）.
[12] 董同龢. 汉语音韵学［M］. 北京：中华书局，2001.
[13] 傅思泉. 于都方言单双音声调的实验研究［C］.//客赣方言研究（第五届客家方言暨首届赣方言研讨会论文集）. 香港：霭明出版社，2004.
[14] 甘于恩，简倩敏. 广东方言的分布［J］. 学术研究，2010（9）.
[15] 甘于恩，邵慧君. 试论客家方言对粤语语音的影响［J］. 暨南学报（哲学社会科学版），2002（5）.
[16] 高本汉. 中国音韵学研究［M］. 赵元任，李方桂，罗常培，译. 北京：商务印书馆，1984.
[17] 高然. 广东丰顺客家方言的分布及其音韵特征［C］//李如龙，周日健. 客家方言研究：第二届客家方言研讨会论文集. 广州：暨南大学出版社，1998.
[18] 郭沈青. 广州话溪母字的历史层次及音变［J］. 语言科学，2013（4）.
[19] 何纯惠. 谈［i］、［u］两个高元音在客方言的运作［C］//揣振宇. 第九届客家方言学术研讨会论文集. 北京：中央民族大学出版社，2012.

［20］何耿镛. 客家方言词典［M］. 新加城：新加坡文艺协会，2021.

［21］何炯. 以梅县方言为代表的客家话与北京语音的对应规律［M］//方言与普通话集刊：第四本. 北京：文字改革出版社，1958.

［22］侯复生. 客家话字典［M］. 广州：广州旅游出版社，1995.

［23］侯国隆. 关于广东客家人分布情况的调查［M］//程志远. 客家源流与分布. 香港：天马图书馆有限公司，1994.

［24］侯小英. 广东龙川县佗城客家方言音系［J］. 方言，2008（2）.

［25］侯小英. 粤中客方言的声调研究［C］//张双庆，刘镇发. 客语纵横：第七届国际客方言研讨会论文集. 香港：香港中文大学中国文化研究所吴多泰中国语文研究中心，2008.

［26］侯小英. 东江中上游本地话研究［D］. 厦门：厦门大学，2008.

［27］侯小英. 客方言的［u］介音［J］. 方言，2017（1）.

［28］胡安顺. 汉语辅音韵尾对韵腹的稳定作用［J］. 方言，2002（1）.

［29］黄雪贞. 福建永定（下洋）方言语音构造的特点［J］. 方言，1985（3）.

［30］黄雪贞. 客家话的分布与内部异同［J］. 方言，1987（2）.

［31］黄雪贞. 客方言声调的特点［J］. 方言，1988（4）.

［32］黄雪贞. 客家方言声调的特点续论［J］. 方言，1989（2）.

［33］黄雪贞. 梅县客家话的语音特点［J］. 方言，1992（4）.

［34］黄雪贞. 梅县方言词典［M］. 南京：江苏教育出版社，1995.

［35］黄雪贞. 客家方言古入声字的分化条件［J］. 方言，1997（4）.

［36］黄玉雄. 从"朽"的声母类型看粤语晓母字的历史层次［J］. 语言研究，2016（3）.

［37］吉川雅之. 大埔客家话语音特点简介［C］//李如龙，周日健. 客家方言研究：第二届客家方言研讨会论文集. 广州：暨南大学出版社，1998.

［38］蒋平，谢留文. 古入声在赣、客方言中的演变［J］. 语言研究，2004（4）.

［39］蒋尊国，陈卫强. 方言岛三水六和的客家话语音研究［J］. 佛山科学技术学院学报（社会科学版），2015（3）.

［40］蓝小玲. 闽西客话舌齿音的特点与演变［J］. 客家纵横，1994（S）.

［41］蓝小玲. 客方言声调的性质［J］. 厦门大学学报（哲学社会科学版），1997（3）.

［42］李方桂. 上古音研究［M］. 北京：商务印书馆，1980.

［43］李菲，甘于恩. 大埔客家方言音系［J］. 嘉应学院学报（哲学社会科学），2014（3）.

[44] 李菲. 广东大埔湖寮镇客家方言果、效摄一等字的韵母音值［J］. 桂林师范高等专科学校学报, 2014（3）.

[45] 李华闽, 朱金华, 廖珺. 客家方言语音在英语语音习得中的负迁移现象及对策: 以梅县客家方言为例［J］. 嘉应学院学报（哲学社会科学）, 2012（1）.

[46] 李惠昌. 客方言五华话"廉"、"寻"二字的白读音［J］. 语文研究, 1994（3）.

[47] 李惠昌. 五华话古次浊声母字的声调演变［J］. 汕头大学学报（人文社会科学版）, 1996（6）.

[48] 李立林. 东莞粤语语音研究［D］. 广州: 暨南大学, 2010.

[49] 李荣. 切韵音系［M］. 北京: 科学出版社, 1958.

[50] 李如龙, 张双庆. 客赣方言调查报告［M］. 厦门: 厦门大学出版社, 1992.

[51] 李如龙, 张双庆. 客赣方言的入声韵和入声调［M］//吴语和闽语的比较研究. 上海: 上海教育出版社, 1995.

[52] 李如龙. 福建方言声调分化的模式［M］//李如龙. 方言与音韵论集. 香港: 香港中文大学中国文化研究所吴泰中国语文研究中心, 1996.

[53] 李新魁. 上古音"晓匣"归"见溪群"说［J］. 学术研究, 1963（2）.

[54] 李新魁. 广东的方言［M］. 广州: 广东人民出版社, 1994.

[55] 梁允麟. 梅州及其邻区历史沿革［J］. 广东史志, 1995（4）.

[56] 林立芳. 梅县话同音字汇［J］. 韶关大学学报（社会科学版）, 1993（1）.

[57] 林语堂. 闽粤方言之来源［M］//厦门大学国学研究院. 厦门大学国学研究院集刊: 第一辑. 北京: 中华书局. 2008.

[58] 凌飞霞. 平远县石正客家方言音韵特征［J］. 汉字文化, 2019（17）.

[59] 刘纶鑫. 客家方言的入声［C］//李如龙, 周日健. 客家方言研究: 第二届客家方言研讨会论文集. 广州: 暨南大学出版社, 1998.

[60] 刘纶鑫. 客赣方言比较研究［M］. 北京: 中国社会科学出版社, 1999.

[61] 刘纶鑫. 客赣方言的声调系统综述［J］. 南昌大学学报（社会科学版）, 2000（4）.

[62] 刘纶鑫. 浊上归阴平和客赣方言［C］//林立芳. 第三届客家方言研讨会论文集. 韶关: 韶关大学编辑部, 2000.

[63] 刘纶鑫, 刘胜利, 傅思泉. 闽粤赣客家方言的语音比较［C］//客赣方言研究: 第五届客家方言暨首届赣方言研讨会论文集. 香港: 霭明出版社, 2004.

[64] 刘涛. 梅州客话音韵比较研究［D］. 广州: 暨南大学, 2003.

[65] 刘泽民. 客赣方言的知章精庄组［J］. 语言科学, 2004（4）.

[66] 刘泽民. 客赣方言舌齿音声母按等分立的格局［J］. 兰州大学学报（社会科学版）, 2005（2）.

[67] 刘泽民. 客赣方言蟹摄开口一等韵的历史层次［M］//李如龙, 邓晓华. 客家方言研究. 福州：福建人民出版社, 2009.

[68] 刘泽民. 客赣粤平诸方言溪母读擦音的历史层次［J］. 南开语言学刊, 2010（1）.

[69] 刘镇发. 香港原居民客话：一个消失中的声音［M］. 香港：香港中国语文学会出版, 2004.

[70] 刘镇发. 从方言比较看客家话匣母字的历史层次［M］//李如龙, 邓晓华. 客家方言研究. 福州：福建人民出版社, 2009.

[71] 罗美珍, 林立芳, 饶长溶. 客家话通用词典［M］. 广州：中山大学出版社, 2004.

[72] 罗香林. 客家研究导论［M］. 梅州：兴宁希山书藏, 1933.

[73] 罗香林. 客家源流考［M］. 北京：中国华侨出版公司, 1989.

[74] 罗迎新. 梅州地理［M］. 广州：广东省地图出版社, 2001.

[75] 吕建国. 梅县客家方言单字调和连读变调实验分析［J］. 嘉应学院学报, 2006（4）.

[76] 马洁琼. 梅州客家话齿音声母研究［D］. 广州：暨南大学, 2010.

[77] 麦耘. 方言与古音比较的"参照系"问题：从客家话"知系两分"说起［C］//庄初升, 温昌衍. 客家方言调查研究：第十二届客家方言学术研讨会论文集. 广州：中山大学出版社, 2016.

[78] 彭盛星. 广韵"全浊声母字"台湾"海陆客话"的音韵分析［C］//刘纶鑫. 客赣方言研究：第五届客家方言暨首届赣方言研讨会论文集. 香港：香港霭明出版社, 2004.

[79] 覃远雄. 桂南平话古晓、匣、云、以母字的读音［J］. 方言, 2005（3）.

[80] 邱锡凤. 上杭客家话研究［D］. 福州：福建师范大学, 2007.

[81] 邱仲森. 台湾苗栗与广东兴宁客家话比较［D］. 新竹：新竹师范学院台湾语言与语文教育研究所, 2005.

[82] 邱仲森. 客家话古匣母音变现象考察［M］//李如龙, 邓晓华. 客家方言研究. 福州：福建人民出版社, 2009.

[83] 邱仲森. 广东兴宁罗浮客家话韵母演变试析［C］//张双庆, 刘镇发. 客家纵横：第七届国际客方言研讨会论文集. 香港：香港中文大学中国文化研究所吴多泰中国语文研究中心, 2008.

[84] 冉启斌. 汉语鼻音韵尾的实验研究［J］. 南开语言学刊, 2005（2）.

［85］冉启斌．汉语鼻音韵尾的消变及相关问题［M］//四川大学汉语史研究所．汉语史研究集刊（第八辑）．成都：．巴蜀书社，2005．

［86］饶秉才．客家方言的分布和主要特点［J］．暨南学报（人文科学与社会科学版），1989（3）．

［87］饶秉才．兴宁客家话语音：兴宁客家话研究之一［J］．客家纵横，1994（S）．

［88］饶秉才．兴宁县客家话声母与中古音声母比较［J］．语言研究，1994（S）．

［89］饶秉才．兴宁县客家话韵母与中古音韵母比较：兴宁县客家话韵母研究系列之三［J］．语言研究，1996（S）．

［90］邵慧君．粤方言阳声韵尾及入声韵尾的分化模式及成因初探［C］．詹伯慧．第八届国际粤方言研讨会论文集．北京：中国社会科学出版社，2003．

［91］邵丹丹．基于EGG的梅县、福州、长沙方言声调实验研究［D］．南京：南京师范大学，2012．

［92］石锋．北京话的元音格局［J］．南开语言学刊，2002（0）．

［93］时秀娟．现代汉语方言元音格局的类型分析［J］．南开语言学刊，2007（1）．

［94］侍建国．粤语溪母字历史音变［J］．语言研究，2007（2）．

［95］苏轩正．大埔、丰顺客家话的比较研究［D］．桃园：台湾"中央"大学，2010．

［96］孙红举．重庆市荣昌县盘龙镇客家话方言岛音系［C］//第十届客家方言国际学术研讨会论文汇编．成都：成都信息工程学院文化艺术学院，2012．

［97］汤志祥．深圳本土方言的地理分布特点［J］．中国方言学报，2015（1）．

［98］田志军．近代晚期梅州客音研究［D］．南京：南京大学，2011．

［99］万波．赣语安义方言匣母字读音的历史层次及一组相关本字的考释［J］．东亚语言学报，1995（2）．

［100］万波．粤方言声母系统中送气清塞音的［h］化现象［C］//张洪年，张双庆，陈雄根．第十届国际粤方言研讨会论文集．北京：中国社会科学出版社，2007．

［101］万波．赣语声母的历史层次研究［M］．商务印书馆，2009．

［102］万波，庄初升．客、赣方言中古全浊声母今读不送气塞音塞擦音的性质［J］．方言，2011（4）．

［103］万波，庄初升．粤东某些客家方言中古知三章组声母今读的音值问题

[J]. 方言, 2014 (4).

[104] 王福堂. 汉语方言语音的演变和层次 [M]. 北京: 语文出版社, 1999.

[105] 王辅世、毛宗武. 苗瑶语古音构拟 [M]. 北京: 中国社会科学出版社, 1995.

[106] 王洪君. 历史语言学方法论与汉语方言音韵史个案研究 [M]. 北京: 商务印书馆, 2014.

[107] 王力. 中国音韵学 [M]. 上海: 商务印书局, 1936.

[108] 王力. 汉语讲话 [M]. 北京: 文化教育出版社, 1955.

[109] 王力. 王力文集: 10 卷 [M]. 济南: 山东教育出版社, 1987.

[110] 王力. 王力文集: 12 卷 [M]. 济南: 山东教育出版社, 1990.

[111] 魏宇文. 五华方言同音字汇 [J]. 方言, 1997 (3).

[112] 温昌衍. 江西石城话属客家方言无疑 [J]. 江西社会科学, 2003 (8).

[113] 温昌衍. 客家方言 [M]. 广州: 华南理工大学出版社, 2006.

[114] 温昌衍, 温美姬. 梅县方言的几个语音变例: 兼谈几个相关的本字 [J]. 语言研究, 2007 (1).

[115] 温昌衍. 五华 (郭田) 方言舌尖元音带韵尾的韵母 [J]. 嘉应学院学报, 2012 (9).

[116] 温昌衍, 王秋珺. 客家方言 [M]. 广州: 暨南大学出版社, 2015.

[117] 温昌衍, 侯小英. 从台湾客家话看梅县话早期的几个语音特征 [J]. 方言, 2018 (1).

[118] 吴宗济. 汉语普通单音节语图册 [M]. 北京: 中国社会科学出版社, 1986.

[119] 吴宗济. 实验语音学概要 [M]. 北京: 高等教育出版社, 1989.

[120] 吴宗济, 林茂灿. 实验语音学概要 [M]. 北京: 高等教育出版社, 1989.

[121] 伍巍. 合肥话 "-i", "-y" 音节声韵母前化探讨 [J]. 语文研究, 1995 (3).

[122] 伍巍. 广州话溪母字读音研究 [J]. 语文研究, 1999 (4).

[123] 伍巍. 粤语 [J]. 方言, 2007 (2).

[124] 伍巍, 詹伯慧. 广东省的汉语方言 [J]. 方言, 2008 (2).

[125] 项梦冰. 客家话古非组字的今读 [M]. 北京大学汉语语言学研究中心《语言学论丛》编委会. 语言学论丛: 28 辑. 北京: 商务印书馆, 2003.

[126] 项梦冰, 曹晖. 汉语方言地理学 [M]. 北京: 中国文史出版社, 2005.

[127] 项梦冰. 客话音韵论 [D]. 北京: 北京大学, 2005.

[128] 谢栋元. [m] [n] [ŋ] 自成音节说略 [J]. 广东外语外贸大学学报,

2002（1）.
[129] 谢栋元. 客家话形成的三个阶段［J］. 广东外语外贸大学学报，2003（3）.
[130] 谢留文. 客家方言古入声次浊声母字的分化［J］. 中国语文，1995（1）.
[131] 谢留文. 客家方言语音研究［M］. 北京：中国社会科学出版社，2003.
[132] 谢留文. 从摄和等来看客家方言韵母的总体格局［C］//刘纶鑫. 第五届客方言暨首届赣方言研讨会论文集. 香港：香港霭明出版社，2004.
[133] 谢留文，黄雪贞. 客家方言的分区（稿）［J］. 方言，2007（3）.
[134] 谢永昌. 梅县客家方言志［M］. 广州：暨南大学出版社，1994.
[135] 辛世彪. 客方言声调的演变类型［J］. 海南大学学报（社会科学版），2000（1）.
[136] 辛世彪. 东南方言声调比较研究［M］. 上海：上海教育出版社，2004.
[137] 兴宁县地方志编修委员会. 兴宁县志［M］. 广州：广东人民出版社，1992.
[138] 熊正辉. 广东方言的分区［J］. 方言，1987（3）.
[139] 徐越，朱晓农. 喉塞尾入声是怎么舒化的：孝丰个案研究［J］. 中国语文，2011（3）.
[140] 严修鸿. 坪畲客家话古浊上字的调类分化［C］//李如龙，周日健. 客家方言研究：第二届客方言研讨会论文集. 广州：暨南大学出版社，1998.
[141] 严修鸿. 客家话里来母白读为泥母的语音层次［C］//谢栋元. 客家方言研究：第四届客家方言研讨会论文集. 广州：暨南大学出版社，2002.
[142] 严修鸿. 客家话匣母读同群母的历史层次［J］. 汕头大学学报（人文社会科学版），2004（1）.
[143] 严修鸿. 客赣方言浊上字调类演变的历史过程［J］. 中国语学研究，2004（23）.
[144] 严修鸿，黄良喜. 结构所引起的辅音音变：论三个客家话软腭音龈腭化演变的不平衡［J］. 语言科学，2008（5）.
[145] 严修鸿. 声调演变中的推链与挤压：粤东客家话原阴上、阴去调交替现象析［M］//纪念李方桂先生中国语言学研究学会，香港科技大学中国语言学研究中心. 中国语言学集刊：4卷1期. 北京：中华书局，2010.
[146] 严修鸿. 粤东北客家话的语气副词［J］. 方言，2013（2）.
[147] 岩田礼. 汉语方言入声音节的生理特征：兼论入声韵尾的历时变化

[M].中国境内语言暨语言学：1辑.台北："中研院"历史语言研究所，1992.

[148] 岩田礼.南部中国语的音节末闭锁音[J].言语研究，1984（87）.

[149] 阳蓉，庄初升.南雄市坪田话中古精知庄章组声母的今读类型及历史层次[C]//兰玉英.客家方言研究新论：第十届客家方言国际学术研讨会论文集.合肥：黄山书社，2014.

[150] 杨慧娟.紫金客家方言语音研究[D].南宁：广西大学，2016.

[151] 余伯禧.梅县方言的文白异读[J].复印报刊资料（语言文字学），1994（5）.

[152] 袁家骅，等.汉语方言概要[M].2版.北京：文字改革出版社，1983.

[153] 詹伯慧，李如龙，黄家教，等.汉语方言及方言调查[M].武汉：湖北教育出版社，1991.

[154] 詹伯慧.广东粤方言概要[M].广州：暨南大学出版社，2002.

[155] 詹坚固.广东客家人分布状况及其对客家文化发展的影响[J].探求，2012（4）.

[156] 张光宇.闽客方言史稿[M].台北：南天书局，1996.

[157] 张吉生.汉语韵尾辅音演变的音系理据[J].中国语文，2007（4）.

[158] 张静芬，朱晓农.声调大链移：从惠来普宁一带的共时差异看声调的系统演化[J].中国语文，2017（5）.

[159] 张琨.汉语方言中鼻音韵尾的消失[J]."中研院"历史语言研究所集刊，1983（1）.

[160] 张双庆，练春招.客家方言古去声字的演变考察[C]//张双庆，刘镇发.客语纵横：第七届国际客方言研讨会论文集.香港：香港中文大学中国文化研究所吴多泰中国语文研究中心，2008.

[161] 张双庆，庄初升.一百多年来新界客家方言音系的演变[J].中国文化研究所学报，2003（43）.

[162] 张维佳.关中方言鼻尾韵的音变模式[J].语言研究，2001（4）.

[163] 张燕芬.中古阳声韵韵尾在现代汉语方言中的读音类型[D].济南：山东大学，2009.

[164] 张玉敏.梅县客家话双元音语音特点[C]//张双庆，刘镇发.客语纵横：第七届国际客方言研讨会论文集.香港：香港中文大学中国文化研究所吴多泰中国语文研究中心，2008.

[165] 赵宏.浅谈汉语入声韵塞音尾消失的原因[J].贵州民族学院学报（哲学社会科学版），1997（2）.

[166] 钟荣富.论客家的[V]声母[M]//声韵论丛.台北：学生书

局，1991.

[167] 赵元任. 语言问题 [M]. 北京：商务印书馆，1980.

[168] 周日健. 广东省惠阳客家话音系 [J]. 方言，1987（3）.

[169] 周日健. 客家话与中古声母：客家人怎样辨认古声母 [J]. 惠州学院学报，1987（2）.

[170] 周日健. 客家方言的声调特点补论 [C] //李如龙，周日健. 客家方言研究：第二届客家方言研讨会论文集. 广州：暨南大学出版社，1998.

[171] 周日健. 五华客家话的音系及其特点 [C] //谢栋元. 客家方言研究：第四届客方言研讨会论文集. 广州：暨南大学出版社，2002.

[172] 朱炳玉. 五华客家话研究 [M]. 广州：华南理工大学出版社，2010.

[173] 朱声琦. 从汉字的谐声系统看喉牙声转：兼评"上古音晓匣归见溪群"说 [J]. 南京师大学报（社会科学版），1998（2）.

[174] 朱晓农，洪英. 潮州话入声的"阴低阳高" [M]. 纪念李方桂先生中国语言学研究学会，香港科技大学中国语言学研究中心. 中国语言学集刊：4卷1期. 北京：中华书局，2010.

[175] 朱晓农，焦磊，严至诚，等. 入声演化三途 [J]. 中国语文，2008（4）.

[176] 朱晓农，李菲. 梅州客方言的双向声调大链移：以演化比较法重建常观演化史一例 [J]. 语文研究，2016（4）.

[177] 朱晓农，刘劲荣，洪英. 拉祜语紧元音：从嘎裂声到喉塞尾 [J]. 民族语文，2011（3）.

[178] 朱晓农，严至诚. 入声唯闭韵尾的共时变异和历时演化：香港粤语个案研究 [M] //南方语言学：1辑. 广州：暨南大学出版社，2009.

[179] 朱晓农，杨建芬. 嘎裂声作为低调特征：河北省方言的声调考察 [M]. 复旦大学汉语言文字学科《语言研究集刊》编委会. 语言研究集刊：7辑. 上海：上海辞书出版社，2010.

[180] 朱晓农，周学文. 嘎裂化：哈尼语紧元音 [J]. 民族语文，2008（4）.

[181] 朱晓农. 发声态的语言学功能 [J]. 语言研究，2009（3）.

[182] 朱晓农. 汉语元音的高顶出位 [J]. 中国语文，2004（5）.

[183] 朱晓农. 声调类型学大要：对调型的研究 [J]. 方言，2014（3）.

[184] 朱晓农. 证早期上声带假声 [J]. 中国语文，2007（2）.

[185] 庄初升，刘镇发. 巴色会传教士与客家方言研究 [J]. 韶关学院学报，2002（7）.

[186] 庄初升. 粤北土话音韵研究 [M]. 北京：中国社会科学出版社，2004.

[187] 庄初升，严修鸿. 闽南四县客家话的语音特点 [J]. 客家纵横，1994（S）.

[188] 庄初升，黄婷婷. 19世纪香港新界的客家方言［M］. 广州：广东人民出版社，2014.

[189] 庄初升. 广东省客家方言的界定、划分及相关问题［J］. 东方语言学，2008（2）.

[190] 庄初升. 论赣语中知组三等读如端组的层次［J］. 方言，2007（1）.

[191] 庄初升. 兴国县澄江方言 tɕ 组和tʂ组声母的来源及相关问题［C］//胡松柏. 客家方言调查与研究：第十一届客家方言国际学术研讨会论文集. 广州：世界图书出版社，2016.

[192] BROTZMAN R L. Research on mandarin phonology: vowel formant values, project on linguistic analysis, report No. 6［M］. Columbus: The Ohio State University Research Foundation, 1996.

[193] GORDON M, LADEFOGED P. Phonation types: a cross-linguistic overview. Journal of phonetics, 2001（29）.

[194] CHEN M. Nasals and nasalization in Chinese: exploration in phonological universals［D］. California: University of California, Berkeley, 1972.

[195] SHUE Y-L, KEATING P, VICENIK C, et al. VoiceSauce: a program for voice analysis［C］. International congress of phonetic sciences, 2011.

后　　记

书稿交付出版社已近 6 个月，后记却一直拖欠着，一方面真的是忙得不可开交，另一方面也是千思万绪，不知如何写起。

本书是在我的博士毕业论文和教育部课题的基础上发展起来的，主要探讨梅州客家方言语音特征及其地理分布，进而引入粤港澳大湾区客家方言材料，横向比对，思考在强势粤方言包围下客家方言语音特征的演变方向。按这个思路，我的后记似乎既要体现博士论文的研究过程，又要反映教育部课题的研究情况。

2008 年，我考入了地市级高校嘉应学院中文系（之前是在对外汉语教学部，后并入中文系），结束了我作为一名理科生的生涯，开始深度接触语言与文学。显然，我对文学没有发自内心的热情，但文科中的理科——语言学却深深地吸引了我。嘉应学院的温昌衍教授、侯小英老师、黄婷婷老师可以说是我方言学研究路上的启蒙老师，他们的语言学课程为我打开了新世界的大门，让我第一次为自己操持客家方言感到无比骄傲与自豪，并对语言学产生了浓厚的兴趣。而后，我在嘉应学院吕建国教授的建议下，开启魔鬼式备考并成功地成为首位嘉应学院与暨南大学联合培养的方言学硕士研究生。

2012 年秋，我顺利进入暨南大学，成为汉语言文字学专业的硕士研究生，师从刘新中教授，第二导师为温昌衍教授，以方言学·实验语音学为研究方向。刘老师是位教学严谨、兢兢业业的老师。因为刘老师当年在美访学，所以我从入学便寄于甘于恩教授门下，其间与甘门同胞一同学习语言学各方言课程，开始对地理语言学产生浓厚的兴趣，并成功自学绘制地图软件 Arcgis。2013 年，与刘老师商议后，我转入甘门，以甘老师为第一导师，开始地理语言学方向硕士毕业论文的撰写。随后，在甘老师的带领下完成了近 50 个点的方言调查，其中有 20 余个点是梅州客家方言的调查材料，并以此完成了以梅州客家方言声调的地理语言学为研究对象的硕士毕业论文。

2015 年秋，带着对学术研究的憧憬和硕士阶段那些不成熟的想法，我顺利成为暨南大学汉语言文字学专业的博士研究生，继续师从甘于恩教授。读博期间，为了能看到甘门外面的世界，获得更广阔的知识面，在甘老师的建议下，我先后到香港教育学院跟梁源老师学习研究方法论，到香港科技大学与朱晓农老师学习实验语音学。

2018年，我完成博士毕业论文并通过答辩，顺利毕业，很荣幸地被广州体育学院录用，自此开启了我的职场人生。

语言学研究在体院显然不吃香。身为体育传媒学院的一分子，我曾被要求改行做新闻学或者更具体地说做体育新闻的研究。2019年，我试图从粤语体育解说入手，在自己语言学背景下研究体育新闻，此外，我还试图研究新闻发言人的语言特征，然而都没有收到理想的效果。为此，我不得不重新梳理工作与科研的关系，再次回到方言本体研究的怀抱。2020年，我开始对博士毕业论文进行修订，同年，荣获方言学教育部青年基金项目立项，并展开粤港澳大湾区九市和两个特别行政区客家方言的调查研究工作。

本书稿于2021年5月24日交予编辑，我的校内课程于2021年5月31日提前结课，我的小宝于2021年6月11日凌晨来到我的身边。一个嗷嗷待哺的婴儿、一个顽皮捣蛋的孩童，加之教学与科研的压力，我能走下来，离不开母亲大人的帮忙、先生的支持与鼓励。

此外，书稿的完成还得感谢我的导师甘于恩教授。从博士毕业论文选题到研究规划，从语料收集到整理归纳，从撰写初稿到反复修改，论文进展中的每一个过程、每一个步骤，甘老师都给了我悉心的指导。博士毕业后，也是在甘老师的督促下，我才完成了对本书稿的修订。

这里还要感谢香港科技大学朱晓农教授、香港教育学院的梁源老师，感谢暨南大学的伍巍教授、陈晓锦教授、侯兴泉教授、范俊军教授、钟奇副教授、赵春利教授、彭志峰老师，感谢咏梅师姐、焦磊师兄、苏方师妹、碧珊师妹、晓煜师妹、译方师妹，感谢中山大学出版社的高洵师姐……

感谢所有曾经帮助过我的人……

李菲

2021年11月19日于徽注室